新时代硬道理

广东寻路高质量发展

唐 杰 郭万达 方 煜 著

SPM 南方传媒 | 广东人民出版社

· 广州 ·

图书在版编目（CIP）数据

新时代硬道理：广东寻路高质量发展／唐杰，郭万
达，方煜著. -- 广州：广东人民出版社，2024.9.
ISBN 978-7-218-17799-1

Ⅰ. F127.65

中国国家版本馆 CIP 数据核字第 2024JF3354 号

XINSHIDAI YINGDAOLI：GUANGDONG XUNLU GAOZHILIANG FAZHAN

新时代硬道理：广东寻路高质量发展

唐 杰 郭万达 方 煜 著

版权所有 翻印必究

出 版 人：肖风华

策划编辑：肖风华 赵世平
责任编辑：钱飞遥 赵瑞艳
责任技编：吴彦斌

出版发行：广东人民出版社
地 址：广州市越秀区大沙头四马路 10 号（邮政编码：510199）
电 话：(020) 85716809（总编室）
传 真：(020) 83289585
网 址：http://www.gdpph.com
印 刷：广东信源文化科技有限公司
开 本：787mm×1092mm 1/16
印 张：18 字 数：260 千
版 次：2024 年 9 月第 1 版
印 次：2024 年 9 月第 1 次印刷
定 价：69.00 元

如发现印装质量问题，影响阅读，请与出版社（020 - 87712513）联系调换。
售书热线：(020) 87716172

前 言

PREFACE

习近平总书记指出："我们必须牢记高质量发展是新时代的硬道理，完整、准确、全面贯彻新发展理念，因地制宜加快发展新质生产力，把加快建设现代化经济体系、推进高水平科技自立自强、加快构建新发展格局、统筹推进深层次改革和高水平开放、统筹高质量发展和高水平安全等战略任务落实到位，完善推动高质量发展的考核评价体系，为推动高质量发展打牢基础。"

40多年来，广东作为我国改革开放的排头兵、先行地，依靠敢干、敢实践、敢抓机遇的精神，营造了一个比较发达的开放的市场环境和创新创业的生态环境，取得令世界瞩目的发展奇迹，这值得我们从理论和实践两个维度去总结和分析。在新时代，广东如何扎实推动高质量发展、培育发展新质生产力？如何加快构建新发展格局、提升科技自立自强的能力？如何建设现代化经济体系、促进城乡区域协调发展？要回答好这些问题，我们需要从广东的实践中来寻找答案。

追赶是从比较优势转变为创新优势

在2023年广东省高质量发展大会上，中共中央政治局委员、广东省委书记黄坤明指出，"广东人口数量多、资源约束紧，提高发展平衡性和协调性的任务又很重，不可能继续拼土地、拼价格、拼劳动力……唯有通过高质量发展向上突围，才能奔向发展的新蓝海……高质量发展绝非风平浪静下的马到成功，也不可能是鲜花掌声中的乐享其成，而注定是一条需要迈过重重险滩、陡坡、难关的艰辛道路。"

　　过去几十年，"比较优势"成为超高频使用的中文词汇，这显示出在自觉和不自觉之中，现代经济学已经悄无声息地渗透到经济社会生产生活的方方面面，潜移默化地影响着我们的思维。回想改革开放之初国门开启时，国人看到了我国经济社会科技发展与世界前沿的差距。面对席卷而来的全球化浪潮，抓住机遇加快发展迅速成为全党全国各族人民的共识，发挥比较优势也顺理成章地成为决策依据，并且成为企业的选择。我国劳动力成本低、规模大、有基础教育的底子、耐得住简单劳动的重复枯燥，这对跨国公司产生了持续的吸引力。以广东为代表的沿海地区，充分发挥了低劳动力成本的比较优势，不断通过改善基础设施和发挥连接国际市场便捷的比较优势，在震耳欲聋的"轰鸣"声中，吸引了前所未有的外商直接投资，推动了对外贸易的急剧增长，推动了一浪高过一浪的工业化和城市化进程。

　　欣欣向荣的经济往往会让人们的思维固化，误以为前进的路上本就应该是一帆风顺，铺满了鲜花，充满了欢歌笑语和掌声。2008年美国金融危机席卷全球，引发了世界经济的巨大震荡，开启了经济全球化的新时代。保护本国产业链、市场及就业，推行有选择有区别的投资贸易自由化成为新的主流，传统的比较优势战略对我们经济增长的带动作用大大弱化。事实表明，比较优势是落后经济追赶先行者的起点，比较低成本只是从贫穷落后走向现代富裕的一个很短的阶段。经济的快速发展会不断抬高比较成本，这就要求我们，要下定决心跨越思维陷阱，走高质量增长道路，向创新要增长潜力，以创新提高国际竞争力，以科技自立自强和建立现代产业体系，向上破解"卡脖子"的难题；以创新激发内生的持续的生产率上升动力，用创新带动生产率上升快于成本上升，向下化解中低收入国家竞争的比较劣势。这些既需要有思想认识和工作习惯的调整，更需要有从被动应对到主动作为的转变。

　　坚定不移走高质量发展的道路，坚定不移发展新质生产力，从比较优势向创新优势转变，告别要素便宜和产品廉价，我们面临的挑战和困难会比以往遇到的要大得多。广东在高质量发展中要完成从模仿向创新的跨越，要实现从科学发现到产业技术的跨越，要坚持创新的科学过程，强化产业技术的实践过程，实现研究与实践融合，科学与技术交织。高质量是干出来的，不论是在新兴产业还是在传统产业中引入新科技都离不开反复的实践摸索，只有在干中学才能够成长并走向成熟，这个过程是实现中国特色社会主义现代化绕不过的坎，是必须冲的顶、必须打赢的仗，是无关对手的自我挑战，战胜自己方能赢得世界。

现代科学技术和产业不是飘在空中，而是长在地上，主要集聚在城市。城市有大有小，有的发达、有的欠发达；城市的增长周期有交替，一些城市因为天时地利进入了快车道，一些城市却因为多种原因进入下降轨道；不同条件、不同发展阶段的城市不存在统一的高质量标准，不会形成千篇一律的科技与产业形态。从实际出发，探索符合自身条件和特点的高质量发展之路，不能"千军万马走独木桥"，而是要"大路朝天各走一边"，从低向高聚集不同的要素，形成多样化、多层次、差异化的创新优势。

高质量发展是对传统工业文明理念的革命，存在着客观的观测标准。高质量发展是不滥用稀缺的不可再生资源，减少高碳的化石能源的使用，恢复绿水青山和蓝天白云的生态环境。高质量发展是从过度依赖物质资源投入，转向知识创造、科学发现与产业创新。教育与科学的发展，人口受教育年限逐年增长，劳动力的知识与技能水平不断提升，洞悉未来和引领潮流的科学家、工程师和不畏艰险勇于拼搏的企业家及创新人才的不断涌现，会以润物细无声的涓滴效应推动着高质量发展。

所有物质资本投入都会在折旧中被侵蚀殆尽，知识创造却是可以累加、不断增长的。城市与国家的知识创造，是推动高质量发展的基石。因此，高质量发展中需要特别重视知识创造和知识共享，将知识节点连接为知识链条和知识网络是关键。只有知识连起来了，产业才能连起来、聚起来、强起来。集群内部企业在产品和技术上的竞争，是背对背地创造知识，知识可以在竞争中分享与扩散，但这种分享与扩散往往不够充分，大量的知识因此被沉淀。因此，形成全社会重视知识创造、畅通知识分享，有益于新知识新科学新技术更高效地被创造、发现和应用的体制机制，对于高质量发展具有重要意义。这也是创新优势与比较优势的本质区别。

外部冲击、高质量发展转型与决断力

没有创新的发展将会停滞，高质量发展没有止境，永远在攀登的路上。这会产生一种可能性，因为向上攀登是永无止境的。走走停停、观赏风景会很惬意，没有竞争者时，走走停停本也无妨。但现实经济中，独自漫步的场景少之又少，城市之间、国家之间的竞争是个常态。竞争是什么？是你自己为获取更高的收益而创新时，竞争者也在做同样的事。谁做得快，谁做得好，谁就获得了更多的机会。无论是企业、城市还是国家，往往都很难及时地感受到来自其他竞争者的创新威胁甚至是颠覆。在经济发展的长河中，先行者忽略竞争者竞争能力增长，可能会磨灭企业的风险意识和危机意识。先行者掉队，后来者成为先行者，是常见的现象。在新科技革命的外部冲击到来时，既有的落伍了的产品、技术和产业会失去竞争优势，企业投资和利润会消融或流失，经济增长就会减缓甚至停滞，也会出现经济下滑与失业增加，甚至是经济与社会问题交织。此时，在顺风顺水增长时代下产生的思维惯性，配合着逐渐固化僵化了的体制机制，会自然地形成看一看、等一等、熬一熬的选择，结果是产业技术落后的闸门一旦打开，产业竞争优势便会加快流失。看、等、熬时惯常采取降价，"卷"了再降价的做法，只是加剧了被压在市场中低端的痛苦，很难让企业或产业得到新生，更多是流水落花春去也的无奈，错过转型升级窗口期，转型难度可能会提高，陷于创新停滞的危机的可能性会增大。

壮士断腕是人所共知的道理，但真行得通吗？面对汹涌而来的美国金融危机的冲击时，广东曾经以"腾笼换鸟"作为短期和长期应对之策。有的城市做了，做对了，很成功。有的城市做了，没做对，不成功。事实上，腾出笼子招不来金凤凰是经常发生的，从比较优势转向创新优势不可能一蹴而就，确实需要天时地利人和的机遇，需要持之以恒，需要忍耐，需要决心与智慧。过往几十年，广东从低向高一路走来，各个城市都经历过衰退中转型和转型中衰退。深圳与东莞的开放程度更高一些，受外部冲击更大一些，创新转型的难度更高。

深圳宝安经历了风雨过后是彩虹的转型历程。1978 年 11 月，宝安石岩上屋村的"上屋热线圈厂"落地，成为国内首家"三来一补"企业。在接踵而

来的"轰鸣"中，荔枝林被成村连片的加工厂所取代。空前的经济繁荣带动了乡村城市化的野蛮生长。21世纪初，高速发展的宝安承受着严峻的土地、空间紧约束，大量低端产业面临生死抉择，由此开始了长达十余年的衰退中转型过程。当时，唱衰者有之，惋惜者有之。如今的宝安真的焕然一新。宝安独特的"CBD + TBD"规划，串起了众创空间 + 孵化器 + 加速器 + 科技专业园 + 创新集聚区 + 国家高新区的全链条，形成研发机构集聚，产品设计、技术开发及转让，产品检验检测、科技信息咨询，知识产权、科技成果转让，技术产权交易等科技服务业聚集的区域创新体系。2023年，宝安国家高新技术企业总量超过了7000家，连续6年居全国区县第一，专利授权数总量稳定地居于深圳市前列。宝安走出了由市场终端向上游产业链升级的逆向创新的新路，走出了高端创新制造的点状聚集到扩散引领升级的新路，走出了依托深圳核心产业链节点创新制造向大湾区穿透式扩散，依靠供应链扩大制造规模的新路。

东莞稍晚于深圳进行创新转型。2007年东莞综合实力位居国内大中城市第12位。在美国金融危机冲击下，2009年制造业企业骤减四成，产业工人流失过百万，倒闭潮一浪接着一浪，社会治安难题突出。历经十多年的坚持不懈，东莞高质量发展和经济综合实力不断迈上新台阶。东莞创新体系建设实现重大突破，2022年松山湖科学城与深圳光明科学城一同纳入大湾区综合性国家科学中心先行启动区。2022年东莞国家高新技术企业总量大幅增长，是2015年的约7倍；每万人发明专利拥有量达44.22件，比全省平均水平高16.18件，全市研发投入占GDP比重上升到4%，为产业从中低端走向中高端奠定了坚实基础。

东隅已逝，桑榆非晚，洗尽铅华再出征。在广东，确实有一些城市因为各种原因曾经错失转变增长方式的机遇期，在发展竞赛中掉队了一阵子。但在全省高质量发展的涛声中，有了更多后来者的奋力搏击的声音。转变观念，增强信心还需要有更好的体制机制，让腾出来的"笼"能引来金凤凰。广东落实国家确定的粤港澳大湾区发展规划，在广东全境规划珠三角核心区、沿海经济带、北部生态发展区，通过差异化政策，推动优势互补。珠三角作为引领全省发展的核心区和主引擎，发挥辐射带动作用；沿海经济带是新时代全省发展的主战场，在北部生态区建设生态屏障。从实际效果看，"核"的创新驱动、示范带动态势及产业扩散效应正在凸显；"带"上的东西两翼新增长极加快形成，绿色石化、绿色钢铁、海工装备等世界级产业带成型成势；"区"内凸显绿色经济得到了快速发展。以高质量发展为背景，粤港澳大湾区规划和"一核一带一区"区域发展新格局重新定义各个城市的定位以及城市之间的关系。城市不再囿于一隅，在自己的一亩三分地上打算盘、做文章，而是立足于新型城市群和城市圈的关系，共同打造出穿透行政边界，在多个城市绵延的产业链和产业群。值得一提的是，我们所做的研究证实，近年来，我国推动跨行政区空间规划产生了显著的创新促进作用。其中的一个原因是，城市有大有小，客观上构成了大中小排列的规模结构，规模结构对应着功能结构。从全球范围看，人口与产业多样化的核心大城市聚集了更多创新资源，创新与创新产业崛起成为最突出的特征，非核心的大城市则会突出大规模产业制造功能，而中小城市会聚集更多的专业化制造。

高质量发展中的政府作用

政府要承担公共服务和管理职能，要重视科学教育，要致力于提高人力资本水平，要重点关注如何能做得更好、更有效率。以推动结构调整为目标的产业政策是理论争论的焦点。从传统的幼稚产业论，到当前应对温室气体排放的危害，以及未雨绸缪应对新科技革命与新兴产业崛起、产业政策的作用及发挥作用的条件、产业政策与创新政策和公共政策间的关系等，还需要进行更加深入的研究。简单地将政府实施的结构性政策视为制度优势的体现是不对的，简单地否定政府行为的有效性也是没依据的。政府目标和工具手段搭配方式是复杂多元的，政府行为本身也是复杂多层的，目标与政策工具的选择也不仅取决于政府的意愿，在很大程度要受到外部条件和自身条件的限制。概言之，合适的时间、合适的方法、合乎条件约束，即可达成合理目标。

2023年5月《中共广东省委　广东省人民政府关于新时代广东高质量发展的若干意见》（以下简称《意见》）为我们研究政府在高质量发展中的作用提供了一个样本。《意见》涉及了高质量发展转型的方方面面，确定了多元目标和多重政策措施，包括区域创新体系建设、城市群战略和新型城市化建设、现代化产业集群建设、世界一流企业群培育。促进广东高质量发展的主要政策工具，一是产业政策，在目标中对产业结构转换与质量提升有细致梳理，要求很明确，工作量很大；二是创新政策，它贯穿了从基础研究到产业技术开发应用的全过程，链条极长，体系构造庞大而复杂；三是公共政策，涉及空间规划、市场公平竞争、教育优先和人才引领、城乡协同均衡发展以及"轨道上的大湾区"的基础设施建设等方面，是涵盖范围最广的政策体系。

广东的探索表明，推动高质量转型要破除传统的思维定式。创新政策和公共政策短期花钱多，见效慢，GDP 贡献少，但是宝安长期坚持实施，久久为功，能够有效地培植新质生产力。创新存在着持续的正外部性，知识共享会使社会整体利益大于企业局部利益。高质量发展要走向前沿创新，创新路上可寻的前人足迹会越来越少，没有了跟随与模仿机会，创新前沿科学的复杂性和技术有更多的不确定性，创新面临的风险也会更大。因此，政府应加大对公共研发的支持与服务，提高科研资助广泛性，支持基础研究、投资建设重大创新平台、办高水平大学、增加社会人力资本，增强经济发展均衡性，这都有利于提高全社会知识创造和扩散分享的水平，是支持高质量发展的重要手段。

广东的探索表明，走向高质量发展要更多地关注培养法治化、国际化、公平有效的市场环境。企业既是竞争对手，又是相互学习的对象。企业在市场上获得奖励，正是市场机制能够激励企业在竞争中创新的体现。创新企业要在发达的市场经济体系中磨炼成长，躲在政府保护下的企业成为世界一流的可能性会很低。在市场竞争中，有研发的企业才可能是优胜者。广东各地资助企业研发、选择研发项目而不选择谁是优胜企业，是高质量转型的一个重要手段。从企业创新转向产业创新，到新兴产业集群做大做强，都与政府政策有关，与市场机制的有效性紧密相连。美的是北滘的，美的在北滘诞生、成长，走向了世界。但北滘还是美的的根，是美的的家。一棵大树长成，根系发达，才会长留此地。美的在北滘有庞大的供应商网络体系，几百上千家企业一起构成了产业集群。华为是优胜者，比亚迪也是优胜者，它们都离不开政府的产业政策支持，但真正让华为和比亚迪成为世界级优秀企业的力量是市场。在我们尝试查找两家企业供应商时，查四级供应商就发现已经有成千上万家企业矗立其中。领军企业与多层供应商相互成就，做大了信息通信产业，又做大了新能源汽车产业。优胜者一定是市场选择，是消费者选择，是公众选择，而不是政府选择。

广东的探索表明，合理的产业政策目标的设定要与发展阶段适配。种高产田是个很形象，且易于理解和操作的政策指向。以提高工业用地容积率和亩均产出效益作为政策目标，产业升级的指向一目了然，也包容不同城市的经济发展阶段差异产生的产业创新水平的差异。亩均产出没有最高只有更高，适用于深圳，也适用于惠州、汕尾及其他城市。建设产业转移平台载体，承接从珠三角核心区扩散的产业，打造符合产业生态要求的升级版园区提高了广东沿海经济带和北部生态发展区的高质量发展水平。

广东的探索表明，产业政策有效性与市场化基础有关，与政府的腾挪能力有关。市场体系发达，市场主体众多，好苗多了不愁长，政府的选择就会多，政策成功的可能性就大。由此也可以看到，有效的产业政策与创新政策和公共政策是相互包容、相互促进的，好的市场环境和创新环境会有利于产业政策的成功。在现实中，选择机会多、腾挪余地大还有助于减少政策实施中可能出现的时间不一致困境。产业政策时间跨度长，不确定因素多，实现初始目标的条件可能会发生变化，产业技术突破也可能会使初始目标不能或是已经不需要实现。时间不一致困境常有，腾挪空间少的地方政府往往会硬着头皮坚持。在广东，顺势而为的调整成功的案例很多。时与运是努力与机遇的组合，创造更多的可选择机会才会有"东风不与周郎便"的情景出现。

广东的探索表明，深思熟虑的产业政策应当是鼓励市场化，放松政府管制的更加广泛改革的政策。在放松中增加产业政策实施的力度，往往会表现为"软"的产业政策更有效，"小"的产业政策更容易开花结果，诱发出更多的产业高质量发展的结果。加强政府机构与企业、大学和研究机构的联系，更多地听取专业机构的意见，都会增进政府与社会的信息交流，汇聚高质量发展能量，从小变大，形成一浪高过一浪的高质量发展的创新高潮。

改革开放是广东最鲜明特征，高质量发展是广东最光明前途。让我们一起寻路广东的高质量发展。

目 录
CONTENTS

第二编　产业创新与分工

第三编　创新外溢与集群

第四编　政府作用与规划

潮涌珠江

　　高质量发展是全面建设社会主义现代化国家的首要任务。广东深入贯彻习近平总书记关于推动高质量发展的重要论述精神，以高质量发展为牵引，高水平推进广东现代化建设。潮涌珠江，风好正是扬帆时，高质量发展是干出来的。广东推进高质量发展，基础研究很重要，科技自立自强是硬道理。坚持制造业立省，坚守制造业当家，建设以实体经济为支撑的现代化产业体系，做强做大广东制造业产业集群，强化高质量发展的产业根基。联通港澳，推进横琴、南沙、前海、河套重大平台建设，把粤港澳大湾区建设成为高质量发展的示范地。

高质量如何高起来

2023 年 4 月 10 日至 13 日，习近平总书记在广东考察时强调，广东"要锚定强国建设、民族复兴目标，围绕高质量发展这个首要任务和构建新发展格局这个战略任务，在全面深化改革、扩大高水平对外开放、提升科技自立自强能力、建设现代化产业体系、促进城乡区域协调发展等方面继续走在全国前列，在推进中国式现代化建设中走在前列"。习近平总书记的重要讲话为广东推进高质量发展和现代化建设指明了方向。

高质量发展是以中国式现代化全面建设社会主义现代化国家的首要任务，广东省委省政府高度重视、高位推进高质量发展工作。为全面贯彻党的二十大精神和习近平总书记对广东系列重要讲话和重要指示精神，2023 年 5 月 30 日，《中共广东省委　广东省人民政府关于新时代广东高质量发展的若干意见》（以下简称《意见》）准确定义了高质量发展的要求，明确了高质量发展的阶段性目标，开列了高质量发展的工作内容，制定了高质量发展的工作机制和政策措施。

《意见》以满足人民日益增长的美好生活需要为根本目的，坚持系统观念，更好统筹发展和安全，更好统筹质的有效提升和量的合理增长，全面深化改革开放，主动服务和融入新发展格局，不断塑造发展新动能新优势，扎实推进中国式现代化的广东实践，努力在高质量发展上走在前列、当好示范。

《意见》明确，到 2027 年，全省高质量发展实现新进步，自主创新能力明显提高，城乡区域发展协调性进一步增强，开放型经济发展水平持续提升，绿美广东生态建设取得积极进展，人民生活水平显著提高。到 2035 年，高质量发展实现更大成效，科技创新能力大幅跃升，城乡区域发展更加协调更加平衡，开放型经济新优势加快形成，美丽广东基本建成，共同富裕取得更为明显的实质性进展，为基本实现社会主义现代化提供有力支撑。

《意见》开列了范围广泛、层次分明、纵横交错、以纲带目的网络型的工作内容：

加快建设粤港澳大湾区国际科技创新中心是重中之重。推进大湾区综合性国家科学中心建设，构建以广深港、广珠澳科技创新走廊为主轴，其他城市协同支撑的创新格局。加快建设国家实验室、重大科技基础设施，争创更多全国重点实验室，推动省实验室提质增效。协同港澳推进建设一批重大创新平台，做大做强粤港澳大湾区国家技术创新中心，打造若干产业创新高地。推进高水平科技自立自强，筑牢高质量发展的基础性战略性支撑。坚持教育优先发展、科技自立自强、人才引领驱动。加快构建"基础研究＋技术攻关＋成果转化＋科技金融＋人才支撑"全过程创新生态链。梳理公布新技术、新产业、新模式应用场景和创新需求，推动更多科技成果转化。支持企业提升创新能力，加快构建龙头企业牵头、高校院所支撑、创新主体相互协同的创新联合体，推进产学研深度融合。支持建设概念验证中心、中小试基地基础与应用基础研究十年"卓粤"计划。

充分发挥横琴、前海、南沙三大平台建设和河套科技创新区开放引领的作用，打造环珠江口100公里"黄金内湾"，建立"一核一带一区"的顺序交替发展的强力支撑。增强广州、深圳核心引擎功能，加快推进广州、深圳等都市圈发展，发挥中心城市辐射带动作用，推进新型城镇化建设，打造"精明增长、精致城区、岭南特色、田园风格、中国气派"的现代化都市，提升各级城市的中心集聚能力。实施"湾区通"工程。

推进现代化基础设施互联互通。建设"轨道上的大湾区"和世界级港口群、机场群，加快"数字湾区"建设，加强新型基础设施，推进全国算力一体化粤港澳大湾区国家枢纽节点建设。促进人员、货物、资金、数据等高效便捷流动。打造大湾区国际航运、金融和科技创新功能承载区。推进大湾区珠江口一体化高质量发展试点示范，强化规则衔接、机制对接，降低运输成本、信息成本和贸易成本，全面提升大湾区市场一体化和产业分工协同水平。

建设现代化产业集群，提高工业用地容积率和亩均产出效益，形成以

"亩均论英雄"的集约化创新发展模式。打造梯次型产业格局，争创国家先进制造业集群。推动20个战略性产业集群发展，重点加快发展集成电路、新能源汽车、新型储能、海洋牧场等产业，新增若干个万亿元级产业集群。聚焦大产业、大平台、大项目、大企业、大环境，加快实现产业体系升级发展，在新的高度挺起广东现代化建设的产业"脊梁"。实施"金融＋高端制造"工程，提高金融服务实体经济质效。

大力弘扬企业家精神，坚持政府推动、企业主体、市场运作、合作共赢，构建以企业为主体的创新体系。支持企业提升创新能力，加快构建龙头企业牵头、高校院所支撑、创新主体相互协同的创新联合体，推进产学研深度融合，推动更多科技成果沿途转化。深入实施高新技术企业树标提质行动计划。推动"科技—产业—金融"良性循环，完善金融支持科技创新全链条服务体系，丰富区域股权市场培育科创企业功能，扩大科技信贷受惠面，培育世界一流企业群。建立优质企业梯度培育体系，深化"链主"企业、单项冠军企业、专精特新中小企业专项培育工程，巩固壮大一批行业领军企业，推动形成顶天立地的企业格局和良好生态。

强化科技创新的教育和人才支撑。推动教育供给侧改革，深化职普融通、产教融合、科教融汇，在学科设置、培养模式、教育评价等领域探索推进一批改革试点。实施新一轮高等教育"冲一流、补短板、强特色"提升计划，推进一流大学和一流学科建设。推进粤港澳大湾区高水平人才高地建设，用好用足大湾区人才优惠政策。构建多层次多渠道链式人才发展机制，加快培养造就战略人才力量，精准引进和培养更多高层次紧缺型人才。大力弘扬"工匠精神"，实施制造业当家"十百千万"人才专项行动，强化制造业人才支撑。推动基础教育强基创优、职业教育提质培优，引导规范民办教育健康发展，促进教育公平与质量提升。

高质量发展要求，实现珠江三角洲与粤东西北的均衡发展，消除过大的经济发展差距。"一核一带一区"的城市和产业发展会有差异，清远不能成为广州，河源不会再造深圳，也不需要模仿深圳工业上楼式的高密度先进制造，但是需要产业升级，需要创新，需要大大缩小经济发展水平和人均收入的差距。当珠江三角洲迈向产业更高端的时候，促进产业优化布局，实现有序向发展的边缘转移，就成为高质量发展的关键。

《意见》突出强化区域协同联动，支持粤东粤西粤北地区更好承接国内外特别是珠江三角洲地区产业有序转移，创新区域帮扶协作机制，实现对口帮扶协作在粤东粤西粤北地市全覆盖、新型帮扶协作机制在粤东粤西粤北各县（市）全覆盖。要求打造市场化法治化国际化营商环境，持续开展营商环境评价，粤东粤西粤北地区要深化改革，办事标准、流程、时效与珠江三角洲地区接轨。实施"百县千镇万村高质量发展工程"，推动老区苏区、民族地区和省际边界欠发达地区振兴发展。推动城乡区域协调发展向更高水平和更高质量迈进。深入开展"千企帮千镇、万企兴万村"行动。发展壮大县域经济，差异化特色化发展。发展县域工业经济。

《意见》中高质量发展的工作机制与措施既着眼未来也立足当下，提出：坚定实施扩大内需战略，有效挖掘内需潜力，加快融入全国统一大市场，充分发挥内需拉动作用，稳固和扩大国内循环基本盘。促进消费提质升级。稳妥实施房地产市场平稳健康发展长效机制。加快培育新型消费。精准扩大有效投资。建设高效顺畅的现代流通体系引导民间资本参与战略性新兴产业、经济社会发展短板领域等投资。加强陆海统筹，加强与周边省份国家重大战略平台对接联通和交流合作。

推动绿色发展，擦亮高质量发展的生态底色。坚持统筹产业结构调整、污染治理、生态保护、应对气候变化，协同推进降碳、减污、扩绿、增长，走出新时代绿水青山就是金山银山的广东路径。推进绿美广东生态建设。编制实施国土空间规划，优化绿美广东空间布局。加强林分优化、林相改善，整体推进城乡绿化美化，持续优化生态廊道、绿道、碧道、古驿道，打造一批森林城市、森林城镇、森林乡村。坚持山水林田湖草沙一体化保护和系统治理，扎实推进南岭国家公园、丹霞山国家公园创建，高标准建设华南国家植物园、深圳"国际红树林中心"。建立健全生态产品价值实现机制，开展生态系统生产总值（GEP）核算试点、生态综合补偿试点。

加快农业农村现代化。构建现代乡村产业体系，发展高效设施农业，壮大岭南特色农业产业集群。发展农产品加工、保鲜储藏、运输销售等，延长农产品产业链，促进农村一二三产业融合发展。深入实施乡村建设行动，加快乡村公共服务设施建设，建设宜居宜业和美乡村。

构建优质均衡公共服务体系。聚焦就业、教育、医疗、养老等重点领域，健全为民办事长效机制，提高基本公共服务保障能力。完善重点群体就业支持体系和终身职业技能培训制度，实施产业技能根基工程，促进高质量充分就业。推进地区之间教育与优质医疗资源均衡发展，构建强大的公共卫生和医疗服务体系，建设高水平健康广东。

高质量发展是干出来的

广东高质量发展具有紧迫性。近年来，受内外环境的影响，广东的企业，特别是传统制造企业很困难，主要受制于各种综合成本上升、竞争力下降、海外订单减少等因素，在土地等要素资源紧约束的条件下，不可能继续拼土地、拼价格、拼劳动力，而是要靠质的提升和突破。

广东要以高质量发展的确定性应对内外部环境的不确定性。中国的市场空间大、韧性强；广东企业市场化竞争意识强，民营企业活跃；新的科技革命和产业变革仍在进行之中，新经济、新产业、新赛道的涌现，也为高质量发展带来机遇。政府通过优化营商环境降低企业综合的营商成本，为高质量发展提供保障等。

在推进高质量发展方面，广东具有独特的优势。一是大项目拉动和大企业拉动的优势。以往提到大项目，我们想到的是由国资国企来主导和承接。作为民营经济大省和外商投资的热土，广东抓大项目的优势，在于能够带动民营企业和外商投资企业对大项目的投资。二是大项目拉动与大产业联动的优势，特别是与产业集群联动。广东现有 8 个万亿元级战略性产业集群，而这些大产业一头连着战略性新兴产业，另一头连着产业集群之间的融合发展，能够发挥工业投资对工业经济发展的放大、叠加、倍增作用。三是大项目、大企业与小项目、小企业共同发展的优势。当前广东的中小企业活跃度高，培育了许多深耕专业领域、聚焦关键技术的专精特新企业，其项目在垂直领域具有相当重要的影响力，这也是广东以项目推进高质量发展的优势所在。

广州着力打造智能网联与新能源汽车、软件和信创、时尚产业、文化创意等 8 个万亿级产业链群，超高清视频和新型显示、现代高端装备、生物医药及高端医疗器械、半导体和集成电路、新能源等 13 个千亿级产业链群，以及一大批百亿级产业链群，加快形成"万千百"规模化产业链群梯队，大力发展生产性服务业和高端专业服务业，提升金融业、数字经济等现代服务业发展能级。

佛山是制造业大市，工业增加值占 GDP 比重达 53%，形成了"三五成群、十有八九"的产业格局，全面构建特色鲜明、结构优化、集群成链、质量卓越、品牌彰显的现代化制造业体系。全面推动制造业数智化转型，发展壮大新兴产业。瞄准新型储能、高端装备制造、生物医药、工业机器人等战略性新兴产业，以空间重塑引领产业集群发展，在工业机器人、信息与人工智能等领域破解一批"卡脖子"问题。

东莞坚持把七大战略性新兴产业基地建设作为"一号工程"，争取在智能移动终端及穿戴设备、半导体及集成电路、新能源、高端装备、生物医药等领域率先形成集聚生态。围绕产业强链补链拓链，推动在第三代半导体、医疗器械、关键电子材料、机器视觉领域组建产业技术创新联盟，大力发展科技服务业，推动更多创新成果在东莞转化应用。以参与综合性国家科学中心建设为统领，加快打造大湾区科技创新新高地。

江门大力实施"工业振兴"工程，勇当全省新一轮制造业高质量发展生力军。坚持工业立市、制造强市，巩固提升战略性支柱产业，推动智能家电、现代轻工纺织、生物医药与健康、现代农业和食品等战略性支柱产业集群发展壮大。抢抓机遇发展战略性新兴产业，全力发展高端装备制造、智能机器人、激光增材制造、安全应急与环保、硅能源等战略性新兴产业。以"链长＋链主制"深入推进稳链补链强链控链，加快壮大新能源动力电池及新能源汽车产业集群。实施数字化转型促进行动，推动工业大突破大发展。

深圳以发展壮大战略性新兴产业集群支撑高质量发展，提出培育发展
壮大"20＋8"产业集群。深圳提出"20＋8"战略性新兴产业，核心是三
个字：芯、智、融。芯是芯片，包括网络和通讯产业集群（网络通讯芯片，
重点是基带芯片、光通信芯片），以及半导体与集成电路产业（设计、制
造、封装，高端芯片和专用芯片设计，重点布局12英寸硅基和6英寸及以
上化合物半导体芯片生产线）等。智是智能，包括智能终端、智能传感器、
智能机器人、智能网联、智能电网等。融是融合，包括工业母机、精密仪
器、数字创意、节能环保、生物医药、大健康、海洋等领域的融合发展。

2022年，深圳规模以上工业总产值4.55万亿元，同比增长7.0%。规
模以上工业增加值1.04万亿元，同比增长4.8%。工业增加值占地区生产
总值比重提高到35.1%，工业总产值、工业增加值实现全国城市"双第
一"。战略性新兴产业增加值1.33万亿元，占GDP比重提高到41.1%。现
代服务业增加值1.52万亿元，占服务业增加值比重提高到76.3%。

科技自立自强，基础研究很重要

2023年10月2日，诺贝尔生理学或医学奖揭晓，卡塔琳·卡里科
（Katalin Karikó）、德鲁·魏斯曼（Drew Weissman）两人因他们对mRNA疫
苗的贡献而获得2023年诺贝尔生理学或医学奖。卡里科是匈牙利人，一开
始在匈牙利做研究，但缺乏研究资金，于是决定前往美国做博士后。即使
到了美国学术界，卡里科在很长一段时间都很不顺利。她辗转了几个地方，
试图在宾夕法尼亚大学拿到终身职位，但没能成功。她在mRNA方面取得
了零星的发现，但始终未能获得资助。她被迫从一个实验室转到另一个实
验室，哪里有人愿意资助她的研究，她就去哪里。魏斯曼是美国人，之前
在安东尼·福奇（Anthony Fauci，曾任美国总统首席医学顾问）的实验室
做了几年研究，然后想找地方开一个自己的实验室。后来他选了宾夕法尼
亚大学。魏斯曼遇到卡里科时，卡里科已经被宾夕法尼亚大学降职，既没

有研究资金，也没有固定的实验室，处在漂泊不定的状态。经过多年的研究，卡里科和魏斯曼终于有了突破性的进展，写出了一篇 mRNA 核苷碱基修饰的论文。然而，由于想法过于新颖超前，论文被很多著名期刊拒收了，直到 2005 年才发表在《免疫》（Immuniiy）期刊上。尽管没人理会他们，魏斯曼和卡里科还是申请了专利，并于 2006 年成立了一家名为 "RNARx" 的公司，专注于开发针对多种疾病的 mRNA 疗法。但后来资金耗尽，公司倒闭了。

2013 年，宾夕法尼亚大学告诉卡里科 "她不具备教授的素质"，决定不和卡里科续约。之后，卡里科去了 BioNTech 公司，她觉得，比起学术界，生物产业界有很多优点——所做的是功效强、能治愈人们的产品，这比一篇又一篇没人读的论文要好得多。后来，新冠 "大流行" 开始了。mRNA 疫苗一夜之间成为全世界瞩目的焦点。2020 年 11 月 8 日，得知辉瑞——BioNTech 的第一个实验结果 mRNA 疫苗对新冠病毒能起作用后，两个科学家各自用不同方式进行了庆祝。

卡里科和魏斯曼获诺贝尔奖的故事带给我们以下启示：基础研究特别重要，特别是面向产业需求的基础研究。

科技飞速发展，合作共建很重要

深圳湾实验室由深圳市科创委和北京大学深圳研究生院共同举办，协同深圳市以及香港和澳门相关领域具有研究基础和应用优势的单位合作共建。实验室在系统生物学、计算化学、化学合成、药物开发、单细胞分析等学科领域形成国内人才聚集地，并建立了先进的人力资源管理制度，吸引大批专家学者入驻。以科学家为中心，发挥特有的高精尖技术支撑平台集群优势，构建青年科研人才引育新生态，并实行 "以才引才" 策略，全球范围高标准引进人才，现已聚集数十位战略科学家与领军人才。同时，全职引进了一批具有国际竞争力的青年人才和具有成功产业转化经验的稀缺人才，激发了实验室原始创新能力及活力。从事转化研究的领军人才以有成功产业化经验为特色，均有 20 年以上知名药企工作经历，在各自行业领域有过突出贡献。此外，实验室以"深圳湾学者"等方式吸引更多优秀人才投身实验室科研工作，着力推动与国内外知名高校联合培养人才，探索人才考核评估和培养机制。

深圳湾实验室着力开展国内外科研合作。与深圳大学、南方科技大学、华大基因等 10 家单位合作共建，推进综合性国家科学中心建设，助力光明科学城发展。该实验室已与深圳市人民医院、美国斯克利普斯研究所、辉瑞、健康元、华润、宝藤生物等 20 余家医院及医疗机构、企业开展合作，启动新药研发项目 20 余项；与蔡司中国合作建立成像联合实验室，与奥林巴斯（中国）有限公司合作建立技术探索中心。与天使母基金、华大共赢、同创伟业、国泰资本等商讨建立知识产权专项基金、天使或产业基金；与瑞士辉凌（FERRING）、一品红、翰宇药业等公司商讨建立技术研发中心，形成产业对接矩阵，加快创新链与产业链融合发展。

深圳晶泰科技有限公司（以下简称晶泰科技）成立于 2015 年，由三位毕业于美国麻省理工学院的量子物理博士后在深圳创立。晶泰科技是一家以智能化、自动化驱动的药物研发科技公司，为全球生物医药企业提供药物发现一体化解决方案，是典型的合同研究组织（CRO）。晶泰科技首创智能计算、自动化实验和专家经验相结合的药物研发新模式，致力于打造三位一体的研发平台，通过专业的服务助力客户缩短药物研发的周期，提高药物研发成功率。

晶泰科技总部位于深圳福田，在北京中关村、上海自贸试验区、上海张江科学城等地拥有专业研发中心，在美国波士顿剑桥创新中心（CIC）拥有海外商务中心。晶泰科技的客户包括齐鲁制药、华东医药、微芯生物、思路迪医药（3D Medicines）、阿诺医药（Adlai Nortye）等国内外著名药企。晶泰科技目前有员工约 1000 人，其中研发人员超过 700 人，参与超过 180 个创新药管线研发，拥有超过 120 项专利以及超过 200 个算法模型，获得国家高新技术企业、深圳市院士（专家）工作站、博士后创新实践基地、深圳市人工智能药物发现工程研究中心、2022 全球生物医药科技

"Fierce 15"、2021 福布斯"中国企业科技 50 强"、"2021 Venture50"等荣誉。

晶泰科技以智能算法 + 实验验证加速创新药研发的一个典型案例是助力辉瑞加速抗新冠特效药 PAXLOVID 的研发。PAXLOVID 是全球第一款获美国食品药品监督管理局（FDA）批准上市的口服固体新冠药物，由辉瑞研发，并相继在世界各地投入使用。研发过程中，为了加速 PAXLOVID（PF－07321332）的开发，辉瑞团队与晶泰科技深度合作，利用晶泰科技的 AI 预测算法结合实验验证，仅用六周时间，就完成了药物晶型预测与实验结果的相互印证、准确匹配，用于后续的开发和生产。

晶泰科技的计算预测以强有力的证据证实，辉瑞设计的晶型为常温条件下最稳定的优势晶型，适用于后续的工艺放大与药品生产，从而帮助科学家快速作出研发决策并及早开始下个研发环节。AI（人工智能）预测算法结合实验验证加速了 PAXLOVID 的开发速度，优化了能源使用。PAX-LOVID 作为一款口服药，采用固体形态开发，便于储存和运输。患者可以在家自行服用，用药的依从性更高，有效降低新冠肺炎疫情暴发期间医疗系统的治疗压力，对抗击新冠肺炎疫情及促进社会稳定有重大意义。

市场的力量：中兴通讯的故事

2023 年 5 月，郭万达专访中兴创始人侯为贵先生，听他讲述中兴创业和创新的故事。

侯为贵先生，20 世纪 80 年代创业的第一代企业家，也是我国培养的第一批工程师，他专攻集成电路半导体，自己做出过芯片流片。1985 年，他被派往深圳，主持创办内地与香港的合资公司，即中兴新通讯有限公司前身：中兴半导体有限公司，成为深圳最早的技术类合资公司之一，并担任深圳中兴半导体有限公司总经理。中兴半导体有限公司开始并没有做半导体，而是准备做芯片封装，因为工艺比较简单，投资相对较少，但实际上公司开始经营后，主要靠贷款经营，无力做芯片，而是转做通信设备，这是市场的选择。

侯为贵先生说："中兴做电话机，是从来料加工开始的。电话机接触多了以后，中兴对通信行业开始有所了解，发现实际上电话机背后是很复杂的通信网系统。而当时国家通信系统非常落后，后来中兴考虑做交换机，交换机是电话机背后的一个系统设备，自此，中兴开始进入到通信领域。"

"中兴一开始做用户交换机，一个单位一个小交换机，68门交换机，相对简单一点，投资小一点。然后就扩展到500门规模的用户交换机，难度稍微大一点，后来又开始做农村电话网交换机，简称局用交换机，才是真正进国家通信大网的。那时候我国通信网络分布是五层。从乡镇开始，乡镇是C5，县城是C4，地区是C3，几乎是跟国家行政区域划分一致。那时国家整个大网也不是那么先进，层次比较多，后来扁平化了。中兴能够把C5做出来，对于公司来说是个大突破。中兴的第一个客户在苏州，是苏州吴江区桃源镇。这个项目是镇上拿50万，给老百姓装电话，把钱交给电信局，电信局跟中兴合作，最后设备都归到电信局，产权归电信局。装的500门交换机，给500个用户号，他们就可以打电话了，1991年底，公司从这开始进入高速发展。"

"中兴是当时国内唯一一家能做出局用交换机的企业，对于客户而言，交换机是一个非常刚性的需求。因此当时利润很高，不过同期国外产品的价格更高，角线价格就要四五千块钱，比中兴高出很多倍。这样的交换机产品，在当时从市场角度来讲，是最能满足客户需求的。中兴花了将近两年时间，找了很多技术人员来研究。这类技术都需要较长时间才能突破，慢慢地把系统构建起来。1995年就能够做到万门规模的交换机了。"

"中兴从2G的GSM（全球移动通信系统）开始投入无线网络和终端设备研发，其间也包括需求很旺的小灵通，到后来的美国标准CDMA（码分多址，指利用码序列相关性实现的多址通信）。在CDMA领域，中兴从2G做到3G的CDMA2000，代替摩托罗拉成为全球主要CDMA供应商。再到WCDMA（欧洲标准），同时投入力量研发TD-SCMDA（无线通信国际标准）。"

"在国产替代进口交换机设备以后，中兴从 TD－SCDMA 开始自主建立通信技术行业标准，TD－SCDMA 是中国自己确定的一个 3G 技术标准，中兴通讯是当时国家 3G 通信技术标准的最主要研发力量，在全球整个通信领域，形成了中国、美国、欧洲三个行业技术标准。中国企业在参与国际标准的制定过程中慢慢成长起来，从 3G 开始，然后到 4G，4G 时代的国际标准又整合了。因为我们有 3G 时代打下的扎实基础，研发能力增长很快，产品开发速度也很快，逐步超越其他欧美同行公司，4G 时代已赶超欧美公司，后来 5G 完全领先了。"

"中国的通信设备厂商凭借什么能够打败国际上的知名大企业？主要是靠市场的力量来推动以及国家政策的支持。通信行业是一个民用系统，它是开放的，更新速度很快。通信技术一直在不断换代，快速进步，这就有了机会，机会同时也是挑战，8～10 年就换一代。中兴拥有大量的优秀年轻技术人员，只要能够有效地组织起来，中兴的队伍就可以很大，加上中国人吃苦耐劳的传统美德，欧美企业实际上做不到有效面对这样的挑战的。他们没有这么大的能力来改变，他们习惯于一种漫长的研发过程，所以在这个高速发展的过程中中兴就抓住了机会。在通信技术领域，第三代中兴基本上能拉平，第四代就超越了，第五代就超得更多。"

中兴公司在这个时代大背景下，抓住了全球化和中国经济发展的机遇，顺应了以信息技术革命为中心的高新技术迅猛发展的趋势，积极参与到市场竞争中去，不断提升自身的技术和管理水平，培育出了中国通信行业的领军企业。2022 年，中兴通讯实现营业收入 1229 亿元，净利润 80 亿元。面对外部诸多不确定因素的挑战，中兴通讯坚守"固本拓新，有质量增长"，把握数字化和低碳化发展趋势，强化研发投入及创新，持续夯实核心技术及产品竞争力，全年研发投入达 216.0 亿元，占营业收入比例的 17.6%。

中兴通讯的母公司中兴新通讯继续响应国家产业发展政策，从企业角度回答时代命题，布局新能源、新材料行业，十余年孵化培育，2020 年中兴新通讯的子公司派能科技在科创板上市，2022 年派能科技户用储能系统出货量全球第一。同时，中兴新通讯将自身数字化和全球化经验锤炼为市场化产品和服务，旗下子公司中兴新云于 2018 年成立，已为数百家大型企业集团提供财务数字化解决方案，并积极布局企业碳管理，发展潜力巨大。这些都是中兴新通讯把握大时代大机遇的重要例证。①

深圳的创新生态环境

著名的美国经济学家熊彼特说："企业家就是颠覆性创新的破坏者"。创新本身是生产函数的一系列组合，劳动力、土地、资本、数据、科技这些都是重要的生产要素，企业家去组合各种要素，通过产品创新、技术创新、组织创新、模式创新，再去颠覆原有的生产模式，带来一个对原有的一些技术产品市场的颠覆。企业家的创新精神是经济增长的源泉。

广东是我国改革开放的前沿，构筑了创新的良好环境。深圳是最像硅谷的城市。改革开放四十多年，不仅诞生了华为、中兴通讯、比亚迪、腾讯这些创新型头部企业，而且不断地有新的创新型企业出现，形成了良好的创新生态环境。

深圳市威兆半导体有限公司（以下简称威兆半导体）成立于 2012 年 12 月，由一批留学生回深创立，总部位于深圳市南山智园崇文园区。威兆半导体聚焦功率器件研发与应用技术研究，凭借多年的科研攻关已成为少数同时具备低压、中压、高压全系列功率 MOSFET/IGBT（金属—氧化物半导体场效应晶体管/绝缘栅双极型晶体管）单管和模块，以及特殊半导体制程设计能力的先进半导体设计公司，拥有丰富的功率器件工艺和芯片设计量产经验，且是国内少数于 12 寸晶圆成功开发功率分立器件的公司之一，多款产品综合性能达到国际一线厂商水平，产品广泛应用于消费电子、通信、算力、工业控制、新能源汽车等领域。

威兆半导体的产品应用于 PC（个人计算机）/服务器、消费电子、通信电源、工业控制、汽车电子及新能源产业等领域，主要的客户包括华为、

---

① 整理自《中有先锋兴邦志，激流砥柱亦巍然——中兴创始人侯为贵专访》（载综合开发研究院公众号，2023 年 7 月 26 日）。

小米、中兴、摩托罗拉、联想、比亚迪、长城、雪佛龙、飞利浦、菲利普、大疆等。威兆半导体于 2021 年被认证为国家级专精特新"小巨人"企业。

威兆半导体是典型的知识和技术密集型企业，公司目前有员工 130 人，研发人员近 50 人，占比接近 40%。威兆半导体目前在深圳、成都、中国台湾、韩国水原都设立了研发中心，通过广泛的国内外科研合作，成为功率器件这一产业链环节的核心竞争者。威兆半导体目前已获得 OPPO、小米、华勤技术、元禾璞华、动平衡资本、英特尔资本等多家国内外产业和专业机构战略投资。威兆半导体核心竞争力来自持续且专注的研发，公司目前设有器件实验室、应用实验室、可靠性实验室和失效分析实验室等四大测试分析平台，研发和交付品质管控能力在行业领先。

制造业是创新的根基

制造业是广东立省之本，要坚持高质量发展、坚定制造业当家。2022 年，广东制造业总产值突破 16 万亿元，全部制造业增加值 4.4 万亿元，占全国八分之一。制造业既是广东深厚的"家当"，也是广东高质量发展的"利器"。广东制造业创造了多个"全国第一"：累计推动 2.75 万家规上工业企业（年主营业务收入达到一定标准的工业企业）数字化转型，100 多个项目入选国家级制造业数字化和工业互联网标杆示范，数量及示范效应均居全国第一；累计培育国家级制造业单项冠军 132 家，专精特新"小巨人"企业 1534 家，跃居全国第一；全省高新技术企业累计达 6.9 万家，占全国 1/6，连续 7 年全国第一；研发人员数量、发明专利有效量等指标均居全国首位；培育专业技术人才超 800 万人，46 所技工院校纳入全国技工院校工学一体化第一阶段建设院校及建设专业名单，数量全国第一；布局建设 40 家省级制造业创新中心，获批 4 家国家级制造业创新中心，数量全国第一。

坚持制造业当家，就要发挥制造业在经济发展中的支柱、支撑和支持作用。而要发挥这三大作用，就要推进制造业产业链和创新链融合发展，构建现代化的产业体系，发展先进制造业；就要推进关键核心技术攻关，需要解决资金链的问题，这就涉及工业投资，其中也隐含着丰富金融产品的供给。2022 年广东省制造业总产值突破 16 万亿元大关，拥有 70 余万户制造业企业法人和一大批优质企业。广东着力推动 20 个战略产业集群的建设，发挥工业投资对工业经济发展的放大叠加和倍增的作用。集中力量建设一批引领型、支撑型的"万亩千亿"级大平台。

先进制造业集群是在产业集群的一般特征基础上，特指在先进技术、工艺和制造业领域，地理相邻的大量企业、机构通过相互合作与交流共生形成的复杂网络结构和产业组织形态，是产业分工深化和集聚发展的高级形式，是制造业高质量发展的主要标志。近年来，国家加快实施先进制造业集群发展专项行动，采取"赛马"方式进行遴选，截至 2022 年底工业和信息化部已经组织开展三轮先进制造业集群竞赛，公布了 45 个国家先进制造业集群的名单，其中深圳有 4 个入选，即深圳市新一代信息通信集群、广深佛莞智能装备集群、深圳市先进电池材料集群、深广高端医疗器械集群。

产业集群是指一群在地理上邻近且相互联系的企业和机构，它们具有产业联系并相互影响。通过联系和互动，在区域中产生外部经济，从而降低成本，并在相互信任和合作的学习氛围中促进技术创新。产业集群是产业走向高阶发展的必然形态，纵观美国、德国、日本等国家先进制造业发展历程，均以产业集群方式掌握了产业链的话语权。

数字化、智能化赋能广东制造

当前，全球产业数字化转型浪潮正在加速推进。美国、德国、日本、法国和中国等世界主要经济体纷纷聚焦产业数字化转型战略布局，深度推进制造业数字化转型。随着新一轮科技革命和产业变革加速演进，通过大数据、云计算、新一代信息通信、人工智能、物联网等数字技术，能够促进信息流、技术流、人才流、资金流的高效畅通，弥合实体经济、科技创新、金融资本、人力资源之间的时空缝隙，压缩技术和知识的时空距离，打破产业链环节、地域之间的限制和壁垒。将 5G、人工智能、物联网、大数据等前沿技术应用于研发和生产智能环节，大大提升了企业研发实力、产品技术含量及竞争力，加速企业推进技术融合。

作为全球重要的先进制造业高地，广东涉及电子信息、家电、机械、新能源汽车等多个万亿级产业集群。坚持制造业当家，把制造业作为现代产业体系中非常重要的支撑，包括数字经济和实体经济的融合（以下简称数实融合）。数实融合是制造业当家的一个重要组成部分。以"制造业当家"为高质量发展重心，打造具有全球竞争力的先进制造业基地。

广东数字经济空间发展的余地很大，产业的数字化和数字的产业化呈现出"二八"比例特征。在数实融合下，把"二"再提一提，把"八"再发展发展，又形成新的"二八"，产生新的规模。这就要我们把数字经济和实体经济的落脚点放到"制造业当家"上去，软硬双驱，做强制造，做大平台，在新的高度挺起中国式现代化建设的产业"脊梁"。

广东在"双十"产业集群发展目标上，打造世界先进水平的先进制造业基地，构建全球重要的制造业创新聚集地，目标成为全球制造业核心区和主阵地，到2025年培育若干具有全球竞争力的产业集群。这些集群实际上很多领域正是数实融合的产业集群，要软硬双驱，在"硬"上解决产业链供应问题，在"软"上形成发展大模型，形成新平台，实现产业集群更为"智能"。

一方面，加快数字驱动下服务业与制造业融合发展，加强制造业和信息技术、设计、专业服务等高端生产性服务业的深度融合。另一方面，加快大应用、大模型与制造业融合发展。ChatGPT（为OpenAI研发的一款聊天机器人程序）出现以来，各类应用场景正快速打开，可以预见大模型将在制造业中得到大规模应用。这一应用兴起以后，会给我们带来巨大的产业的红利，即大模型、大算力、大数据在制造业中的融合所产生的。

工业互联网领域，2020年华为、富士康、腾讯3个平台入选工业和信息化部跨行业跨领域工业互联网平台，占全国的五分之一；2019—2022年，9个工业互联网平台入选工信部试点示范，10家企业入围2021工业互联网解决方案提供商TOP 50。人工智能领域，腾讯、平安、华为、商汤4个项目入选国家级人工智能开放创新平台。

深圳发展制造业创新中心

2022年，深圳全市中小企业超过240万家，占企业总数的99%。全市70%以上的授权发明专利、80%以上的国家高新技术企业、90%以上的研发投入来自中小企业。深圳"小巨人"企业70%以上的主导产品在全省细分领域市场排名首位，80%以上的产品在相关领域实现了补短板、填空白。在这240万家中小企业中，诞生了一批具备专业化、精细化、特色化、新颖化等特征的企业，掌握了产业链关键环节、技术、产品和服务，甚至是行业"单项冠军"，这些企业就是专精特新企业。

2020年4月深圳建立国家高性能医疗器械创新中心，是深圳首个国家级制造业创新中心，是国家在医疗器械领域设立的唯一的创新中心，是中国版的"弗朗霍夫协会"。国家高性能医疗器械创新中心由中国科学院深圳先进技术研究院、深圳迈瑞生物医疗电子股份有限公司、上海联影医疗科技股份有限公司、先健科技（深圳）有限公司和哈尔滨工业大学等单位牵头组建，围绕与医疗健康密切相关的预防、诊断、治疗、康复领域的高端医疗设备的重大需求，聚焦高端医学影像、体外诊断和生命体征监测、先进治疗、植介入器械、康复与健康信息等重点方向，致力突破行业发展的共性关键核心技术，完成技术开发、转移扩散到首次商业化应用各个环节，打造贯穿创新链、产业链和资金链的高性能医疗器械产业创新生态系统。

国家高性能医疗器械创新中心的科研合作主体多元。该中心既可以承接纵向国家任务，也可以探索横向企业研究，同时兼顾科学家带孵化的项目，或者是完全引进的外来项目、国外的项目进行国产化等多种形式。中心还成立工业委员会对科研项目进行评审。工业委员会由研发科学家和股东单位的学术专家共同组成，筛选不仅有科学价值，更具有商业价值、产业价值的项目和成果进行进一步孵化建设，为此类项目提供人员、资金以及政府资源对接的平台。充分结合市场，以项目潜在价值判断为导向，发挥中心以企业为主体的灵活可操作性优势，在人员评估、项目引进时对人员进行分类，然后根据具体的需求来进行推动。

粤港澳大湾区建设成为高质量发展的示范区

2023 年 6 月 1 日，广东出台《中共广东省委　广东省人民政府关于高质量建设制造强省的意见》（以下简称《意见》），该《意见》又被称为"制造业当家 22 条"。这份广东新时期制造业发展的纲领性文件多处提到了港澳，包括"加强珠江三角洲地区与港澳、粤东粤西粤北地区与粤港澳大湾区、全省与国内国际重点区域的协同联动""在集成电路、人工智能、高端装备制造、工业互联网、生物医药等领域深化与港澳的合作模式创新"等。这些先进制造业也是《香港创新科技发展蓝图》提出来的"新型工业化"。从 40 年前的"前店后厂"，到今天的协同创新、融合发展、厂研一体，这可能是粤港合作 4.0 版本的特点。

香港的新型工业化和广东的制造强省如何合作？首先，可以发挥香港的研发作用，着重在基础研究和成果转化。制造业强省强调关键技术、核心技术攻坚，特别是引领性的技术，而香港有着较强的基础研究能力，同时它有国际化的研发网络，与全球的大公司、研发机构能够建立比较好的联系。香港先进制造业的"补链"作用，着重在从 0 到 1 的制造。香港也可以考虑一两个大项目。其中有的产业强调强链，有的还需要补链，比如解决缺芯问题等。

其次，香港可以发挥数据开放的作用。香港在广东的港资企业的转型，制造企业转型为香港数字科技应用提供了场景，工业智能化会产生大量的工业数据，数据最终需要流动、交易，香港可以发挥数据开放和跨境作用，为广东省的制造业当家构建国际数据枢纽。

再次，香港作为国际金融中心，拥有高水平的国际化监管规制，这将吸引大量的资源、企业到香港，依托香港的金融创新，叠加内地制造业数字化，驱动香港的新型工业化。"制造业当家"要求创新链、产业链、资金链、人才链的融合，这种融合本身就是希望打造一个更好的创新生态环境。香港作为一个国际金融中心，在资金链的供给上，包括人才链方面有其优势，四链融合带来的价值链协同发展，将给香港的优势产业带来新的机遇。

广东推动高质量发展，就要携手港澳加快建设粤港澳大湾区国际科技创新中心，推进横琴、南沙、河套、前海重大平台建设，联动东莞滨海湾新区、中山翠亨新区等特色平台，把粤港澳大湾区建设成为高质量发展的示范区。

横琴粤澳深度合作区，总面积约106平方公里。横琴的角色主要是支持澳门、服务澳门，为其发展提供更大空间，使澳门的产业能够更加丰富，年轻人机会更多，居民生活的家园更大。横琴的目标是要推进琴澳一体化，成为促进澳门经济适度多元发展的新平台，明确发展四大新产业，即科技研发和高端制造产业、中医药等澳门品牌工业、文旅会展商贸产业、现代金融产业。其中，科技研发和高端制造产业都是与战略性新兴产业有关系的，比如集成电路、电子元器件、大数据、人工智能、生物医药、新材料、新能源等，这样也可以把高端制造和科技研发放在一起，大力发展新技术、新产业、新业态、新模式，为澳门的发展注入新动力。

南沙粤港澳重大合作平台，包括南沙区全域，总面积约803平方公里。按照以点带面、循序渐进的建设时序，以中国（广东）自由贸易试验区广州南沙新区片区的南沙湾、庆盛枢纽、南沙枢纽3个区块作为先行启动区，总面积约23平方公里，目标是要打造成为立足湾区、协同港澳、面向世界的重大战略性平台。南沙的重点是发展智能制造、智能网联汽车，发展工业机器人和服务机器人，以及无人机、无人艇等无人系统产业。发展数字产业，促进物联网、云计算等新兴产业集聚发展。推动可燃冰、海洋生物资源综合开发技术研发和应用，推动海洋能发电装备、先进储能技术等能源技术产业化。高水平建设南沙科学城，布局前沿交叉研究平台，建设世界一流研究型大学和研究机构，增强原始创新能力。推动粤港澳科研机构联合组织实施一批科技创新项目，共同开展关键核心技术攻关。

河套深港科技创新合作区（以下简称河套合作区）约3.89平方公里，其中，深圳园区面积3.02平方公里，香港园区面积0.87平方公里。河套合作区的目标是要打造成为世界级创新平台和增长极、世界级科研枢纽和国际一流的科技创新高地。河套合作区明确为三大定位，即深港科技创新开放合作先导区、国际先进科技创新规则试验区、粤港澳大湾区中试转化集聚区。

河套合作区有利于深港联动抓住新一轮科技革命和产业变革的重大机遇，吸引国际科技高端要素资源集聚，开展国际协同创新，进一步增强深圳经济增长的内生动力，支持香港发展新兴产业培育新动能。引进香港高校的优势学科、科研项目，和香港高校联合成立研究生院培养人才，联合参与国际大科学计划和大科学工程，联合香港园区建设国际一流的科研实验设施集群。引进香港接轨国际的先进的科研规则、科研管理的体制机制。深港联合，在新一代信息技术、生物医药、人工智能与数字经济三大方向上突破，攻克关键技术。

河套合作区通过与深圳的光明科学城、东莞的中子科学城等联动发展，可以实现大科学装置、科研实验室、创新中心、制造业创新中心等平台载体集群发展，实现不同载体之间科技资源的互补性、差异化的多学科交叉融合，产生开放多元协同的一体化创新体系，有利于支撑粤港澳大湾区建设国际科技创新中心和综合性国家科学中心，集聚更多全球高端科研资源，成为全球科技创新网络的重要枢纽和节点。

前海深港现代服务业合作区，已由 14.92 平方公里扩展至 120.56 平方公里，分别向东南和西北方向扩容。向东南方向扩容至南山区的面积包括蛇口和大小南山片区，面积是 22.89 平方公里，向西北方向则是沿海岸线一路向北，包括宝安中心区、大铲湾、宝安国际机场、会展新城及海洋新城片区，共 82.75 平方公里。以依托香港、服务内地、面向世界为战略使命，以打造粤港澳大湾区全面深化改革创新试验平台和建设高水平对外开放门户枢纽为两大战略定位，确立了打造世界一流营商环境，建立高水平对外开放体制机制，建成全球资源配置能力强、创新策源能力强、协同发展能力强的高质量发展引擎的战略目标。前海积极对接香港资源，大力发展金融、现代物流、信息服务、科技与专业服务等四大产业，持续探索深港法治融合，推动以政策叠加优势和法治创新最大程度释放改革红利，构建起"金融＋科技＋实体经济"现代服务业体系，基本建成现代服务业发展集聚区和体制机制创新区。

前海是全国改革开放先锋，东莞滨海湾新区是大湾区开放门户枢纽，中山翠亨新区是广东省珠江口东西两岸融合互动发展改革创新实验区，滨海湾与前海、翠亨联动最大的特点是推进更高水平的对外开放，共同打造全国高质量发展的高地，共建先进制造产业集群。同时，推进粤港澳大湾区珠江口一体化高质量发展试点，着力打造环珠江口100公里"黄金内湾"，带动广州、深圳、珠江口西岸三大都市圈协同发展、聚势腾飞。

改革开放是广东最鲜明特征，高质量发展是广东最光明前途。要坚持深化改革，推行市场准入制度改革、促进公平竞争、保护知识产权等，而这些改革的核心，是要建设国际一流的营商环境。要加快广东制度型开放，推动人才、数据和资本等要素的流动，要加快推动内地和港澳的要素流动，促进粤港澳大湾区深度融合发展。

第一编

高质量与城市群

　　高质量是一个动态过程，城市群是高质量的载体。区域发展是一个新产业不断出现，而旧产业不断消亡的过程。空间高质量发展是新产业新技术淘汰取代老产业老技术的过程。高质量的企业创新，是市场内部不断变革经济结构的力量，不断地破坏旧的结构、不断地创造新的结构。经过四十多年的改革开放，广东经济发展的空间结构正在发生深刻变化，中心城市和城市群正在成为承载发展要素的主要空间形式。要推动主要城市群的产业协调布局、产业分工协作，形成多中心、多层级、多节点的网络型城市群和都市圈。

第一章
高质量发展，条条大路通北京

高质量发展的内涵和目标是一致的，但不存在整齐划一的高质量标准。不同地区不同企业的发展条件不同，转型的路径也一定是不同的。不同条件、不同发展阶段的城市，都要探索出符合自身条件和特点的高质量发展之路。高质量发展之路上永远不会有成熟的发展机遇，重要的是因缘际会地抓住新领域新赛道的机会之窗，才会在风雨过后迎来彩虹。广东构建"一核一带一区"发展格局，通过差异化政策举措，推动各功能区在各自赛道上赛龙夺锦，形成主体功能明显、优势互补、高质量发展的区域经济布局。大路朝天，各走一边，这是广东寻路高质量发展讲述的全新故事的精彩篇章。

作为中国经济第一大省，广东最早撞上了过度依赖土地、劳动力和其他资源投入带动经济增长的天花板。毫无疑问的是，高质量发展不仅是广东，也是当代中国亟须破解的难题，当然也是所有赶超型经济体在走向现代化过程中需要破解的难题。

从数量型增长走向高质量发展当然是一个需要深入研究的理论问题，但更是一个实践问题。观察与总结，企业家与政府面对纷繁复杂的环境，破解一个又一个难题的智慧并给予合乎逻辑的解释，才会真正形成中国经济高质量发展的理论大厦。这是实践出真知，是人民群众的首创精神，是实践之树常青。

不同地区不同企业的发展条件不同，转型的路径也一定是不同的。高质量发展的目标是一致的，但不存在整齐划一的高质量标准。在深圳，数字经济是其标志性行业。深圳落实高质量发展的要求，需要拥有更多的原创性、引领性的数字技术，以及走向世界前沿，具有国际竞争力的数字产业。未来，数字经济也会成为广州的重要产业方向。广州没有华为、腾讯，但有微信、广汽埃安，还有……因此会走出与深圳不同的数字经济道路。①过去 20 年，深圳与东莞、广州与佛山的经济联系越来越密切，两对城市之间的分工合作不断深化。东莞不会成为深圳，佛山也不会成为广州。同理，珠江三角洲与粤东西北转型道路也应当不一样。

大路朝天，各走一边。发达城市要高质量发展，落后城市也需要高质量发展。不同条件、不同发展阶段的城市，都要探索出符合自身条件和特点的高质量发展之路，这就是广东高质量发展大会上所讲述的全新故事。城市之间高质量发展道路不同，结果应当一样吗？以深圳的高质量发展当尺子去丈量中山的高质量水平肯定是不得要领，但深圳与中山、中山与江门的高质量发展的成果应当可以比较才对。在实践中，不滥用稀缺的土地资源，城市要"种高产田"在广东开始成为共识。城市要绿水青山，要蓝天白云，河流不黑臭，恢复与保持生态，减少高碳排放的化石能源使用，发展绿色技术与绿色产业，这些都使得城市之间的高质量发展可以进行比

---

① 中共中央、国务院印发《数字中国建设整体布局规划》指出，做强做优做大数字经济。培育壮大数字经济核心产业，研究制定推动数字产业高质量发展的措施，打造具有国际竞争力的数字产业集群。推动数字技术和实体经济深度融合，在农业、工业、金融、教育、医疗、交通、能源等重点领域，加快数字技术创新应用。（来源：新华社 2023 年 02 月 27 日）

较。与传统的工业文明高度依赖物质资源不同的是，数字时代最重要的资产，是知识与技能水平不断提升的劳动力，是洞悉未来和引领潮流的高创意人才，是科学家、工程师和不畏艰险勇于拼搏的企业家。教育与科学发展，人口受教育年限一年年增加，都会以润物细无声的涓滴效应，汇聚成滚滚向前的江河。

独木桥与大道朝天

高质量发展不是千军万马走独木桥，而是大路朝天发挥各自的优势。广东省发展和改革委员会相关负责人是这样向媒体介绍的：广东构建"一核一带一区"发展格局思路是根据各区域基础条件、资源禀赋和比较优势，将全省划分为珠江三角洲核心区、沿海经济带、北部生态发展区3个功能区，通过差异化政策举措，推动各功能区在各自赛道上赛龙夺锦，形成主体功能明显、优势互补、高质量发展的区域经济布局。

一是"各尽所能"。就是依据各地区的基础条件、资源禀赋和发展阶段明确各区域功能定位和发展方向，让各区域各尽所能。"核"是引领发展的核心区和主引擎，发挥好辐射带动作用；"带"是产业发展新型工业化的主战场，实现沿海东西两翼展开；"区"是重要的生态屏障。

二是"各展所长"。因地制宜推动特色化发展，佛山和东莞两个万亿级城市产业结构高级化、东西两翼建设汕头和湛江两个副中心城市。

三是"各得其所"。就是要制定实施普惠性、均衡性托底机制，努力实现各区域基本公共服务均等化、基础设施通达、人民基本生活保障水平大体相当的目标，让各区域各得其所。

从实际效果来看，"核带区"在各自赛道上发展顺利，差异化发展态势日渐明显。"核"的创新驱动、示范带动态势正在凸显。广州、深圳核心引擎功能更加强劲，佛山、东莞两个城市以万亿级的体量迈入新发展阶段，珠海市成为内地唯一与港澳同时陆路相连的城市，珠江三角洲各市依托广深港、广珠澳两个廊道的传导效应，汇聚起强大的发展势能、改革动能。"核"的优质资源、高端产业进一步集聚，新动能、新优势加快培育，迈上了高质量发展快车道。"带"上的产业支撑不断强化，东西两翼新增长极加快形成，成为吸引外商投资的热土，绿色石化、绿色钢铁、海工装备等世界级产业带成型成势。"区"内凸显绿色发展优势，生态环境持续全省最优，空气质量优良天数比例平均为 96.4%，地表水水质优良断面比例达 97.1%，集中式饮用水源水质达标率为 100%。生态产业体系加快构建，现代农业、生态旅游、文化旅游等产业蓬勃发展，对接大湾区的"米袋子""菜篮子""果盘子""水缸子"正在加快形成。"核带区"差异化发展使广东区域发展差距有效缩小，同时，基础设施互联互通水平全面改善。"市市通高铁"，世界级机场群和世界级港口群正在加快成型；形成了覆盖十大领域共 104 个项目的基本公共服务体系，历史性地实现本科院校、高职院校、技师学院、高水平医院在 21 个地级以上市全覆盖。"核带区"发展格局积厚成势，助推了高水平高质量发展。创新驱动、示范带动，推进珠江三角洲核心区壮大新动能、塑造新优势，打造更具辐射力的改革发展主引擎；陆海统筹、港产联动，强化了沿海经济带基础设施建设和临港产业布局，打造更具承载力的产业发展主战场；突出生态优先、绿色发展，北部生态发展区生态发展的标杆。①

永远不会有成熟的发展机遇，重要的是因缘际会地抓住机会

四十年前，广东抓住了率先开放的机遇，崛起为中国经济第一大省。今天广东要抓住新的高质量发展的机遇，从经济第一大省转向科技大省，成为经济科技强省。

走向创新时代，从 0 到 1 已经成为政策红利到创新红利的代名词。无论是企业还是政府，都意识到，告别模仿性创新，走原创性创新路子的时

---

① 来源：广东省人民政府新闻办公室：广东举行经济社会发展成就系列新闻发布会（构建"一核一带一区"区域发展格局专场）。中华人民共和国国务院新闻办公室，www.scio.gov.cn，2022年6月13日。

候到了。但从 0 到 1 的机会是创造出来的而不是引进的。《广东省基础与应用基础研究十年"卓粤"计划（公开征求意见稿)》称得上是创造机遇再抓住机遇之举。广东省科学技术厅相关负责人认为，加强基础研究是新形势下推动高质量发展的关键，是实现高水平科技自立自强的关键。在实践中能够将"基础研究＋技术攻关＋成果产业化＋科技金融＋人才支撑"各个创新节点的源头，从创新源头到产业技术工艺甚至是应用场景进行全过程的贯通性整合，就有可能创造出新机遇，抓住新机遇，打造出"广东模式"，就可能跑出"广东速度"。广东的办法是：一是加大基础研究投入，优化专项布局。二是创新体制机制，强化对人的长期稳定支持，尤其是加大对青年科研家的支持。三是走开放创新的路子，实现地方创新体系（RIS）基础研究与全球创新网络的整合。推动全省基础研究水平和国际影响力大幅提升，若干重要领域跻身世界领先行列，将粤港澳大湾区建设成为具有全球影响力的基础科学研究高地。启动建设 10 家省实验室，研究方向涵盖新一代电子信息、新材料、新能源、高端装备制造等重点领域，初步构建 30 家国家重点实验室、430 家省重点实验室、20 家粤港澳联合实验室。省实验室还汇聚了一批尖端科学家及一大批一线中青年科研骨干，人才规模超过 8000 人。十年"卓粤"计划也成为广东上升为我国创新策源地的重要抓手。广东全省研发经费支出从 2017 年的 2344 亿元增加到 2022 年约 4200 亿元，占地区生产总值比重从 2.61% 提高到 3.26%，区域创新综合能力连续 6 年居全国第一，广东研发人员数量超过了 120 万人。高新技术企业总数超过 6 万家，连续 6 年居全国第一。2016—2021 年，广东年度发明专利授权量从 3.86 万件增长到 10.28 万件，增长幅度为 166%。截至 2021 年，全省发明专利有效量 44 万件，位居全国第一。2021 年，广东专利转让次数达 13.4 万件，位居全国首位，知识产权金融化指数位居全国第一。[①]

---

① 来源：广东省科学技术厅：《广东省基础与应用基础研究十年"卓粤"计划（公开征求意见稿)》，2022 年 3 月 18 日。

创新是尖的，发展是不平的。在全球化时代，加入世界产业分工体系，分享全球市场扩张的红利，"世界是平的"曾经是一个动人传说。广东以敢闯敢试的改革精神和训练有素的生产装配型劳动力，发达的物流体系，良好的营商环境，挤入全球分工体系，获得了全球资源再配置的红利。客观而论，广东产业在开放中取得了长足进步，实现了前所未有的跨越，产生了一批世界级的优秀企业。不过，广东中低端产业比重仍然偏高，真正顶天立地的产业和技术还不多。产业创新过度集中于深圳、广州、东莞及佛山少数城市。即使是在这4座广东重要城市里，创新差距也是巨大的。从城市常住人口的人均有效授权发明专利看，2020年深圳已经是广州的2.5倍。从当年的发明专利授权量看，广州是佛山和东莞平均数的约2倍，是珠江三角洲其他城市平均水平的近15倍。

大凡到过长江三角洲的广东人很快会发现，长江三角洲与珠江三角洲之间最鲜明的不同之处是，城市间经济发展差距小，城市之间有各自的赛道。南京、杭州没有上海挟大港望沧海的伟岸气势，但不失虎踞龙盘和钱塘潮涌的胜境，即便是小桥流水的周庄也充满经济发展带来的富足感。

自20世纪80年代末开始，广东就是我国的经济第一大省，江苏是紧追其后的经济第二大省，格局始终不变，二者的差距也不大。粤、苏两省的经济差距，远小于深圳与苏州两市的经济差距。一直以来，充满危机意识的广东人都保持着"江苏一个冲刺就会超越广东"的警惕。在两省内部，广东经济更集中，江苏则是更均衡。穗、深两市占据了广东经济的近半江山，再加上佛山与东莞后，四市占全省比重是3/4，加上其他五市，珠江三角洲九市占广东GDP的比例就是八成以上。江苏省苏南、苏中、苏北间的差距远小于广东。经济总量最低的连云港在广东能排第7，人均GDP最低的宿迁在广东就是正中间的位置。广东21座城市中，有12座城市的人均GDP低于全国平均水平，其中的多数在过去20年与全国平均水平的差距是扩大的。江苏省人均GDP高于广东，过去10年二者间的差距出现加快扩大的趋势。中国城市GDP前50强中，广东城市有深圳、广州、东莞、佛山4城，占21座城市的比例低于1/5。江苏有9座城市，占比差不多是 70%。①

风雨过后是彩虹，新宝安腾飞

"宝安"是深圳最古老的地名，其始建于东晋时期的 331 年，已有 1690 多年的历史。明万历年间改名"新安"，1914 年又改回"宝安"（因与河南新安县重名）。深圳经济特区前身为原宝安县县城一带，宝安承载着深圳的历史文化血脉，是深圳十区之长。1979 年宝安县升格为深圳市，宝安则被限定于经济特区之外，开启了宝安四十年从中心走向边缘，又从边缘走向中心的历程。

1994 年《中外房地产导报》的《宝安启示录》中写道：1993 年 8 月的一天，美国一位经济学家在中国大陆沿海城市转了一大圈，当他落脚在广深线的末端，在深圳南山区南头海关的西侧，看着绵延不绝的车河，得出了一个令世界吃惊的结论：全球经济发展最快的地方在中国，中国发展最快的地方在广州至深圳一线。而我脚下的这块土地，将是广深线上最有潜力的地方。

1978 年 12 月 18 日，中共十一届三中全会召开的同一天，上屋电业（深圳）有限公司落户宝安石岩的上屋村，"上屋热线圈厂"成为国内首家"三来一补"（来料加工、来样加工、来件装配和补偿贸易）企业，开启了宝安经济的高速增长。20 世纪 80 年代初，为了加快推动全市从农业经济向工业经济转型，深圳经济特区成立后，最先发展了蛇口、罗湖、上步等几个区域，其中上步工业区位于福田村北部约 1.5 公里处，是一个以电子工业和来料加工为主的工业区。在深圳市发展初期，上步工业区接纳了大量从香港转移过来的大型加工工厂，如夏巴汽车厂、嘉年印刷厂，因此带来了大量流动人口。彼时，深圳市政府没有经济能力，也没有快速见效的方案来解决数量巨大又"来势汹汹"的流动人口。面对"三来一补"企业向

---

① 整理自广东省和江苏省统计年鉴。

深圳转移的良好势头，中共深圳市委 1980 年 321 号文和 1981 年 11 号文要求把"三来一补"工厂引到特区外兴办，并把审批权下放给当时的宝安县政府。"薄宦游海乡，雅闻归靖蚝"的千载蚝田与美味冠天下的荔枝林开始为成村连片的加工工厂所取代。1992 年，邓小平南方谈话以后，不少社队（镇、村）为适应招商引资，采取灵活的方式与外商合作，比如：合资建厂房、把土地租赁给外商建厂、与外地人合作建出租屋等，这些行为当时受到市、县政府的支持、宽容或默许。

GDP 增长需要招商引资量的增长，"三来一补"工厂大规模引入，工业企业吸引了大量外来的劳动力，就必然带来低收入群体数量的增长。以电子加工业为例，每引进 1 亿元的固定资产投资，相应地就要引进上千名流水线上的工人。1993 年宝安撤县设区，至 2011 年，宝安经济占了深圳全市的 28.6%。空前的经济繁荣，乡村城市化的野蛮生长也在所难免，过度的数量型增长使宝安形成了明显的郊区边缘化特征。大量人口与产业的涌入，使得产业集聚的负效应日益凸显，单位土地面积上的经济承载量越来越高，地价也就越来越高，劳动力收入提高也必然会转换为劳动力成本越来越高，加工利润率不断降低，在客观上成为产业结构调整的压力机和推进器。2006 年宝安区忍受转型痛苦，尝试进行腾笼换鸟，淘汰高耗能、高用地、高污染及高劳动密集的中低端产业。到 2011 年，高速发展的宝安承受着更加严峻的土地、空间紧约束，大量低端产业面临生死抉择。有些企业上年底还在向宝安区申请政策支持，可是一开年就决定关闭工厂。一时间有上万名员工被解除劳动合同，劳动纠纷对信访工作造成了极大的压力。经济下行、政府财力紧张，并没有延缓宝安区采取"积极引进、大力培育、转型升级、有序转移、依法淘汰"等举措，启动"5 年 6000 家低端企业淘汰"工程。宝安与深圳的产业结构调整，引得各地招商部门蜂拥而至，夸张到宝安每周会有三四个招商会。

一时间，唱衰者有之，惋惜者有之。笼子里没了鸟就是经济滑坡。腾笼真能换鸟吗？笼子腾出来一定会有新鸟来吗？来晚了不行，不来更是不行。其时，信心决心是第一位的，但引来新鸟，让新鸟快快长大，保持经济可持续增长的能力与智慧也是第一位的。

随着粤港澳大湾区、深圳先行示范区、前海"扩区"等重大国家战略相继落地，特别是广东省第十三次党代会提出，打造环珠江口 100 公里"黄金内湾"，以及《广东省都市圈国土空间规划协调指引》明确，宝安区的战略地位不断凸显，一跃成为"黄金内湾"重要支撑极和深圳都市圈核心区。新宝安作为深圳"东进、西协、南联、北拓、中优"发展战略中"西协"的主力，正在重构未来深圳城市发展新格局。

新宝安的新区位。宝安奋力提升自身在深圳建设国际大都市中的层级定位，携手前海打造现代化国际化创新型城市的新中心，抓住粤港澳大湾区和先行示范区建设的机遇，积极营造珠江口东西两岸联动、联通国内国际双循环的重要节点的区位优势，抓住了深圳西部中心的定位。向海建城是宝安雄起于湾区的规划基础。仅十余年，一座崭新的滨海新城拔地而起，形成了强大的综合服务功能，是宝安向中心城区转型的标志，也成为宝安产业升级的基础，大大提升了宝安在大湾区和全市经济社会发展中的能级和地位。

新宝安的新赛道。宝安匠心独具规划的 CBD + TBD（中央商务区 + 科技创新服务区），已经成为推动产业升级的神来之笔。沿着西乡河，由桃花源科技创新园，经铁仔山超导体材料基地，到河流入海口处，蜿蜒而下形成了宝安科技研发区。推而广之，建立了众创空间 + 孵化器 + 加速器 + 科技专业园 + 创新集聚区 + 国家高新区的全链条区域创新体系。全区 5 亿元产出以上的工业企业实现研发机构全覆盖、规模以上工业企业覆盖率达到68%。高水平研发机构集聚，公共科技服务平台、产品设计、技术开发及转让、产品检验检测、科技信息咨询、知识产权、科技成果转让、技术产权交易等科技服务业竞相落户。新一代的"互联网 +"未来科技城，助力宝安建设世界级数字技术研发应用中心。数字经济核心产业增加值占 GDP比重超过 25%，全社会研发支出占 GDP 比重超过 5%。

新宝安的新动能与新优势。宝安的国家高新技术企业总量超过了 7000家，连续 6 年居全国区县第一，国家级高新技术企业的密度每平方公里达

18 家，是全市平均水平的 1.6 倍、大湾区的 15 倍。把宝安区放在全国城市中对比，国家级高新技术企业的数量可以位居全国第 10。专利授权数总量稳定地居于深圳市前列。走出了一条由市场终端向上游产业链升级的逆向创新的新路，走出了高端创新制造的点状聚集到扩散引领升级的新路，走出了依托深圳核心产业链节点创新制造向大湾区穿透式扩散，依靠供应链扩大制造规模的新路，是具有国家战略意义的创新转型的好经验，值得进一步深入挖掘总结。

F518 创意园区曾经是集聚了上百家低端加工厂的厂区，墙面斑驳、配套粗劣。腾笼换鸟升级改造后旧貌换新颜，曲廊回环，绿树婆娑，一排岭南建筑古色古香的韵味，引来凤凰栖居，形成了特有的多条特色产业链，成为融合创意、设计、艺术的创意产业基地，创意人才聚集，创新收入丰厚。劳动村曾经是宝安区一个普普通通的村落，村集体兴办工业园区收租，村民则依靠工业区集聚的外来劳动人口出租房屋。随着宝安中心区的城市主干道贯穿劳动村，地铁一号线沿宝源路向机场延伸，凭借着区位优势，劳动村抓住土地二次利用的更新机遇，实现了整体转型。

宝安把乌鸡换成了金凤凰。产业业态从传统电子信息向新一代电子信息产业集群转变。涌现出创维、欣旺达、大族激光、立讯精密、鹏鼎等一批行业龙头企业。形成了以 5G、新型显示、集成电路、激光人工智能等为代表的新一代电子信息产业集群。诞生了上百家具有国家一流竞争力的"单项冠军"、专精特新企业，宝安成为科技创新企业成长的沃土。新型研发平台高速聚集。深圳先进电子材料国际创新研究院和南方工业技术研究院相继落户，新型研发机构实现零的突破。创新成果加速竞相涌现。"三来一补"产业渐渐隐入尘烟成为城市的记忆。全国第一家"三来一补"企业，"上屋热线圈厂"已经改造为我国首个以劳务工为内容的专题博物馆。①

---

① 资料来源：未来城视：《深圳的尽头是宝安》，2022 年 11 月 30 日；易运文、黄启键：《宝安启示录》，《中外房地产导报》，1994 年第 21 期；人民网：《深圳宝安"腾笼换鸟"优化产业结构》，2006 年 12 月 21 日；新浪新闻：《智观宝安 | 唐杰：新宝安 新征程》，2022 年 12 月 29 日；《宝安统计年鉴》及历年宝安区政府工作报告。

东莞凤凰涅槃

东莞是我国利用"三来一补"方式融入全球生产体系的发源城市之一，其大规模发展与深圳升级、大量"三来一补"企业流出的关系很密切。在 2003 年时号称"东莞塞车，世界感冒"，不必说东莞威名，就是小小的长安与虎门，就已经让人咂舌惊叹。东莞一直被誉为珠江三角洲的典型，利用国内外（主要是境外）资金，抓住国际产业转移的大趋势，积极招商引资，20 年间就完成了从农业县到工业大市的转变。东莞作为一个地级市，创造了举世瞩目的奇迹，并且使本地户籍人口通过土地纽带直接获得改革开放利益，从这个意义上说，东莞是中国改革开放前三十年当之无愧的"优等生"。2007 年，东莞全市生产总值 3151 亿元，占全国的 1.2%，占广东的 10.2%；当年东莞的财政收入超过了 500 亿元，占全国比重超过了 1%，占广东的 7%；各项人民币存款余额 2700 多亿元，也占了全国的 1%，占广东的 8.1%；全市 22 个镇街可支配财政收入总额有 160 亿元之多，平均每个镇街超过了 7 亿元；村组两级可支配收入总额 182 亿元，平均每个村（社区）2000 多万元；村区两级集体资产总值 1000 多亿元，约占广东同级的 28%。东莞综合实力位居国内大中城市第 12 位，全市 22 个镇街全部入选中国千强镇。[①] 东莞能发展到这样的地步是因为紧抓和善抓机遇。东莞离香港的距离虽比深圳远，但比很多地方都要近，东莞人就盯住这个优势，大力吸引外资，首先是来自香港的资金。东莞采取的市、镇、村"多轮驱动"为主的开发模式，造就了遍地工厂，但同时也造就了东莞缺乏核心区的弊端。

2015 年 2 月，共识网上署名为"东莞房掌柜"的作者发表了一篇题为

[①] 资料来源：《东莞统计年鉴》及东莞市政府工作报告；郭万达：《东莞如何建设粤港澳大湾区先进制造业中心?》，"前海金融城邮报"公众号，2019 年 7 月 3 日；李超、陈秀月：《东莞寻路》，《经济观察报》，2015 年 4 月 27 日。

《东莞失落史："中国制造"的悲剧宿命?》的文章①，其中写道：东莞是中国的缩影，是大多数城市的镜像，是"MADE IN CHINA"的样本区域。东莞的危机从没有消停过，受 2008 年金融危机影响，2009 年东莞制造业十停去了四停，产业工人一年中流失 150 万，1600 家台企、2000 家港企从东莞撤离。2015 年 1 月 10 日，微软计划春节前关停诺基亚东莞工厂，将生产设备运往越南。同时，位于北京的微软诺基亚工厂也关停。此次诺基亚东莞和北京工厂裁员共计 9000 人。2014 年 12 月，知名手机零部件代工厂苏州联建科技宣布倒闭。接下来位于东莞的关联公司万事达和联胜相继倒闭。据了解，联建科技辉煌时有员工两万多人，2014 年业务每况愈下，至倒闭前还有 3000 多名员工。万事达公司和联胜公司倒闭时共有员工 7000 人。还有东莞一家做杂牌手机的制造企业兆信通讯因资金链断裂倒闭，1000 多名员工失业。

东莞面临制造业升级难题、社会管理难题、社会治安难题等，广东其他地区（包括珠江三角洲地区和欠发达地区）都正在或将会遇到，从典型的特征这一点来说，东莞未来能不能顺利实现经济社会转型，事实上也暗喻了广东能不能顺利实现超越"亚洲四小龙"的目标。东莞要转变发展模式，是何其艰难。东莞的弱点在于产业需要升级，但是更新换代不可能一蹴而就，所谓的"腾笼换鸟"只是一种美好愿景，但倒闭潮一浪接着一浪，如何在极短的时间内稳住这些企业，是一个难题。

从 2012 年开始，东莞陆续推出一系列转型的重大措施。其间，东莞曾连续 5 年拿出 50 亿元，通过推动产业转型、设立创业基金、企业贴息等多方面举措，支持企业发展。东莞拥有高度完整的制造业体系，涉及 34 个行业和 6 万多种产品，这是东莞制造业参与全球竞争的重要砝码。

鼓励引导传统制造业企业往专精特新方向发展，推动传统产业转型升级。东莞前瞻国际国内产业发展趋势，不断调整策略，迎难而上，实现了从传统制造到先进"智"造的蝶变。根据工信部 2023 年 7 月公布的第五批

---

① 东莞房掌柜：《东莞失落史："中国制造"的悲剧宿命?》，共识网，2015 年 2 月 26 日。

国家级专精特新"小巨人"企业名单，东莞有 81 家企业入选，数量排名全省第三，与深圳、广州一同成为"小巨人"最集中的城市。当前，东莞已累计培育 172 家国家级专精特新"小巨人"企业，作为全球的制造业重镇，东莞的专精特新"小巨人"正呈现出喷涌之势。这些企业通过抢占产业链发展的重要节点乘"链"而上，推动东莞产业板块从"单体突进"迈向区域集群崛起，企业发展从"单兵作战"变成全链提升，促使东莞先进制造业迸发出更强的竞争力和生命力。对东莞来说，庞大的中小企业群体，都有成长为"小巨人"乃至龙头企业的可能。随着这些企业壮大，它们能够给城市带来更多的就业、更多的税收以及更高的 GDP 增长空间。在不远的将来，在"小巨人"企业中，有望诞生新的科技领军企业，从而让东莞形成经济发展和产业晋级的良性循环。

与此同时，东莞还大力发展战略性新兴产业，包括新一代信息技术、高端装备制造、新材料、新能源、生命科学和生物技术。通过加快布局七大战略性新兴产业基地，打造一批千亿级战略性新兴产业集群，构筑支撑未来发展的新动能，为已有产业的发展带来新的机遇。

2021 年，东莞在风雨过后迎来彩虹，凤凰涅槃成为新一代的创新城市，尽管转型还在持续，困难还很大，但东莞高质量发展的路子越走越坚定，越走越踏实。①

---

① 中国城市规划设计研究院原院长李晓江在《现象级城市东莞》一文中指出，东莞是我国最值得关注的现象级城市之一。它处在深圳、香港和广州之间，是一个典型的中间性城市。到达香港陆路口岸交通时间在三个小时内的空间圈层，能够获得香港工业转移和大量聚集出口加工业机会。东莞早期的发展得益于独特的地理区位，并成功地成为投资与产业发展的成本洼地。2000 年以后的东莞已形成了经济总量很大、产业门类齐全，但能级不高的制造业体系，成为珠江三角洲的制造业中心。但东莞没有甘于长期走这样跟随式的发展道路，一次又一次地自我超越，一方面保住了工业生产基地和庞大的、门类极其丰富的工业集群。另一方面不断地寻求机会提升自身能级，摆脱跟随式发展道路，这是完整的东莞经验。城市竞争已经很明显地从产业竞争转向了人才竞争。怎样吸引大学生、怎样留住外来务工人员，怎样吸引高层次人才，不仅是靠高薪，更重要的是靠更美好的城市生活、城市服务、城市人居环境。（来源：城 PLUS，2023 年 9 月 7 日）

第二章
辉煌与梦想

世界范围的转型实践都表明，产业升级依赖于新知识的引入和本地化的创造。高质量发展需要创新，也依赖于科学和产业技术知识不断积累，科技工具越来越多，创新成果很快增长，增长的质量就会越来越高。用高质量增长模式取代依赖简单要素投入、依靠劳动力廉价的传统模式，需要很多条件，这种转型并不容易实现，在科学技术和产业创新的前沿，充满了不确定性。本地化的创造与一座城市的区位息息相关，城市的区位、交通等因素是限制高质量发展和产业升级的客观因素。2019年粤港澳大湾区规划实施以来，广东各地在大湾区产业的延伸布局中，在大湾区与沿海经济带互动中，着力打造各自的区位优势，以获得与周边经济共同成长的机会，这是广东经济和城市发展稳步加快，转型升级和创新驱动提高的重要因素。

产业升级，蝶变与新生

竞争，在《牛津英语词典》中被简洁地定义为，一方在努力获取收益的同时，另一方也为获得该收益而努力。在现实中，先行者往往会忽略竞争对手的竞争能力可能有很快的增长，率先优势就有可能成为转型劣势。"率先"可能会磨灭企业的风险或是危机意识，误以为率先或领先的地位是不变的；先行者的地位会随着自身经济发展水平的提高而变化。经济发展水平低，收入水平就低，要素成本也会低，低端产业会有收益；经济繁荣与持续增长带来了收入提高，也带来生产成本上升，依靠低成本生存的低端产业就会走下坡路。这是先行者要率先进行产业升级的内在驱动力。难题是，对于先行者而言，产业升级意味着要淘汰开始失去竞争优势的产业。从企业财务角度看会形成投资和利润的损失，从城市角度看，万一腾出笼子没招来金凤凰，就会出现经济下滑，财政困难，失业增加，社会不稳定，这是腾笼换鸟的痛点。看一看、等一等、熬一熬就成为很符合逻辑的选择。有可能出现的情况是，"看、等、熬"与企业和产业竞争加快流失，转型升级的难度越来越大，经济增长最终陷入停滞。

从花团锦簇到难以为继，中山的转型

中山地处大湾区中心地带，曾经的"广东四小虎"之一，过去10年在广东各市的经济地位却不断下滑。20世纪80年代是中山的高光时刻，当时，中山与东莞、南海、顺德并称为"广东四小虎"。如今，另外三只虎仍然辉煌，中山却走在下坡路上。改革开放初期，中山经济总量曾多年位列广东第5，仅次于广深佛莞。1989年，中山成为全国首批36个跨入小康水平的城市之一。进入千禧年后，中山依旧保持两位数的GDP增长。2004年增速排名全省第三，达到18.7%，创下1995年以来新高。可惜，18.7%成了中山经济的"绝响"。2013年中山被惠州超过，随后又退居珠海、江门之后，在珠江三角洲九市的排名中下滑至第8位。2022年被湛江超过，

滑到了广东省城市的第 10 位。

20 世纪 90 年代，中山迎来火炬开发区。当年，地级市能拥有国家级开发区着实令人羡慕。在中山，一个镇区围绕着一个特色产业发展，形成了"一镇一品"的产业模式，城市化和工业化势头良好。很快发展出古镇灯饰、小榄五金、东凤家电、大涌红木等 20 个产业链、18 个专业镇。威力、小霸王、晨星等也成为国内明星品牌，大举向海外市场进军，一度被誉为"中山舰队"。花团锦簇的专业镇经济让中山成为国内经济的领头羊。2008年美国金融危机爆发，经济外向型程度高的广东，与 1998 年受到亚洲金融危机重创一样，再度被波及。中山所受影响更为突出，隐藏在经济高速增长光环下，"三来一补"外向型经济弱点充分显露，制造业产业层次偏低、创新能力不足问题逐渐突出。2010 年，中山的经济增长率曾经短暂地恢复到 13.8%，当时普遍的估计是，中山已经走出了国际金融危机冲击的阴影。这种估计实在过于乐观了，事实上，13.8% 成为中山经济快速下滑的拐点，至 2019 年，中山经济增长率已经跌到了 2%。工业增速的下跌是经济下滑的主要因素。2010 年中山工业增长值的增速超过 16%，2015 年腰斩为7.5%，2019 年已经是 1.5% 负增长。

金融危机爆发同年，广东省提出"腾笼换鸟"产业转移和劳动力转移的"双转移"战略。此时，中山的灯饰、服装、家具等行业在国际国内市场的竞争力尚存，但是以低成本维持市场的努力，面对产业技术演变走向落伍。与普遍发生的情景一样，一个地区一座城市产业技术落后的闸门一旦打开，产业竞争优势就会加快流失。当世界主流光源技术从 LED（发光二极管）转变为 OLED（有机发光二极管），高寿命照明节能灯具成为市场主流时，仍然以传统光源为主的中山灯具，失去了曾经风光无限的市场追捧。中山灯饰无论在技术上还是在需求时尚上，逐渐被压在了市场的中低端，形成了价格低、企业利润低、研发能力停滞的恶性循环，在市场竞争中每况愈下。中山的服装、红木家具等传统类产品也曾经享誉中外市场，但受国际贸易摩擦和国内市场竞争力下降的双重影响，也是日薄西山。到2018 年中山已经是珠江三角洲出口下滑最快的城市。转型跟不上节奏，传统产业集聚的专业镇模式演变成了经济发展的掣肘。

面对经济快速下滑，中山认识到，传统发展模式难以为继，也曾下决心推进产业结构调整，但率先起跑的优势成为无形之中的转型包袱，产业升级的步子慢了一拍、晚了几年，陷入了新兴产业难成气候、传统制造业快速衰退的转型陷阱中。当年曾经处于同一起跑线的东莞，已经成长为超过万亿元GDP的经济大市，顺德、南海开始向半导体、人工智能等高新领域进军，中山市在珠江三角洲则形单影只，寂寥落寞。

洗尽铅华再出征，汕头、韶关的变化

事实上，中山从领跑者成为落伍者，并不是单一的现象。在广东我们还可以找到其他例子，如汕头、江门以及韶关。一个重要的原因是没有一劳永逸的产业升级，只有持续不断的动态产业结构高级化，高质量发展永远是一个不可能达到终点的目标，是一山更比一山高的攀登。

汕头向海而生、灿若烟花，是一座美丽而深邃的城市，是中国唯一一座拥有内海湾的城市，繁华鼎盛的时候，仅次于广州。早在开埠时代，近代工业就在汕头留下深深的印迹，从港口运输业到修船业、码头栈房修造业和火油厂等。开埠后二三十年间，潮汕地区就形成了土布织造业、土布业、抽纱业等早期近代工业门类，形成了最早的日用轻工企业群，具备了简单产品生产的完整产业链。"汕头制造"成批量地进入海外市场。中华人民共和国成立后，汕头市先后兴办了数以百计的工业企业，具有了相对独立完整的机械工业、化学工业、电子工业和轻纺食品工业体系。20世纪70年代末，汕头市区的工业发展水平稳居全省前列。汕头在中国工业史上开创了多个第一。20世纪50年代初，在美、日、德等国把控了核心技术，并严格限制对中国输出，在基本没有资料文献可供参考的困难条件下，汕头先后试制出我国第一张原始性氯素印相纸，研制出第一批黑白印相纸、第一张胶片，并投产TB传真纸、印刷制版片，覆盖了民用、医用、工业、军工、航天、地震探测等多个应用领域，填补了17项国内空白，成为中国感光工业的摇篮和先驱。潮汕也是我国罐头工业的诞生地。1804年，法国

人成功制造出世界上第一批罐头食品。一百年后，1905 年汕头廻澜桥边诞生了中国首家罐头企业——美香罐头有限公司。① 当年的广告词很长，文字并不优美，但读起来却是很有气势：中国物产之佳惟潮州称最，此环球所公认，人群所同嗜者也。20 世纪二三十年代是汕头罐头工业最鼎盛时期，从业工人达万人，罐头商品出口世界各国。

韶关位于广东省北部，是镇江、乌江、北江的交汇处。清代称韶州，是重要的水陆码头与税收关口，也因此改称韶关。韶关曾是广东省仅次于广州的第二大城市，曾经短暂成为广东省的省会。1964 年 10 月 16 日 15 时，我国第一颗原子弹在新疆罗布泊成功爆炸，其中所使用的铀材料，70% 是在粤北勘探开采并提炼的。1958 年，韶关被国务院确定为"华南重工业基地"，广州、上海、北京、沈阳、武汉等地的企业向韶关聚集。1962 年，韶关的工业企业达到了 1156 家。1966 年，广东省将广州夏茅钢铁厂包括设备、人员并入韶钢基建厂址。1966 年 8 月，韶钢第一炉钢水出炉，韶关钢铁厂正式诞生。1969 年，我国"三线"建设步伐加快，韶关获得更大的发展机遇，迎来了广东机械行业向韶关地区迁移的高潮。20 世纪 70 年代，为支持广东矿冶产业发展，广东工学院也迁入韶关，更名为广东矿冶学院，校址设在南华寺，建成了冶炼、矿山机械、矿山工程、矿山自动化等专业。②

四十年后，我们从《2022 年韶关市国民经济和社会发展统计公报》中读到的相关产业信息表明，资源型高耗能产业在韶关依然具有比较优势，钢铁与有色金属冶炼的主导地位不变，深度加工的机械工业和信息、生物产业等新兴产业的发展是滞后的。③ 历史不可逆但可分析，1982 年广东矿冶学院回迁广州，更名为广东工学院，在广州得到快速发展，成就了广东工学院与广州市的相互促进的良性循环，但对韶关却是一个非常负面的冲

---

① 这家汕头的老牌企业，曾经在中国工业史上开创了多个第一……汕头市工商业联合会（总商会），2021 年 5 月 27 日。

② 《中国第一颗原子弹爆炸，工业化韶关立下汗马功劳》，网易，2022 年 12 月 17 日。

③ 韶关市统计局、国家统计局韶关调查队：《2022 年韶关市国民经济和社会发展统计公报》。

击。倘若当年的搬迁能够在韶关留下广东工学院的分院，韶关的经济发展应当是要更好一些。世界范围的转型实践都表明，产业升级依赖于新知识的引入和本地化的创造。

城市区位优势的演化

两百年前，杜能在《孤立国》一书中创造出了"区位"一词，至今仍被广泛应用。企业投资选址要有区位分析，地方政府谈经济发展战略要讲区位优势。区位首先是一地的市场需求和供给能力，任何产品与服务的生产都会面临距离的问题，距离远，运输成本高，企业聚在一起会降低运输成本，也会产生出新的优势，把本地市场做大，共享城市公共基础设施，共同创造城市的新知识，共享高素质劳动力的蓄水池。区位不是一个绝对的概念，而是一个相对概念。杜能生活在农业社会，他对区位的解释以农业为基础，但在今天看来仍有意义。中心市镇人口集中，也集中着多样的经济活动；出了中心市镇就是以功能专业化为主，最接近中心市镇的地方的专业化功能是种植蔬菜，原因是蔬菜容易腐烂，在没有保鲜技术的时候运输距离和时间要短；跨过蔬菜种植区就是粮食种植区，需要更大的土地面积；最远的地方是畜牧区，养牛养羊需要牧场，可以赶着牛羊进城不怕远。离开市镇越远，人口密度越低，土地租金也越便宜。不难理解，在城市群时代连绵城市的出现，大、中、小城市的关系可以类比于杜能时代中心市镇与周边蔬菜、粮食和畜牧业区的分工关系，一座城市的区位是由其城市群中的地位决定的。①

---

① 1999 年藤田昌久（M. Fujita）、克鲁格曼（P. Krugman）和维纳布尔斯（A. Venables）开创性的著作《空间经济学——城市、区域与国际贸易》（梁琦等译，中国人民大学出版社，2011 年）中，对杜能模型的意义进行了简洁而深入的评述。现在看来，杜能的理论非常浅显，但事实上这个模型的分析巧妙且深刻。自发的竞争是通过使农作物的生产和运输成本最小（不包括地租）来为农作物配置土地的。毫无疑问，这是能够想到的能凸显"看不见的手"的作用的范例。但如果问题并不仅仅是在已经存在的城市的前提下决定土地的使用，而是在一个或几个城市的区位、城市数量和规模结构时，杜能模型就需要借助外部的集聚经济作为补充。

不仅如此，所有的城市政府和企业在现实中都会意识到，区位有第一天性和第二天性的区分。所谓第一天性，就是汕头拥有面海加内湾的优势。相对于珠江三角洲，汕头缺乏第二天性。改革开放四十多年，广东的经济重心在珠江三角洲，核心大城市与基础设施建设高度聚集在珠江三角洲。汕头距离核心大城市远，交通不便就很难分享珠江三角洲辐射的带动。同理，改革开放面朝大海春暖花开，我国产业区位优势快速向沿海集聚，韶关产业安全的布局优势就会弱化。深圳的春天故事当然与毗邻香港的第一天性有关，在过去四十多年，深港间过境设施与通关便利化大大改善，深水集装箱港、国际机场建设等建设早，发展快。东莞相随深圳，共同分享了国际产业转移的区位红利。相比之下，中山与深圳、东莞一江之隔，只能是望江兴叹。加之距离广州中心城区较远，交通基础设施建设相对滞后，处于"孤立无援"的状态。总之，区位、交通等因素是限制高质量发展和产业调整升级的客观因素。

中山：一桥飞架东西，天堑变通途

用峰回路转来形容中山区位条件的演变应当是恰如其分的。① 深中通道建成通车，中山会成为深圳与东莞的近邻。2023 年 2 月，中共中央政治

---

① 中山高速公路通车里程在珠江三角洲城市中仅排第 8 位，与大湾区核心城市之间的联系不强；每百平方公里公路密度为 180 公里，远低于广州、深圳等周边城市。曾为全省"交通建设先进市"的中山，体验过交通优势带来的发展优势。2020 年以来，以"交通攻坚战"为新的起点，以深中通道通车为窗口期，中山提出倒排重点项目和建设工期，投入 1500 亿元以上，全力打好交通大会战，逐渐构建高铁、地铁、高速、快线、港口等无缝对接的综合性、立体化、便捷式快速交通网，构建"四纵五横"的高速公路交通网，是中山攻坚大交通的重中之重。《广东省民用机场"十四五"规划》《广东省铁路"十四五"规划》《广东省港口和航道"十四五"规划》《广东省高速公路"十四五"规划》等四大规划提出，加强广州白云机场与珠江三角洲枢纽（广州新）机场、深圳宝安国际机场与惠州机场快速轨道交通连通，统筹机场间客货运输功能布局。未来 5 年内，中山人前往邻近城市机场坐飞机有了新的选择。在铁路方面，多条已经在建的或"十四五"规划建设的铁路，将使得中山前往周边各大机场的通勤更加便捷。中山将形成联通大湾区、谋划高质量发展的新区位。在港口方面，中山至香港、澳门以及深圳的高速客轮航线通航，也就意味着珠江三角洲西部与深港澳融入了一小时商圈。在公路方面，全省高速公路重点建设项目中，中山至茂名高速阳春至信宜段是重要的出省通道之一，深中通道、中开高速、中山西环高速是重要的省内干线，南沙至中山高速、中山东部外环高速是全省干线交通网中重要的加密线和联络线。

局委员、广东省委书记黄坤明在中山视察时指出，中山要聚焦发挥深中通道的关键作用，认真谋划做好珠江口东西两岸融合发展这篇文章，示范带动深中全方位对接、一体化发展，促进要素资源便捷高效流通，激发乘数效应。紧扣高质量发展这个首要任务，在科学应变、主动求变中扬优势、补短板、强弱项。紧密对接深圳先行示范区和横琴、前海、南沙三大平台建设，坚持承东接西、南联北融，持续激发放大区位优势效应，以推进建设改革创新实验区为重要抓手，依托深中通道，努力在推动珠江口东西两岸融合发展上走在前、作示范。①

深中通道建成通车后，中山到深圳的时间将从原来的两个多小时缩减至 30 分钟。中山能够更便捷地与深莞产业融合，承接更多外溢的高新产业，走向制造业数字化智能化。中山区位条件重大演变还在于，未来从广州起的高速地铁 18 号线，将连接中山、珠海、清远，中山成为珠江口西岸东西与南北交叉衔接的枢纽，是穗深港珠澳科技创新走廊建设重要节点。在穗中珠澳高铁、南珠（中）城际、深中城际等轨道交通项目全部完成后，中山就可以左右逢源，向南对接珠澳，向东对接港深莞；向北则与穗佛相接。②

珠海：三十年河东与三十年河西

碧海蓝天的珠海过去四十多年一直被贴上"小而美"的标签。1980 年珠海经济特区建立时，城市经济规模与人口规模还略高于深圳。而后，深圳人口爆炸性增长时，珠海保持着低而稳定的人口增长。1980 年的常住人口是 36 万人，1990 年 60 万人，2000 年 124 万人，2010 年 156 万人。2022

---

① 《黄坤明、王伟中到中山调研：在聚力推动高质量发展中赢得未来》，深圳新闻网，2023 年 2 月 19 日。

② 《贯通深圳、中山等五城：深江铁路迎来新进展》，凤凰网，2023 年 7 月 13 日。

作为我国"八纵八横"高铁网沿海通道的重要组成部分，深江铁路线路正线从深圳枢纽西丽站引出，经深圳宝安、东莞滨海湾、广州南沙、中山至江门，正线全长 116 公里。建成通车后，在深圳枢纽西丽站与赣深客专贯通；在深圳北站通过深圳北至深圳机场东联络线衔接厦深铁路、广深港客专，在中山北站通过联络线连通珠海至深圳方向，在江门站与深茂铁路江门至茂名段正线贯通。

年珠海全年地区生产总值四千亿元，不足东莞一半，约为深圳的八分之一。不过纵向比较的感觉完全不同，珠海 1979 年建市至 2015 年实现两千亿元地区生产总值，用了 36 年，而再新增两千亿元的台阶，只用了不到五分之一的时间。这使得珠海很有底气地提出，力争两三年内实现规上工业企业倍增、百亿工业企业倍增、高新技术企业倍增、外贸倍增，进入工业总产值万亿俱乐部的目标。

发展气魄离不开对区位条件发生重大变化的自觉把握。粤港澳大湾区规划大大提升了珠海的区位优势，扼粤港澳大湾区环珠江口 100 公里黄金内湾的关键位置，珠海成为融通广州、深圳、珠西三大都市圈的重要交会地，珠江口东西两岸合作的桥头堡、示范区。珠海唐家湾主园区占地面积 175 平方公里，北面与中山市接壤，东面与香港、深圳隔海相望。未来，京港澳高速、西部沿海高速、广珠城际轨道贯穿境内，是出入珠海的主要门户。在融合发展的黄金交会点上，珠海不只谋一隅，更谋全域，为了全面融入环珠江口"黄金内湾"建设，不断推动交通枢纽向经济枢纽升级，从"小而美"转向名副其实的珠江口西岸核心城市。随着伶仃洋通道工程实施，珠江口东西岸的两个经济特区车程将缩短为 30 分钟。沿西江打造高质量发展带，沿海岸打造创新集聚走廊，珠海将成为珠江口东西两岸融合发展轴的黄金交汇点。

首都科技发展战略研究院发布《中国城市科技创新发展报告（2022）》，并公布 2022 年中国城市科技创新发展指数排名。在全国 288 个城市中，珠海科技创新总指数为 0.3036，位列全国第十四；在地级市科技创新发展指数排名中，珠海仅次于苏州市，连续三年位列第二。该报告从创新资源、创新环境、创新服务、创新绩效等四个维度，全景式地揭示中国城市科技创新发展的总体水平和主要特征。在地级市排名中，广东的珠海、东莞、佛山、惠州分列第二、第四、第六、第十六位，创新成为珠海实现高质量发展的第一动力。①

潮州：寻找和创造新区位优势

潮州，广东省最东的沿海城市，历史名城，是潮汕文化的发祥地，千年都邑，素来"海滨邹鲁"的潮文化享誉于世。早在唐朝，潮州就凭借地缘优势成为海上商贸门户和对台的主要通道。至晚清潮州府属的汕头埠逐渐成为滨海重镇，工商繁华，崛起为连接穗、港、沪及海外的新兴港口。1904 年，潮汕铁路有限公司兴建从潮州府所在地直达汕头埠的铁路。1906 年，中国第一条民营铁路潮汕线铁路筑成，"潮汕号"机车头一声长鸣宣告了潮汕铁路建成通车，潮汕逐步成为一个被广为接受的新称谓。如今的潮州市是大潮汕四分之后的狭义潮州，1991 年潮州市升格为地级市，回归了明初洪武年间广东十府的地位。但在相当长的时间里，在潮隐于汕的格局下，潮州经济内在的富足、潮州人对家乡的眷恋，使潮州一直以小城市自居，古音古韵，不温不火地发展，恬静淡然地生活。升格为地级市 30 余年，户籍人口增长不过 40 万，常住人口与户籍人口比例稳定在 1∶1 的水平。潮州的城镇化水平在稳定提高，大致与全国平均速率和整体水平一致，经济增长不快不慢，1992 年城市生产总值差不多是 50 亿元，18 年后的 2010 年是 559 亿元，增加了 509 亿元，平均每年新增加不到 30 亿元。到 2018 年超过了 1000 亿元，每年增加翻了一番，接近了 60 亿元。此后，潮州经济增量有加快的趋势，2022 年地区生产总值超过了 1300 亿元，每年有了约 80 亿元的新增量。

以更大的格局和更开阔的视野，获得与周边经济共同成长的机会，这是潮州经济和城市发展稳步加快，逐级提高的重要因素。2019 年粤港澳大

① 阿力米热：《新一轮高质量发展全面起势，属于珠海的时代来了!》，《时代周报》，2022 年 12 月 19 日；王浩明：《跃上四千亿台阶，珠海奋勇再出发》，新华社，2023 年 2 月 1 日；《珠海金湾，走好高质量发展的制造强区之路》，投资金湾—珠海金湾区招商引资官方微信公众号，2022 年 12 月 26 日；《非凡十年! 高新区：加速打造珠海高质量发展龙头》，澎湃新闻·澎湃号·政务，2022 年 10 月 10 日；李旭：《全国地级市科技创新发展指数位列第二，创新驱动赋能珠海产业高质量发展》，《羊城晚报》，2023 年 2 月 15 日。

湾区规划实施以来，潮州走出潮州看潮州发展，在大湾区产业向东西两翼延伸布局，大湾区与沿海经济带互动中，创造新潮州区位优势潮。以"潮人、潮商、潮文化"为纽带，主动承接粤港澳大湾区的产业溢出效应；以劳动力和土地要素低成本吸引大湾区企业。学习穗深莞佛高亩产的经济集聚模式，不再以小自居，适度拉大潮州市区规模，韩江东岸纳入城市的规划与开发区域，也注意提高中心市区的经济和人口的密度。西九龙站和广汕铁路—汕汕铁路将进一步加强潮州与粤港澳大湾区的联系，在沿海城市带与大湾区的融合中，获得更多的发展机会。

潮州有天然的优良海港，潮州港位于饶平县南部沿海，港阔水深，自然条件优越，而且毗邻台湾，是广东省内离台湾最近的海港。潮州的潮汕站是一等动车站，坐上动车两个多小时就可直达香港，而且市区离4D级飞机场揭阳潮汕国际机场不到20公里。潮州的财力还不宽裕，与千亿元GDP相匹配的是不足百亿的财政收入。即便如此，潮州的交通建设投入却在逐年跳跃式增加，5年时间从11亿元增至75亿元。这得益于广东省从2013年起实施的振兴粤东西北地区发展战略，如厦深铁路、高速公路、省道改建等工程大多都是广东省政府出钱。粤东城际铁路"一环一射线"5个项目可行性研究报告获批，正式开工建设，建设工期4.5年，总设计概算约为509亿元。与汕汕高铁、汕梅高铁、厦深高铁、汕漳高铁、广澳港铁路等连接，实现汕潮揭三市串珠成链。粤东城际铁路布局"二主三辅"5座铁路客运站，实现了区内乘客在30分钟内可达高铁枢纽。粤东城际铁路汕头站至潮汕机场段、粤东城际铁路东环段也在加快建设中；规划新增汕普城际，预留潮南站至潮汕机场城际线位会进一步提升粤东地区综合交通能力。

潮州有欠发达地区的镇级产业集群。潮州与中山、东莞相似，形成了特色产业镇集群的发展模式。在制造业领域，形成了枫溪、凤塘、古巷三镇为核心的陶瓷产业、湘桥区的婚纱产业与电子工业、潮安区彩塘镇的不锈钢产业、庵埠镇和饶平钱东镇的食品工业、饶平南部沿海地区的水族机电业。"中国瓷都""中国婚纱礼服名城"成功通过复评，获评全省唯一"中国食品名城"；发布国内唯一日用陶瓷价格成本指数，此外，全国唯一一家国家级餐具炊具知识产权快速维权中心在潮州开通运营。潮州市还是全球最大的日用瓷生产出口基地、全国最大的婚纱礼服生产集聚地。

潮州的传统产业不传统。潮州制造业要走上高质量发展之路，就是要找准路径，实现由粗放制造向绿色制造转变，由低端制造向品质制造转变，迎接潮州制造业高质量发展的明媚春天。潮州是中国六大瓷都之一，自唐代起就久负盛名。陶瓷是古老的传统产业，也是新技术革命中快速发展的朝阳产业，无论是特种陶瓷、工艺美术陶瓷还是日用陶瓷，都将伴随经济社会发展水平提高而一起增长。潮州拥有各类陶瓷生产企业5000余家，日用陶瓷、艺术陶瓷、卫生陶瓷年产销量分别约占全国的25%、25%和40%，出口量分别约占全国的30%、40%和55%，均居全国首位，是潮州打造沿海经济带上的"特色精品城市"的重要产业。

十年磨一剑，从世界工厂到创新智造

东莞是用智造引领产业升级的代表性城市，拥有140万户市场主体，其中规模以上的工业企业有1.1万家、国家高新技术企业9千多家，全市研发投入占GDP比重上升到4%。拥有与深圳融合而成的发达制造业体系和强大的产业综合配套能力，成为东莞向智能制造转型升级的底气和强大支撑。随着科技创新能力和知识产权综合实力显著提升，企业创新主体地位会进一步加强，知识产权激励全社会创新创造更加有力。在东莞，每一家企业、每一所科研机构、每一位科技工作者都应有勇攀科技高峰的志气和骨气，发愤图强、顽强攻关，千方百计甩掉"卡脖子"的手，把发展主动权牢牢掌握在自己的手中成为广泛的共识。漫步者——全网都在催上架的《流浪地球2》耳机，东莞造！《流浪地球2》是极具视觉感染力和票房冲击力的国产科幻大片。影片中科技感十足的联络耳机已经成为东莞创新智造的形象产品。漫步者（EDIFIER）1996年创立于北京，1997年以中国自主品牌的形象走向世界。东莞漫步者是漫步者集团的核心企业和最大的生产制造基地。而今参观者走进漫步者的展厅，映入眼帘的就是《流浪地球2》中科幻感十足的炫酷智能耳机。

OPPO 广东移动通信有限公司曾经是中低端手机的代表，正蜕变成一家全球领先的智能终端制造商和移动互联网服务提供商，深入布局芯片、AI、大数据、5G 等前沿科技领域。在全球共有六大研究所和四大研发中心，4 万名员工中研发人员超过了 1 万名。全球专利申请量超过 6.1 万件，授权数量超过 2.6 万件。OPPO 在东莞滨海湾布局了智能制造中心、全球算力中心、研发中心等重大产业项目。长安数字化智能手机工厂里，以前需要大量人工劳动的生产环节已经转为智能制造。1500 余台机器人担负了性能测试、贴牌、自动取件、点胶、取料等重任。OPPO 智能制造生产线平均每 10 秒就能生产一台手机，每台机器制造成本比之前下降接近 40%，成为我国智能制造飞跃进步的代表。OPPO 的核心竞争力在于实现全链条的高质量研发、高水平制造、高效率供应，实现了高水准生产，以更科学的部署、更快速的响应，实现研发、制造和市场整个链条的深度协同，为 OPPO 品牌从中低端走向中高端奠定了坚实的产业基础。

东莞制造业高质量发展特征明显。华为终端、立讯精密、蓝思科技、长盈精密等一批产业项目建成投产，2020 年，在"广东制造业 500 强"中，入选的企业数量居全省第二位。电子信息制造业规上工业企业营业收入超万亿元，三大手机进入全球手机品牌"第一阵营"，出货量位居全球前五。新一代信息技术、高端装备制造、新材料、新能源、人工智能和生物医药等产业加快集聚，七大战略性新兴产业基地初具雏形。先进制造业、高技术制造业增加值分别占规模以上工业增加值的 50.9%、37.9%。

"智造"长安，花团锦簇又一春

位于东莞市南端的长安镇素有东莞"经济第一镇"之称。当东莞陷入低端产业衰退时，长安镇也不可避免。镇街经济过时了吗？这不仅是中山面临的困境，也是东莞的困境。转型升级后的长安镇给出了合理的、令人满意的答案，通过科技创新赋能先进制造，坚定不移做优做强龙头企业，强力扶持成长型企业。一个科技长安、"智造"长安开始呈现在世人面前。实现动力升级，质量效益不断提升，先进制造提速发展的中国电子信息产业重镇、中国机械五金模具名镇长安镇，拥有千亿级的电子信息产业集群、五百亿级的机械五金模具产业集群，新培育智能视觉、新能源汽车配套、电子大健康三个近百亿级产业集群。长安镇将围绕拓展新空间、汇聚新动能、引育优人才、探索新模式、营造好环境五大路径，加快推动高质量发展。

东莞市宇瞳光学科技股份有限公司是东莞长安镇智能制造的代表，是专注于光学精密镜片、光学镜头等产品的研发、生产、营销和服务的国家高新技术企业，是全球最大的安防监控镜头生产商，占全球视频监控镜头市场份额达42.7%，在视频监控镜头领域位列全球首位，在"全球安防50强"综合排名中位列第17位。基于玻塑混合光学系统设计与开发技术、鬼影炫光控制技术、高密度监测技术、光学镜头的不良仿真反馈技术、视觉分辨率的自动化监测技术等技术领域均处于行业领先水平。2022年入选第七批国家级制造业"单项冠军"示范企业（不含深圳）。

"空气中都飘着科学味道"的松山湖

如果说长安体现了东莞先进制造的实力，松山湖科学城就是东莞科技创新的缩影。2020年7月，国家批复同意以光明科学城—松山湖科学城为主体建设大湾区综合性国家科学中心先行启动区，定位为重大原始创新策源地、中试验证和成果转化基地、粤港澳合作创新共同体、体制机制创新综合试验区。这是继北京怀柔、上海张江、安徽合肥之后，全国第4座综合性国家科学中心，标志着松山湖科学城建设正式上升为国家战略。位于科学城的松山湖材料实验室，是广东省第一批省实验室之一。①

---

① 《落户东莞一年半，松山湖材料实验室如何改变这座城市？》，南方PLUS，2019年6月17日；《［高质量发展看中国］科技创新和先进制造促进东莞蝶变》，央视网，2023年2月23日；《［高质量发展看中国］从"世界工厂"到科技创新之城，东莞都做了什么？》，中国新闻网，2023年2月2日；《东莞出台经济高质量发展"2＋2"政策，夯实"制造业当家"地基》，南方新闻网，2023年2月11日；《"未来已来——高质量发展看广东"网络主题宣传活动走进东莞，聚焦"科技创新＋先进制造"》，中国青年网，2023年2月23日；《东莞出台16项措施助力制造业高质量发展》，中国质量新闻网，2023年3月7日。

在松山湖材料实验室展厅的大屏幕上投射出的口号具有创新时代的震撼力："在科技成果向产业化转移的死亡谷上架一座铁索桥！"显示出松山湖材料实验室的科学家对创新发展过程中不确定性与风险性的认识，更显示出东莞对支持高质量创新发展的准确定位。高质量发展需要创新，科学和产业技术知识不断积累，人们手中的科技工具越来越多，创新成果可以很快增长，高质量增长就会取代依赖简单要素量投入、依靠劳动力廉价的传统模式，更有竞争力。但这种转型并不容易实现，在科学知识、产业技术和市场创新的前沿，充满了不确定性。创新就是要完成知识创造从原创性基础科学到应用技术的复杂转换，至少包括了三个阶段：新科学理论突破的过程；科学理论技术化的过程；科学技术产品化的过程。每向前走一步，都有失败的可能。甚至可能会在最后一米的工艺性难题面前归于失败。

一般说来，创新者在走向技术产业化的第三个阶段内部还需要攀爬六个小台阶，第一是基础制造研究，或是科学技术可否成为制造的起点；第二是产品技术的概念性证明；第三是在实验室里实现技术应用；第四是将各种技术集成在一起做出一台具有创新功能的新产品样机；第五是形成规模化的生产能力；第六是成为市场需求的产品，市场需求越大，创新回报越高。比较六个台阶的风险和不确定性，在实验室证明产业技术可实现与集成各种技术造成的风险最大，在这两个台阶上倒下的创新项目概率非常高，因此有了"创新死亡谷"的称呼。

松山湖材料实验室作为广东省第一批省级实验室，2017 年 12 月启动建设，2018 年 4 月完成注册，布局有前沿科学研究、公共技术平台和大科学装置、创新样板工厂、粤港澳交叉科学中心四大核心板块，探索形成"前沿基础研究→应用基础研究→产业技术研究→产业转化"的全链条创新模式，定位成为有国际影响力的新材料研发南方基地、国家物质科学研究的重要组成部分、粤港澳交叉开放的新窗口。2022 年，随着一期工程新园区建设完成并投入使用，松山湖材料实验室进入双园区运行模式。"基础研究"与"产业转化"两条腿走路扎实推进，创新资源集聚效应凸显，承担国家战略性、基础性、前瞻性科技任务和服务地方产业高端化、智能化、绿色化发展的支撑能力显著增强，取得了多项突破性研究进展。高能量密度的低成本锂电池材料，实现锂电池技术的新突破，是松山湖材料实验室重点研究项目之一。涌现出了一批拥有由"硬科技"武装起来的国家级高新技术企业。

松山湖材料实验室负责人，对创新过程不同阶段、不同主体的责任，给出了特别直观的解释：高校在实验室里做的是从原理上进行验证的研究，是原始创新，是"从0到1"；松山湖材料实验室做的是科学成果转化为产业技术，相当于是"从1到10"。"简单来说，我们提供花布，最后怎么剪裁，由企业决定。"企业要把科学技术变成产品推向市场，许多企业合作生产出相互关联的产品就是产业链，就实现了"从10到100"再到10000，依靠新质生产力的突破带动产业规模量的跨越。

在空间布局上，松山湖科学城规划形成"北湖南山、一核四区"的空间格局，北接松山湖，南靠巍峨山，一核即大装置集聚核心区，四区为大学院所集聚区、新材料产业中试验证与成果转化区、新一代信息技术与生命科学产业中试验证与成果转化区、莞深科技成果合作转化区。

东莞创新凭借松山湖科学城开始了向重大科技前沿的攀登，建成全球第四台、中国首台脉冲式散裂中子源后，加快推进建设先进阿秒激光设施，南方先进光源研究测试平台等重大科技基础设施正加快布局……更多的高端创新资源加速向松山湖科学城聚集。聚集产生了创新研究的相互推动1+1＞2的创新协同效应。东莞松山湖材料实验室可以依托散裂中子源、南方光源等大科学装置集群，加快向材料科学前沿的基础研究靠拢，打通从基础科学发现、关键技术突破到产业应用前期的完整创新链，有望成为具有国际影响力的新材料研发南方基地、国家物质科学研究的重要组成部分、粤港澳交叉开放的新窗口。目前，松山湖科学城已形成实施框架，以"源头创新—技术创新—成果转化—企业培育"创新全链条为"梁"，以"重大科技设施、重大科研平台、高水平研究型大学、新型研发机构、科技型龙头企业、高端创新人才、高品质城市配套、一流创新环境"为"柱"，并以大装置集聚为依托规划建设9.2平方公里核心创新区，一大批重点项目建设正在扎实推进，科学城建设起步成势，集中度、显示度初步显现。

东莞高质量发展，综合经济不断迈上新台阶。全市地区生产总值连续迈上 7000 亿元、8000 亿元、9000 亿元和万亿元的台阶，人均地区生产总值从 2000 年是深圳的 40%，上升到约 60%。全国百强镇从 12 个增至 15 个，连续 4 年入围新一线城市，在"中国城市综合经济竞争力指数"位列全国第 10。

东莞创新体系建设实现重大突破。松山湖科学城与深圳光明科学城一同纳入大湾区综合性国家科学中心先行启动区，松山湖材料实验室成为首批省级实验室并引进 25 个创新团队，研究成果首次入选 2019 年度"中国科学十大进展"，南方光源研究测试平台加快建设，大湾区大学、香港城市大学（东莞）筹建工作稳步推进，源头创新、技术创新、成果转化、企业培育"四大创新体系"加快构建。国家高新技术企业大幅增长，是 2015 年的约 7 倍；每万人发明专利拥有量达 44.22 件，比全省平均水平高 16.18 件。"技能人才之都"建设深入推进，技能劳动者占产业工人的比例达 22%。

第三章
创造机遇，做好眼与支起伞

　　所有国家与地区的经济发展都是不平衡的，所有的发展政策都希望能够消除至少是能够使地区发展不平衡的情况得到改善。广东高质量发展进入了一个谋求更大发展势头的新时期，力争消除过大的城市发展差异，在平衡发展中实现产业在城市之间合理集聚和有序扩散。粤港澳大湾区规划开创了珠江口城市群的新格局，创造了融合"一核"与"一带"的"一个大眼"。核与带在珠江衔接，决战珠江口带动东西两端。城市群则是把"折叠伞"，最迷人之处就是，城市间按照特大和大中小城市的规模相互依赖而发展。对于广东大中小城市而言，核带融合的发展战略并不是产业均衡扩散中的我输你赢，而是各得其所地聚焦于不同的产业群的发展过程。制定推动公平发展的增长极政策，有针对性地创造机遇，做好眼与支起伞，能促进广东核带融合发展。

做一个大大的眼

善弈者谋势。围棋制胜的要诀在于做出大大的眼，以眼求势。广东高质量发展进入了一个谋求更大发展势头的新时期，力争消除过大的城市发展差异，在平衡发展中实现产业在城市之间合理集聚和有序扩散。空间集聚好比是创造流动的势能，一旦有了合适的条件，就会由高向低向周边溢出。①

广东地图的形状，有评论说广东是一个令人食欲大增的炸鸡腿，更有意境的形容是，广东形状活脱脱的是一只大象的头，象鼻勾住了琼州海峡相望的海南自由贸易区，象头对准了北部湾城市群，大象回头一望是海西经济区。在广东境内的沿海城市有 14 座，加上香港和澳门两个特别行政区是 16 座城市，再加上海西、北部湾和海南的沿海城市，就构成了一个涵盖了 40 座城市的巨大沿海开放带。比翼齐飞、串珠成链的新沿海开放带，形成广东空间结构再造的大势。粤港澳大湾区规划开创了珠江口城市群的新格局，创造了融合"一核"与"一带"的"一个大眼"。核与带在珠江衔接，决战珠江口带动东西两端。深圳前海、深港河套、珠澳横琴、广州南沙与香港北部都市发展毗邻而居，相互学习、相互配套、资源共享，相映成趣，江海潮涌一浪高过一浪、一波又一波地推动产业向沿海经济带两端扩散。

跨越珠江——在珠江口跨越珠江，提高东西两岸的通行效率是粤港澳

---

① 习近平总书记在《求是》2019 年第 24 期发表文章《推动形成优势互补高质量发展的区域经济布局》，指出：我国经济发展的空间结构正在发生深刻变化，中心城市和城市群正在成为承载发展要素的主要空间形式。"十四五"规划纲要指出，以城市群为主体构建大中小城市和小城镇协调联动，形成疏密有致、分工协作、功能完善的发展格局。优化提升超大特大城市中心城区功能，合理降低开发强度和人口密度，增强全球资源配置、科技创新策源、高端产业引领功能，率先形成以现代服务业为主体、先进制造业为支撑的产业结构；大力推动主要城市群的产业协调布局、产业分工协作，形成多中心、多层级、多节点的网络型城市群。发展城市群要改变以单一城市论英雄的传统观念，更加关注城市群协调发展，要形成合理的城市规模结构和城市功能结构。

大湾区建设重要内容。有港珠澳大桥、深中通道还不足够，伶仃洋面上将飞架起一座新的公路铁路联运的新通道——深珠通道。未来，深圳与中山、珠海可以快速连接，而且通过江门，可以快速抵达粤西。深珠通道及西延线，会让整个珠江三角洲舞动翻飞起来！

阳江：软硬联通与全面融入

阳江位于南海之滨，具有得天独厚的自然风光，清澈的海水、金色的沙滩和壮丽的山水景观，是美丽的沿海旅游胜地。在阳江的海滩上，可以进行很多水上运动，比如浮潜、沙滩摩托车等。阳江市区外围的山区是登山和摄影爱好者们的天堂，每年吸引了大量的游客和摄影发烧友。尤其是阳江的夜景，更是得到了游客的广泛好评。改革开放初期，阳江是一座寂静安逸的小城，因充分挖掘了刀与剪的商机，以家庭作坊式的打铁铺的手工生产起家，凭借手艺，既当老板又当工人，既当技术员又当业务员，成为中国最大的刀剪生产基地、出口基地和全球采购基地。①

阳江坐落于珠江三角洲西南端，在不通高速和高铁的时候，算得上是远离珠江三角洲的城市。实际的物理距离不过是距广州 210 公里，距香港、深圳 140 余海里，距澳门 129 海里。直到 2002 年，广东西部沿海高速穿城而过，才结束了阳江无高速公路的历史。尽管阳江在 1991 年结束了不通火车的历史，不过直到 2018 年江湛铁路通车，阳江才迈入高铁时代。但是只有时速超过 300 公里的高速大动脉——广湛高铁最终建成后，阳江才真正与广州、深圳、珠海连成一片，成为新的沿海开放带上的重要交通枢纽。庞大的高速与高铁网络建设，正在塑造着新的阳江发展模式。如今的阳江，

---

① 《阳江抢抓机遇接续奋斗，推动高质量发展》，《南方日报》，2023 年 8 月 8 日。"南方＋"阳江高质量发展系列还包括：2023 年 2 月 8 日《阳江：政企同心奏响高质量发展最强音》；2023 年 3 月 2 日《阳江：只争朝夕 建设幸福之城》；2023 年 3 月 29 日《南方观察｜五年干出一个国家级产业集群，阳江风电有颗"世界雄心"！》；2022 年 12 月 22 日《山海阳江绽放新魅力》；2022 年 12 月 19 日《阳江"中国刀剪之都"加快融入"双循环"》；2023 年 5 月 28 日《国产大飞机 C919 开启全球首次商业载客飞行，江城这家企业功不可没！》；2023 年 12 月 9 日《阳江：聚天下英才而用之 塑造发展新动能》等。

是新兴崛起的珠江口西岸都市圈的重要成员，是大湾区向西延伸的第一城，也是北部湾城市群对接粤港澳大湾区的第一座城市，毗邻海南自贸港。该市从偏于一隅成为身处多重国家战略叠加交会处、沿海经济带的重要战略支点，迎来了"湾+区+带"协同联动发展的大好机遇。经济发展相对滞后，较低的用地、用水、用电、用工等成本，成了阳江的后发优势。

深度融湾，与粤港澳大湾区的融合衔接，产业的全面对接、规划的尝试衔接、基础设施一体化很自然地成为阳江的重要选择。阳江规划建设了4个面积超万亩的省级产业转移工业园，总规划面积超过120平方公里，打造了国家级孵化器、省实验室等一批重大平台，初步构建起"一站式"的创新创业服务体系和生产生活配套体系。制定出台了深度"融湾"示范区实施方案。推进新一轮珠海—阳江对口帮扶协作，建立产业园区共建共管共享机制，唱好协同发展"双城记"。

城市群是把"折叠伞"

过去四十多年，我们习惯了城市之间经济发展的比拼，每年会出现各种城市GDP的排名，比GDP、比人口、比财政收入、比排名上升了还是后退了，很吸引眼球，可是说明不了多少真问题。这如同我们站在自家阳台上，可以对争奇斗艳的几盆花朵指指点点，论花论叶论骨地品头论足；但面对一个巨大的花圃，我们就很难评判哪一朵花开得更好看，而是会品头论足地比较牡丹、玫瑰、箭杜鹃的绚丽多彩。同样，我们走进浩瀚森林，也不会对一棵棵参天大树进行比较，而只会为松涛林海的相互依偎而震撼。城市也不是孤立存在的，城市之间是互相联系、相互依赖的。深圳与香港，深圳与东莞，深圳与广州，广州与佛山行政边界很清楚，我们每每看到类似于"深圳人民欢迎您""欢迎再到东莞来"的标志牌，就知道离开了一座城市，进入了一座新城市。不过产业不会被行政辖区所限制，产业联系是割不断的。手机产业在东莞有企业，在深圳也有企业，一条供应链构成了由众多企业构成的产业集群，并不论是东莞、深圳还是惠州。夜幕低垂，华灯绽放时，一座城市里，广州企业、佛山企业、深圳企业与东莞企业的霓虹灯交相辉映，一点也不引人惊讶。有谁会认为，深圳企业只能在深圳，广州企业只能在广州吗？广州企业和深圳企业共同在东莞耕耘成长就是产业的扩散。

粤港澳大湾区规划和"一核一带一区"战略在很大程度上颠覆了我们对城市发展的认识，城市不孤单，在城市群里发展与生长。城市当然与花圃和森林不同，将城市群里每个有不同功能的城市比作花圃中不同种类的鲜花，或是森林中不同的树种，应当很形象，只是不太准确。城市群比花圃和森林要复杂得多。①

城市群中的城市规模有差别，广州和深圳是人口近 2000 万的核心大城市，佛山和东莞是千万人口的大都市，顺序向下是 500 万、300 万和 100 万的城市。采取固定化方法看待城市肯定是错误的，所有的城市都有机会成长为大都市，但永远会有大中小城市的划分。大的城市大得足够大，小的城市小得足够小，构成了一个有序的大中小城市的规模排列，这是城市发展中最引人入胜的地方。②

四十多年前，几乎没有人会想到，深圳可以从边陲小镇成长为超大型

① 崔文岳、唐杰：《城市群内创新集联俱乐部及其驱动因素研究》（*Innovation convergence clubs and their driving factors within urban agglomeration*，*Economic Modelling*，Vol 121，2023.4）。本文意图检验中国城市群内是否存在创新趋同俱乐部，并确定俱乐部形成的驱动因素。基于 2010 年至 2018 年中国城市面板数据，实证结果表明中国五大城市群内部存在四个明显的创新趋同俱乐部。基于 Ordered Logit（有序 Logit 模型）的回归结果表明，提高政府研发、FDI（国际直接投资）水平、工业经济水平、商业经济水平、交通基础设施和人力资本水平可以提高城市进入更高稳态水平的俱乐部。

② 城市规模大的足够大与小的足够小是城市经济学中齐普夫法则的通俗表达。作为一个著名的经验定律，它准确揭示了城市规模分布服从幂律指数为 1 的幂律分布。奥尔巴赫（Auerbach）（1913）和齐普夫（Zipf）（1949）最先提出现实城市体系中城市位序与人口规模之间的经验关系符合齐普夫法则。尽管有了大量研究成果，但仍然缺乏系统性城市理论，齐普夫法则因此成为"城市体系研究中的一大谜团"（Krugman 克鲁格曼，1996a）。沈体雁，劳昕：国外城市规模分布研究进展及理论前瞻——基于齐普夫定律的分析，《世界经济文汇》，No.05（2012）：95–111。Juan Pablo Chauvin，Edward Glaeser，Yueran Ma，Kristina Tobio：What Is Different About Urbanization In Rich And Poor Countries? Cities In Brazil，China，India And The United States，http：www.nber.org/papers/w22002。城市群内的城市要足够大或足够小是城市之间合理分工合作的基础。珠江三角洲以及广东省 21 个地级及长江三角洲 26 座城市，合计 47 座城市合计均大致服从于齐普夫法则，不仅如此，随着我国城市化走向城市群化的发展，城市规模结构有动态向齐普夫法则靠拢的趋势。唐杰、戴欣、崔文岳、江涛：《粤港澳大湾区和长江三角洲城市群均衡发展研究》，《特区实践与理论》，2023 第 4 期。

城市。但这也不意味着，珠海、中山也有必要长成拥有 2000 万人口的大城市。城市群最迷人之处，就是城市间按照特大和大中小城市的规模相互依赖而发展。我们可以用三种形态来描述城市群内城市间的关系。一是自行车的轮辐，一根根的辐条以车轴为中心，以自身的张力共同支撑起了车轮。一根两根至多三根辐条松动或是折断，车轮将无法运转。这就是城市群与单一城市的关系。只有一座或两座城市强大，不足以支撑城市群成长为充满活力和有竞争力的城市群。广东城市发展的车轮需要每根辐条都有足够的张力。以自行车轮来比喻城市群很形象，但也有不足。几十根辐条的向心支撑力与大中小城市构成的城市群差别还是挺大的。二是我们也可以借用广东高州宝光塔来描述城市群。作为广东第一高的古塔，宝光塔古朴端庄、典雅优美，点缀于蓝天白云和青山绿水之间。八角九层、巨大的基座、高耸的塔尖，直入云端。层层叠涩结构的宝光塔起于平地而拱顶于高空，用于描述城市群确实很形象。城市群就是层层叠叠的城市构成的，能够登顶的核心大城市是以众多的中小城市为基础，没了繁荣发达的中小城市做绿叶，核心大城市就会不接地气，开不出红花来。三是我们还可以将城市群比作一把折叠伞。折叠伞需要有中心支撑，这就是核心大城市。中心支撑向下传导，就是可折叠的节点，每个节点由伞骨联结撑起了伞。我们也可以用可折叠的伞骨的节点来比喻城市群的副中心，处在伞中心位置的核心大城市优势的经济活动和产业技术向外扩散需要有副中心来承接，处在城市群边缘的小城市也需要由副中心来带动。

打造副中心，撑起核带融合的伞

对照广东地图稍加测量不难发现，以珠江三角洲为核，以沿海为带，珠江三角洲的轴线长度不过百余公里，并存着广州、深圳、佛山和东莞四个核心城市。沿海经济带绵延近千公里，是珠江三角洲轴线的约十倍。客观需要在东西两个端点规划建设副中心城市，在沿海经济带上形成"一轴、多中心、集群式"城镇空间结构，充分发挥汕头、湛江作为省域副中心城市的带头作用，打造粤东、粤西各具特色的区域创新极。汕头是粤东大潮汕地区的中心，可以带动粤东地区的发展。广东西部的湛江，则是粤西地区的中心城市。建设汕头、湛江两个副中心，实现珠江三角洲与粤东、粤西地区 2 小时通达，推动湛茂阳融湾，深圳与汕头深度协作，形成"核" + "副中心"的叠加效应，是带动粤东和粤西城市群发展，实现粤东和粤西两大欠发达区域与粤港澳大湾区的共同发展的重中之重。

汕头的经济腹地称得上广阔，潮州、汕头、揭阳与汕尾 4 座城市面朝大海，一字排开，梅州是东部潮汕平原的腹地。汕头西靠大湾区，东接闽南金三角，也是海西经济区的 5 个中心城市之一。作为副中心的角色，要加速交通设施的建设，形成密集的交通网络，打造华南水陆交会大交通枢纽，甚至建设港口经济，从而完成产业转型与升级。汕头算得上是全国性交通枢纽城市。近代以来成为百载商埠，商贸流通繁华。在铁路方面，汕头辖内有甬广高速铁路、厦深铁路、粤东城际铁路、广梅汕铁路等多条干线铁路过境。航运方面，汕头港是中国沿海 5 个港口群中的主要港口之一，2022 年货物吞吐量超过 4000 万吨。在航空方面，汕头还有一个 4D 级的汕头外砂机场。公路方面，也有沈海高速深汕和汕汾段、汕昆高速、甬莞高速等国家干线公路。"活力特区、和美侨乡、粤东明珠"的经济特区，与潮州和揭阳同城化发展，推进都市圈产业专业化分工协作。①

湛江地处粤、桂、琼交界，旧称"广州湾"，和海南省会海口市隔着一条琼州海峡。湛江最出名的是生蚝，在广州的夜市小摊中，仍到处立着写有"湛江生蚝"字眼的招牌。如今的湛江已经是海洋大市，是国家海洋经济示范市、21 世纪海上丝绸之路重要支点，是全国性综合交通枢纽城市、西部陆海新通道成员。湛江港是国家 12 个主枢纽港之一、华南地区唯一通航 40 万吨船舶的世界级深水港口。交通是湛江与海南相向而行的"桥

---

① 王健生：《汕头：制度创新激活高质量发展新动能》，改革网，2020 年 9 月 8 日；蔡沚彦：《如何推动高质量发展？汕头龙湖以"创新"作答》，南方 PLUS，2023 年 2 月 3 日；《即将崛起的汕头！官方大力支持汕头加快建设省域副中心城市！》，2021 年 7 月 31 日；《广东"双核 + 双副中心"再升级：强化汕头、湛江省域副中心城市功能定位，与广深双城加速联动》，《21 世纪经济报道》，2021 年 1 月 27 日。

梁"，全力打造对接服务海南的海陆空现代化综合性交通枢纽，全面推进陆海空铁建设，不断提高两地互联互通水平。随着汽笛长鸣于全球最大客货滚装码头徐闻港——从这里出发，徐闻与海口两地海上航程缩短一半，到海南仅需 1 个多小时。湛江吴川机场投入试运行，与海口、三亚等海南中心城市形成了"一小时经济圈"。此外，湛徐高速徐闻港支线、徐闻港进港公路、雷州半岛环岛一级公路南线那涧至大塘段同步开通，琼州海峡综合交通体系不断完善成两地集装箱运输"天天班"格局，畅通湛琼物流通道。湛江将持续推进与海南基础设施互联互通，畅通海南联通大陆的综合运输通道，加强两地电网、油气管网的对接；推进产业体系协作互补，推动两地在先进制造、现代物流、文化旅游和现代农业等领域深度协作，为自贸港建设提供产业支撑；推进对外开放协同共进，携手全面对接《区域全面经济伙伴关系协定》（RCEP），建设大型出口加工产业区。

　　湛江拥有以大港口、大路网、大航空为主骨架的现代化立体交通网络和高能级港口型国家物流枢纽。深茂铁路、汕湛高速粤西段、广湛高铁等项目建设，加快推进湛江机场迁建，巩固湛江港沿海主要港口地位，加强湛茂一体化城际交通连接，开通湛茂城际快线等，浓墨重彩地画出了湛江全国性综合交通枢纽的地位。广受热议的"广东沿海景观公路"将连通潮州与湛江。这是由一条主线、四条支线（南澳岛、海陵岛、南三岛、东海岛支线）组成，串联广东省沿海 14 个省辖市的 41 个市辖区、15 个县（市），全长约 2000 公里的滨海旅游公路。广湛高铁是广东省建设里程最长的铁路，承担了珠江三角洲与粤西地区之间的城际铁路功能，对实现珠江三角洲与广西北部湾以及海南等区域的快速连通具有重大意义。广湛高铁是连接粤港澳大湾区和海南自贸试验区、北部湾城市群的高速铁路大通道重要组成部分，既是贯彻落实国家重大发展战略的重要举措，也是广东省构建"一核一带一区"区域发展新格局的有力支撑。①

---

　　① 　刘宇：《广东湛江：打造现代化沿海经济带重要发展极》，央视网，2023 年 2 月 26 日。

东隅已逝，桑榆非晚，榕江听潮，涛声依旧

汕头作为中国首批经济特区之一，其经济增长不快，远不及珠江三角洲的城市繁荣。2022 年汕头 GDP 超过了 3000 亿元，是粤东的龙头老大，但还是没有进入广东省前十的位置。大部分潮汕人都是从底层开始创业的，通晓人情世故，对市场脉搏把握得比较准，但大多数人并非技术出身，跻身于陶瓷、电器、服装、加工贸易等门槛并不高的行业，能够像当年的公元厂（诞生于汕头的中国第一家感光材料厂）那样依靠创新突破"卡脖子"的企业和人才不多。纺织服装是汕头市首个产值超千亿元的产业，经过近 40 年的发展，已经形成从原料、捻纱、织布、染整、经编、刺绣、辅料到成品生产和销售的完整产业链，是全国规模最大、产业链最健全、内衣种类最齐全的地区之一。汕头还是全国服装（内衣、家居服）产业知名品牌示范区，拥有 8000 多家纺织服装生产企业，其中规上企业 687 家，有进出口业务的纺织服装企业近 900 家，内衣、家居服产量约占全国 45%，内衣、家居服名牌产品占全国 75% 以上。区域内拥有谷饶"中国针织内衣名镇"、两英"中国针织名镇"、峡山"中国家居服装名镇"和陈店"中国内衣名镇" 4 个名镇和一大批内衣、家居服品牌，在中国内衣板块上具有举足轻重的地位。汕头拥有洪兴股份、宏杰内衣、金发拉比等龙头骨干企业，但这些企业的总体规模不大，传统密集型工业的痕迹太浓。汕头"两特"产业之一，全国 7 家玩具上市企业有 6 家在汕头，另有澄星无人机、凯迪威等 13 家新三板挂牌玩具企业，上市上板企业数量和市值均为全国之首。4 个玩具中国驰名商标有 3 个在汕头，全国三分之一玩具 3C 产品认证在汕头。全市玩具生产经营企业超万家，但仅有规上工业企业 205 家，"小升规"空间较大。澄海区作为全国玩具生产企业集中、科技创新能力和产品科技含量高的地区之一，已形成了较成熟和完整的产业生态，产业集群效应明显。汕头玩具制造业正与影视传媒、网络游戏、手机游戏等文化创意产业跨界融合，逐步实现从生产制造向产品开发及 IP（知识产权）运营方向转型。一个涵盖生产与服务的玩具全产业链生态圈在澄海已初具雏形，澄海未来或可打造成动漫游戏产业之都。

打造增长极，用滚雪球的办法扩张产业集群

增长极理论产生于 20 世纪 50 年代，是为数不多的在世界范围内产生了广泛影响的经济理论观点。之所以影响大，就是因为所有国家与地区的经济发展都是不平衡的，所有的发展政策都希望能够消除至少是能够使地区发展不平衡的情况得到改善。制定推动公平发展的增长极政策，在增长极理论创造者佩鲁的祖国法国得到了最早的试验。20 世纪 60 年代，法国为了解决巴黎与周边城市发展的不平衡问题，采取了推动巴黎产业扩散及支持 8 座周边城市增长政策，取得了不错的效果。2005 年法国重新确定了 6 个产业集群，61 个竞争性增长极，拨付了 15 亿欧元，重点支持 61 个增长极城市通过增强研究开发能力和支出来带动经济增长，统筹公共研究机构与大学是重要的政策工具，但执行的效果不很理想。事后分析，原因在于急于求成，增长极选择得过多过泛，使得本来就不宽裕的资源更加分散。很有意思的发现是，增长极地点对于是否成功有很大的影响。加拿大也是积极尝试推行增长极政策的国家，由于加拿大绝大部分经济活动与人口是沿着美国边界 150 公里狭长地带展开的，这就成为加拿大增长极选择中很重要的距离原则。增长极政策在墨西哥的实施中也出现了类似情况，增长极选择在靠近美国与墨西哥边境地方，可以比较方便地获取美国的资金、技术和市场，增长极发展会较快。但引起的问题是，墨西哥的经济重心是距离美国较远的墨西哥城，有可能随着增长极发展，墨西哥经济重心会向美墨边境靠近，引起新的更大范围的经济不平衡。[①]

[①]　约万诺维奇：《演化经济地理学——生产区位与欧盟》，安虎森等译，经济科学出版社，2012 年。

增长极理论在国际应用的多侧面经验，对于广东核带整合发展很有针对性。① 汕头、湛江及珠海建设核带发展上的副中心需要实施资源和政策倾斜的增长极政策，三市中只有珠海真的具有了近水楼台先得月的距离优势，汕头和湛江与核心区横亘着的约 500 公里的距离，需要用时间加以克服。成功的增长极能够成功的经验各不相同，但增强产业与人口的向心力和凝聚力是共同的。全省范围内甚至是全国范围内，如火如荼展开的招商引资、招大项目的激烈竞争是增长极政策能不能成功的标志，也可能会分散了有限的资源。当然，也会出现另一种可能性，汕头和湛江都取得了非凡的成功，集聚沿海开放带两端的所有资源，结果也是我们所不愿意看到的，汕头、湛江副中心建设没有带动周边城市发展。在东面，出现了汕头与揭阳和潮州过大的差距；在西面，湛茂阳三市 GDP 过度集中到湛江。

创造机会与抓住机会

创造增长极，发挥增长极的带动作用，离不开市场机制和强有力的政府作用。真实世界的问题是，"看不见的手"与"看得见的手"是如何发挥作用的？为什么有的时候，两只手能够发挥作用，有的时候作用就不大？飞越珠江口的跨江通道建设、沿海高速公路和高铁建设网的规划建设是"看得见的手"的作用，是珠江口西岸的珠海、沿海经济带东西两端的汕头与湛江建成"核与带"上的副中心城市的基石。

什么是市场机制的作用呢？就是要让企业能够闻到赚钱的味道。一个能够让企业发现赢利机会、实现赢利的城市，就是市场机制能够发挥作用的地方。市场机制能够创造出一轮又一轮让企业赚钱的机会，让雪球越滚越大。企业带动企业，创业带动创业，是增长极政策能够成功的真正奥秘。一旦一家或几家成功的公司开始带动更多的企业来此筑巢，产业集群就会

---

① 路风：《中国经济为什么能够增长》，《中国社会科学》，2022 年第 1 期；唐杰、戴欣、潘强等：《深圳创新成长：过去与未来》，中国社会科学出版社，2022 年。

出现。赚钱的味道越浓，成功的企业会创造出更加成功的企业。当成功的企业研发支出更多，凝聚了更多的创新成果时，高质量的创新增长就会成为城市发展的主流。增长极政策的成功是让富于前瞻性的企业家发现了机会，增长极的成长就依赖于能够出现一代又一代的本地企业家。

我们可以尝试性地把"两只手"在建立副中心或增长极的相互作用，描写为打破传统发展的路径依赖，形成新的发展道路的过程。沿海经济带的城市要"融湾"发展就是要换赛道。打破传统路径依赖换赛道，首先是来自发达地区的企业要在相对落后地区找到新的赢利机会；其次就是看一看、算一算"三个多少"，即招商引资来的企业吸引了多少企业，带动了多少本地创业，外来的成功企业家示范创造了多少本地企业家；最后，副中心或增长极出现了更多的"三个多少"时，新赛道就会打破传统路径依赖，形成由创造机会到抓住机会的闭环。

产业集群的雪球是如何滚大的？

产业各不相同，新兴的移动通信产业集群、生命科学产业链及新能源汽车产业集群等产业的生产方式有很大差别，所依赖的科学与生产工艺技术各不相同，但同一产业的企业会相互受益这一点是相同的。以深圳的新能源汽车产业为例，以包括比亚迪在内的全国新能源汽车整车生产为核心，深圳新能源汽车产业集群的雪球内的企业，超过了 2 万家，其中包括了动力电池、驱动电机、电控系统、自动驾驶、激光雷达、毫米波雷达、精密加工与整车制造、基础设施等领域。进一步还可细分成锂离子动力电池、上下游材料、主驱动控制器、车载变频转换电源及车载充电机等。锂电池领域，又细分成正极材料、负极材料、隔膜、电解液和精密结构件等。电池正极材料领域，有德方纳米的纳米磷酸铁锂等磷酸盐系正极材料；电池负极材料领域，贝特瑞突破了传统负极材料天花板的硅基负极材料，比传统石墨负极材料有更高的容量和使用寿命；星源材质则是全球锂电池隔膜行业领跑者，是我国锂电池隔膜领域最大的出口企业；京泉华生产的磁性元件是光伏逆变器、新能源汽车、充电桩等产品必要的零部件。在充电桩领域，深圳充电桩产品产量增长达到了 164.0%。优优绿能专注于电动汽车直流快充全场景解决方案及充电核心电源部件，市场份额位居国内前三。深圳新能源产业集群的雪球越滚越大，比亚迪和汇川技术、联赢激光、科瑞技术、航盛电子、比克电池、科利达、大地和电气、贝特瑞、科陆电子、盛弘技术、科士达、快电科技、英可瑞、英飞源、欣天科技、艾比森等一批新能源汽车关键零部件、核心材料与储能上市企业的市值达到了万亿元。

用滚雪球来形容产业集群扩张，带动城市经济增长的说法是很形象的，可是缺少了一点内在机制的研究。让我们再来琢磨一下广东第一高塔的故事。宝光塔起于沙滩平地而不坠，缘于层层叠涩的内部构造。宝光塔塔身由青砖砌筑，每层均以菱角牙砖和线砖相间叠涩，层层向上的叠涩砌出了稳定的向心力。① 产业集群能够像滚雪球一样越滚越大，也是来源于产业的向心力。没有向心力，雪球滚着滚着就散掉了。有了内在的向心力，只要产业发展上了轨道，有了速度，就会形成扩张力。这种内在聚集与外在扩张的机制，受惠于专业化劳动力队伍，得益于分工专业化的企业。提高专业化能力和增强分工水平，不仅会扩大产业集群生产量的规模，在深圳新能源集群发展中还可以看到更多的创新、更高的质量。②

当然，产业集群还可以有另一种表现形式，在传统产业为主体的时代，钢铁产业与纺织业是截然不同的产业，但往往会共生在一个城市里，在科技革命时代，生物制药业与信息产业也往往共生在一起。钢铁产业是标志

---

① 叠涩拱，建筑学名词，用砖石层层堆叠向内收最终在中线合拢成的拱。叠涩拱技术起源甚早，古埃及最早使用了叠涩拱。在古埃及、古希腊及玛雅等古代文明均有所发现。

② 迈克尔·斯托珀尔：《城市发展的逻辑》（李丹莉、马春媛译，中信出版社，2020年），讨论了城市发展的MAR马歇尔—阿罗—罗默模型（Marshall—Arrow—Romer model，MAR）过程。企业聚集于城市，产生了马歇尔产业外部性，M过程；企业聚集出现了相互依赖和学习的，阿罗干中学，A过程；引入分工创新与知识积累，罗默内生增长的创新收益递增，R过程。创新群体的空间集聚内在强化，创新租金收益增长，形成MAR集聚过程。MAR过程可以从集聚转向扩散过程。创新知识成为通用知识，更加规范化、更易于传播，扩展知识的产业与空间应用使知识学习的成本下降，创新向外扩散。知识的复制与模仿：随着技术和模仿的普及，价格下降到平均成本。熊彼特式创新竞争转化为标准效率规模化的竞争，走向产品周期扩散过程。扩散引起原创新区域转型衰退，形成集聚扩散的经济周期，原创新区能够形成新一轮知识创新增长，会强化创新垄断租金推动创新的作用，反之，走向衰落。

性的阳刚产业，纺织业则充满阴柔之美，产业就业的性别差异使不同的产业聚在一起，形成都市产业群。而生物产业和信息产业的搭配在很大程度上，源于数字，它成为两大产业共同的底层技术。这也显示出，城市随着人口规模的扩大，会更加依赖于产业多样化和人口结构的多样化。千人一面往往会习以为常，只有多样化才能碰撞出火花。

多样化产业集群的发展往往和城市规模有关。专业化的制造业集群通常出现在较小的城市。大城市往往对创新与创意产业更有吸引力，高创新人才和高创新迭代的产业会向大城市聚集。因此，广东核带融合的发展战略对于大中小城市而言，并不是产业均衡扩散中，我输你赢的零和游戏，而是各得其所地聚焦于不同的产业群的发展过程。①

机会是公平的吗？粤西的产业集群和增长极

湛江拥有迷人的海岛风光，东海岛是全国第五大岛，长长的海滩上，海滩十里九湾，弯如新月，细浪绵绵。在东海岛另一端，广东省委省政府大力支持湛江建设大型产业集聚区，栽下梧桐树，引得凤凰来。湛江现代产业承载力持续增强，正成为投资洼地、兴业沃土。其中，位于湛江大型产业集聚区东海岛片区的东海岛石化产业园区规划总面积约35平方公里，被定位为"世界级现代化石化产业基地"，2021年，石化产业集群产值达到1163.34亿元，成为湛江市首个产值超千亿元的产业集群。

夏日的东海岛上不仅游人如织，宝钢湛江钢铁、中科炼化、巴斯夫三个重大项目建设正如火如荼。随着宝钢湛江钢铁、中科炼化、巴斯夫、廉

---

① 霍尔格·格拉夫，汤姆·布鲁克：《在黑暗中射击？政策对集群网络的影响》（*Holger Graf, Tom Broekel*, "*A shot in the dark? Policy influence on cluster networks*"），Research Policy，https://doi.org/10.1016/j.respol.2019。以德国为例讨论了集群政策。有关集群政策有效的理论依据、实施方式与时间选择以及政策绩效等问题还有待更深入的研究。关注集群策略对聚合网络系统的影响很重要，集群绩效不仅取决于个体的公司、大学、组织、研究机构、政府机构等的表现，还取决于它们作为系统的一部分如何相互作用。这种互动的一个重要方面包括知识共享和共同创造活动。集群作为系统的故障就在于参与者之间不能分享信息、知识创新和产业链关系，而这正是采用集群政策的理由。

江核电等一系列重大项目陆续开工建设与部分投产，湛江钢铁、石化与能源产业集群开始加快了滚雪球的速度。产业集群内部和集群之间的上下游关联、横向耦合发展、顺序贯通的产业链，正在支撑起湛江产业集群向心成长的脊梁。

宝钢湛江钢铁建成炼铁五大工序控制中心、热轧智能车间、冷轧智能车间、智慧铁水运输系统、全厂水系集控中心等一批亮丽的智能产线与智控"大脑"，以大数据、人工智能、5G 等高新技术推动钢铁智造生产，引领行业深刻变革。中科炼化依托石化智云、采用"数据＋平台＋应用"模式建设信息化系统，在各装置上接入传感设备超 20 万点，成为中国石化系统内首家全面基于工业互联网平台的智能工厂，达到数出一源、令出一家、功能复用、效率提升的目的。

2022 年 9 月 6 日，德国巴斯夫集团在广东湛江投资的巴斯夫（广东）一体化基地项目举行全面建设暨首套装置投产仪式，作为德国企业在华投资规模最大的单体项目，项目总投资约 100 亿欧元，建成后将成为巴斯夫在全球第三大一体化生产基地。

巴斯夫湛江项目具有长远的意义，是漫长旅程的开始。2030 年巴斯夫（广东）一体化基地项目整体建设后，会进一步扩大投资。巴斯夫欧洲公司执行董事会主席薄睦乐坦言，"选择广东和湛江的理由，是看好中国未来的投资和市场前景"。

首先，广东省是很多快速发展行业的集聚高地，比如汽车、高铁、航空、电子产品和消费品，以及富起来的中国家庭快速增长的家用高端化学品和个人护理品的需求。很多关键性化学品的供不应求，对广东产业升级形成了限制。广东对化学品有巨大的需求，每年从外地运入 2000 万吨化学品。巴斯夫（广东）一体化基地项目将就地满足广东对创新及原材料的需求。其次，湛江地理位置优越，紧贴海岸线，是广东省仅次广州港和深圳港拥有深水的良港。新加坡凭借靠近马六甲海峡地理优势，打造出了东盟最先进、最庞大的石油化工基地。新加坡不产油，石油都来源于中东，在新加坡完成炼化，再销售到世界其他地方。湛江濒临南海，近有南海石油，远有中东石油，都可以从湛江上岸，在湛江完成炼化后，再输送到其他地区。

中科炼化和巴斯夫作为产业集群的双龙头，上下游协同和产业链互补，携手向中下游延伸产业链，生产石化工业必需的乙烯、丙烯以及碳四、芳烃、碳五、碳九等基础原料。2035 年，东海岛石化产业园区将形成以 2500 万吨级炼油、330 万吨级乙烯、200 万吨级芳烃为主导，下游配套特色化高端化精细化学品和以需求为导向的终端产品，各种产业延伸度高、产业间关联性强的现代石化产业及深加工体系。石油化工是湛江支柱性产业，中海油、中石油、中石化、巴斯夫、中科炼化、上海化工研究院以及宝武钢铁集团等，纷纷入驻湛江，形成新的超级化工产业集群。

再说说茂名，茂名虽不是国家级石化基地，但也是广东省规划的五大石化基地之一，更重要的是茂名有茂名石化，可以为巴斯夫一体化基地输送稳定的原材料，这在广东是独一无二的。最后来说说揭阳，与上两地相比，揭阳石化产业相对较弱，可正因为相对弱，若从补强的角度来说，选择揭阳也说得过去，更何况，揭阳还有着土地价格最便宜的优势。我国是一个相对贫油的国家，建设大石化基地，毫无疑问，原材料来源主要途径是进口。实际上，我国规划的七大石化基地，无一例外，全部在沿海地区且拥有大港。在这四地中，湛江港口的吞吐量是最大的，单单港口能力这一项，湛江就占据优势。

粤港澳大湾区等重大国家战略、"一核一带一区"区域发展战略的实施，大大提升了湛江在沿海经济带西翼产业集聚发展的能力，初步形成了从上游原油开采、炼油、乙烯生产到下游合成材料、精细化工等较为完整的石化产业体系；服务构建新发展格局，广东不断强化连接国内和国际两个市场、畅通国内国际双循环的战略支点功能，给各国企业发展提供了广阔机遇。这也是对广东经济、中国经济的信心见证。

携手打造粤西城市群

粤西地区临海，旅游资源丰富。这里自然山水与人文古迹相辉映，粤西风情浓郁，地方特色鲜明。在攻坚克难、向上突围中推动综合实力实现新跃升。全方位对接融入粤港澳大湾区建设，率先承接优质要素资源外溢。①

茂名以高质量创新引领高质量。强化抢抓机遇意识，以基础设施互联互通和营商环境优化提升为抓手，"拥江向海"发展，加快建设精明紧凑城市"一江两岸"、北中组团融合发展的高品质城区，山海并茂、蓝绿交织、城乡融合的现代化滨海城市。聚焦"两轴""两个圈层"，加快提升城市发展能级。茂名同为粤西的石化重镇。石化行业是茂名产值超千亿元支柱产业。过去几年，茂名的原油加工量翻了一番，乙烯产量超过了110万吨。化工与新材料和新能源成为茂名构建现代化产业体系的主体。茂名的能源烷烃利用项目、石化升级改造项目和丙烯腈产业链等重点石化项目建设后，可能产生与湛江石化产业群共同滚雪球的过程。

新华粤公司是茂名市第一家广东省企业类重点实验室，已成为粤西地区最大的炼油深加工和乙烯后加工企业之一，是我国石油化工下游精细化工加工产业的领先者。该公司被评为"高新技术企业""中国优秀企业"，入选"中国石油和化工企业500强""中国石油和化工民营企业百强"和"广东企业500强"。

茂名与湛江形成范围更大的石化产业集群的可能性还在于，茂名具有了较强的石化装备研发与制造能力。国产化首台乙烯裂解炉对流段、首台环管反应器、首台聚丙烯多区循环反应器和首台气化炉、首台油气急冷器等，都在茂名重力公司产生。茂名重力公司以石化重大设备国产化为己任，长期坚持不懈致力于自主创新，创造了国内多项第一，填补了国内空白，

① 《茂名以高质量创新引领高质量发展》，茂名人民政府网站，2023年1月29日；《党的十八大以来茂名经济社会发展成就综述（上）十年奋进接续写精彩经济实力连攀新台阶》，《茂名日报》，2022年10月20日；全良波：《茂名两会｜聚焦十项工作，茂名高质量发展路径清晰》，《羊城晚报》，2023年2月8日；《好心茂名　非凡十年｜奋力书写茂名高水平开放高质量发展新篇章》，《茂名日报》，2023年1月13日；戴灵敏：《推动产业集群成链，为高质量发展插上腾飞翅膀｜非凡十年·画卷》，《羊城晚报》，2022年8月4日；《阳江高质量发展｜企业说》，南方PLUS，2023年2月7日；《阳江抢抓机遇接续奋斗推动高质量发展》，《南方日报》，2023年8月8日。

结束了众多石化设备依赖进口的局面，使我国的石化装置用上了中国造的核心设备。

茂名重力公司同时加速了国际化进程。公司的工业加热炉、聚烯烃反应器等拳头产品都实现出口，进驻国际顶级炼化企业，实现了国产炼化装置核心设备的对外输出，并用优质的产品和服务为"中国制造"赢得了声誉，树立了品牌。目前公司产品已出口至 20 多个国家，成为中国制造的一张闪亮名片。

阳江没有强有力的石化产业，却迎来了合金材料和风电两大产业集群异军突起。阳江凭借沿海临港优势，合金材料产业从不锈钢冶炼向热轧、冷轧、精加工等产业链下游以及铝合金、球墨铸铁等多门类发展，无论是产业规模，还是产业链完整度，都有了质的飞跃。阳江合金材料实验室，运用新材料工艺生产，升级了依靠传统手工作坊名扬天下的阳江刀剪生产，瞄准合金材料和五金刀剪开展关键技术研究和成果转化。

在高新区合金材料产业基地，已有广青热轧、宏旺冷轧、甬金冷轧、开宝精加工、强力铝合金带板和复合材料等上下游龙头企业投产，实现了千亿元级合金材料产业集群的串珠成链。目前，阳江具备年产 200 万吨不锈钢、70 万吨球墨铸铁、300 万吨普钢产能，合金材料形成全国影响力，成为华南地区重要的基础原材料生产基地。

阳江的风电产业更是短时间内从无到有、从弱到强，实现全产业链引领式发展。阳江是广东省海上风电开发的重要战场，世界级风电产业基地加快崛起。广东（阳江）海上风电大数据中心、国家海上风电装备质量监督检验中心和阳江海上风电实验室，通过智慧管理系统全省海上风电规划建设运营情况，各平台立足所长，通过原创成果突破技术瓶颈，不断赋能产业发展。绿色能源等支柱产业集聚壮大，阳江高标准打造现代化海洋牧场，努力发展海洋经济，实现蓝色崛起。建成装机容量全省占比超四成，集聚了一批海上风电公共技术平台。

产业创新与分工

第一编

　　城市在一定的区位进行专业化生产，不仅依赖于比较优势，也依赖于自我强化的锁定效应，是路径依赖、知识积累、聚集与集群以及生产活动不可分割形成的产业关联。多样化的知识和复杂的产业分工中，显性知识和隐性知识，共享性知识和差异性知识都在大幅增长，匹配的难度会不断升高，会形成较强的知识外溢的地理局限性。通过交通、基础设施的改变，可以打破行政壁垒，产业链会在城市群蔓延，产业从过去一个城市内部变成城市之间的多个城市的合作。

第四章
聚散两依依

在经济发展初期，产业集群在中心城市快速聚集，依赖于丰富的土地、劳动力等要素资源实现了快速发展，辐射带动了周边城市的发展。但当城市经济发展达到一定程度时，中心城市的产业集群开始进入扩散外溢阶段。为避免进入产业集群衰退期，部分中心城市开始通过不断引入科技人才、加大研发投入以及增强与其他城市间技术分工与合作等形式培育创新型企业，并逐渐重视高校、科研机构、国家创新资源在其中的积极推动作用。与此同时，城市间技术联系也从技术竞争向技术互补转变，形成了创新与大规模生产之间的分工互补发展的格局。未来，珠江三角洲以及广东21座城市之间会出现以创新带动产业集群并从中心城市向外围城市扩散的高潮，进入以技术关联、技术互补为纽带，与周边城市形成产业集群跨城市共生、分工协同互补的更为开放的格局，形成城市群与都市圈共进的高质量空间发展新格局。

城市与农村相守，中心城市与周边城市相依

200 年前，杜能写史上第一本城市经济的著作时，定名为《孤立国》，意为一座被农村包围的城市。他从一个很简单的道理出发：一座城市一定依赖周边的农民供给农副产品才能够生存。其实，杜能有关城市的理论，早在 3000 多年前的中国就出现了。清末北京某中药店收购的龙（牛）骨上的甲骨文被偶然发现，成为震惊世界的殷墟考古的源头。今天的安阳西北小屯村，因其出土大量的甲骨文和青铜器而驰名中外，这是距今 3300 多年的商朝后期都城北蒙，又称殷。

商汤建立商朝的时候，最早定都在亳（今河南商丘）。此后 300 年当中，商朝先后五次迁都。东汉张衡在《西京赋》中写道："殷人屡迁，前八而后五。""前八"是指商朝建立之前，商族就曾八次迁徙，而"后五"则是指汤建立商朝以后，商朝的都城依然处在迁徙动荡之中，就是因为数千年以前，农业生产力落后，洪涝干旱灾害严重，人口定居困难不得不经常迁徙。商王盘庚在乱世中即位，当时的都城奄的周边没有一个稳定的农业区。内部政治动荡，外部水旱等天灾不断，当得知北蒙人烟稀少未经开发，水土丰美，山有野兽，水有鱼虾，比起地势低洼灾害严重的奄更适合做都城后，盘庚下决心迁都北蒙，一举奠定了古代中国的规划建城史。

通过多年的调查与发掘，殷墟的范围和布局已大体清晰。盘庚北蒙建都规模浩大，号称"大邑商"，占地面积约 24 平方公里。清晰可见中轴线对称与功能分区的城市规划设计理念。古老的洹河水从市中缓缓流过，洹河南岸为宏伟的商代宫殿区、祭祀和宗庙区，周围分布着手工业作坊、居民区和平民墓地；北岸分布有大面积的王陵区；殷墟周围则可能是贫民居所。洹河是商都的母亲河，是城市的水源，可用于灌溉，有一定水运功能。安阳位于黄河与太行山之间，西倚巍峨险峻的太行山，东连一望无际的华北平原。西部为山区，东部为平原。黄河的北岸是太行、王屋等山脉，有一片平坦的过渡地带一直在黄河北岸延伸，越过几个低矮的山丘，就可以

到达现在的河南济源、庆阳、焦作等地。除黄河外，北面有海河水系，南面有淮河水系，降水量不丰富但集中于农作物生长季节。古时候这里农业腹地辽阔，是最早开发的经济区和政治中心区域。在生产力极不发达的远古社会，盘庚迁殷，终于寻得一处相对稳定、面积足够大的农业区域，使得商朝都城始终在殷，未再迁徙。

妇好墓是殷墟宫殿宗庙区内最重要的考古发现之一，是目前唯一能与甲骨文联系并断定年代、墓主人及其身份的商王室成员墓葬。妇好墓中出土的以琮、璧等礼玉为主的大量玉器，见证了商代在华夏文明发展中的重要意义，当然也是商代玉器加工技艺发达的象征。墓内发掘出的6800多枚海贝，主要生长于我国台湾、南海。经科学鉴定，墓内出土的玉器多为透闪石，与新疆玉相合。海贝和新疆玉在殷墟的发现，反映出地处中原的商王朝与东南沿海、遥远广袤的西部内陆有着直接或间接的联系，意义极其重大。

1939年，现定名为"商后母戊鼎"的青铜鼎出土，鼎重逾800千克，铸造工艺十分复杂。根据铸痕观察，鼎身与四足为整体铸造。鼎身共使用8块陶范，每个鼎足各使用3块陶范，器底及器内各使用4块陶范。鼎耳则是在鼎身铸成之后再装陶范浇铸而成。铸造巨鼎所需要的金属原料超过1000千克，即使是在现代，从设计到连续浇铸制造如此大型的器物也面临一系列复杂的技术问题。这需要成百上千的青铜器制作匠人的联合劳动，需要有很细密的分工和工程化劳动组织。规模宏大、组织严密、分工细致的青铜铸造产业能够在城市聚集，也折射了城市与农村之间两相依存的关系。

进入现代社会，单一城市与周边农村的关系演化为中心城市与周边城市的关系。但是城市需要有经济腹地，城市与经济腹地水涨船高般地相互推动却是不变的主题。

先有广州城后有珠江三角洲

广州是无与伦比的华南第一历史名城。在漫长的2200余年建城史中，城市的地理坐标位置始终如一。与盘庚迁殷的选择理由不一样，广州选址似乎与稳定的农副产品供应关系不大。秦代统一岭南地区，设南海郡，在番禺建城设立治所，并不太在意周边的农村能否养得起广州。做"眼"于广州的目的应当是更方便统辖新征服地区，实现中央政府统一管理。

广州建城时，今天的珠江三角洲还不存在。现今珠江三角洲的绝大部分地区还未成陆。当时的珠江口很像是一个长方形大口袋，直抵广州城下。当时的广州称得上是面朝大海。广州建城 2200 余年，见证了珠江三角洲沧海桑田的变迁。珠江口东岸成陆的时间要早些，如今的珠江口西岸直到宋末元初仍是一片汪洋。文天祥浩气长存的《过零丁洋》中"零丁洋里叹零丁"一句的发生地伶仃洋，在广东的珠江口外，北起虎门，口宽约 4000 米，南达香港、澳门，宽约 65000 米，水域面积约 2100 平方公里。东由深圳市赤湾，经内伶仃岛，西到珠海市淇澳岛一线以北为内伶仃洋，水域面积 1041 平方千米。伶仃洋是珠江最大的喇叭形河口湾，在其周边有深圳市、珠海市、广州市、东莞市、中山市以及香港和澳门等经济发达地区，其时，中山还宛若漂浮在大海中的一叶孤舟，江门还是海边上的渔村。直到很久之后，中山"岛"才向西向南长出了珠海。明朝初年，佛山的大部分还是置身于大海之中相互孤立的多个沉积型岛屿，只不过是更靠近大陆而已。直到清代，中山与珠海在大浪淘沙的冲积下最终与大陆融为一体，佛山才积沙成陆与广州结为一体。

明初洪武年间，广州设府，与潮州等并称为上六府，上承历代，府治所设仍然是在广州。明清期间直到民国初年，广州府管辖的范围是除当今惠州市以外的其他珠江三角洲地区。广州建城时并非源于聚集因素，但因为聚集而成长。跨越 2200 余年，小小的治所发展成为超级大城市，与珠江三角洲退海为陆有着莫大的关系，当然，珠江三角洲成陆与广州逐渐远离大海同时发生。珠江三角洲成陆后，农业逐渐发达起来，其独特的蔗基鱼塘的生产方式，比中原地区传统农耕的商品化水平要高得多，有更多的剩余农副产品可资贸易。珠江三角洲濒临南海，在河网纵横交错的地理环境的烘托下，广州逐渐成长为一座商贸繁华的城市。周边自给自足有余的农业县，佛山、东莞等先后开始了墟镇化发展，这是一种基于当地农业又与广州有关的城市化。1921 年广州成为独立的广州市，珠江口岸边的各县与广州分离，在一定程度上强化了珠江三角洲地区墟镇化的发展，类似于夜空中硕大明亮的月亮与微弱散布的星光交相辉映，时至今日在广州及珠江三角洲城市群仍有着鲜明的众星拱月的历史痕迹。[1]

广州如何继续在高质量发展方面发挥领头羊和火车头作用？每到城市发展的重大机遇期和转型关键期，战略规划都为广州的持续发展起到了凝聚共识、统筹动员、提振信心的重要作用。2022 年开始，广州着手编制面向 2049 的城市发展战略规划，旨在从更长远的时间坐标、更广阔的空间视野、更人本的价值认知出发，回答时代之问、广州之问。目前，面向 2049 的城市发展战略规划编制已经进入最后的第三阶段，已形成战略规划主报告和相关专题报告初步成果。新一版的战略规划提出"人人出新出彩的世界城市"的总体愿景；在延续 2000 年版战略规划"八字方针"的基础上，优化提出"两洋南拓、两江东进、老城提质、极点示范"的空间发展方针。[2]

联体城市与镇街经济

广州与佛山分别是广东省的第一大、第三大城市。两市同根同源，自古一家。"南（海）番（禺）顺（德）"，习惯性用语概括了广州与佛山两市历史渊源和地理的统一性。南海郡的名称，在历史变迁中成为佛山的南海区。广州府的时代，南海称县，县城设在广州府城内。如今两市土地总面积 11181 平方公里，占珠江三角洲九市的 34.5%，城市人口占珠江三角洲九市的近 40%，两市绵延两百公里的城区边界已经无缝衔接，是国内最大的联体城市。

国务院批复的《广州市城市总体规划（2011—2020 年)》和《佛山市城市总体规划（2011—2020 年)》使广佛同城化从概念上升到了城市规划

---

① 《名城广州：守护文脉，向上生长》，新华社，2023 年 6 月 19 日。
② 杜娟：《面向 2049，广州提出 16 字空间发展方针》，《广州日报》，2023 年 8 月 2 日。

的层面，谋划更高层次的同城化，联手打造"超级城市"成为两市谋定而后动的行动。不过，广佛同城发展的路上，还横亘着自发的墟镇城市化的历史烙印。佛山的城市化具有很突出的本地内生性。佛山超过万亿元的地方生产总值主要分布在以狮山和北滘为代表的 20 个镇街上。细分看，佛山设区 5 个，镇 20 个，街道 12 个，镇街经济具有非同寻常的生命力，但并不均衡。狮山和北滘两镇，占了佛山经济总量的约 20%；排名前 10 的街镇，除了狮山和北滘外还有南海桂城街道、禅城祖庙街道、高明荷城街道、顺德大良街道、禅城石湾镇、南海大沥镇、顺德容桂街道和禅城张槎街道，占了佛山 GDP 比重的约 60%；再细数前 20 的街镇，占佛山经济比重就超过了 86%，其余 12 个镇街占 13% 多一点。从表面上看，佛山经济的绝对主体，南海与顺德两区在历史上就与广州连成一体，如今更是共享同一十字路口，红绿灯标志了两座城市，但是内在产业联系并不强。南海与顺德同相邻的广州越秀和番禺两区相比，经济总量大致相当或是更强一些，竞争关系似乎是大于分工合作，产业联系也不够充分。

　　狮山与北滘两镇在佛山城市发展和工业化进程特别有代表性。北滘辖区面积不到 100 平方公里，工业总产值超过了 4500 亿元，产业基础主要来自本地起家的乡镇企业。目前形成了智能家电、机器人、工业设计等多个产业集群，是建设现代化产业体系的镇街经济的代表。以家电行业为例，北滘是全国规模最大的空调、电饭煲、微波炉、电风扇、饮水机生产基地，有 200 余家规模以上的企业，集聚了超过 900 家产业链配套企业，每年家用电器产量超过 2 亿件，家电业产值约 3000 亿元，占了全国家电产业总产值的 10%。

　　北滘是生于斯、长于斯、创新于斯的家电业巨头——美的公司总部所在。美的公司的赛道正在向创新转换，美的研究中心有上千名博士从事研发。"美的（20 世纪）60 年代用北滘人，70 年代用顺德人，80 年代用广东人，90 年代用中国人，21 世纪用全世界的人才！"美的集团的顺德厨热工厂是佛山第二家"世界灯塔工厂"，北滘在努力将规模以工业企业数字化转型比例提高到 50% 以上。北滘的"大树下面也长草"现象似乎并不多见，因为"大树底下不长草"似乎是更为普遍的通则。在地方经济发展中，一旦出现一个大企业，其他同行业企业就很难再发展壮大。但在北滘镇，不仅有美的集团这样的千亿元级的"巨无霸"，也有德尔玛、小熊等一批十亿元级的"新锐"企业，形成了良好的产业梯度和生态。

新华社记者镜头下，2011年出生在佛山市顺德区北滘镇马龙村的德尔玛公司是新生创新型企业的代表。德尔玛信奉"相信想象（Believe in imagination）"，由此催生了一家在传统家用电器领域坚持自主研发，凭借科技与充满设计美感的创新产品快速发展的新型公司。在产业链带动及配套能力上，北滘形成了一整条全国乃至全球规模最大、品类最齐全的家电配件产业链，大部分配件的采购半径都在50公里范围内。德尔玛最初是一家从事家电广告设计的公司，凭借着北滘发达的产业链形成了集研发生产和销售于一体的行业新星。在北滘镇工业大道旁的广东工业设计城的展览馆里，只有碟子大小的加湿器、自带消毒功能的胶囊牙刷……各种"脑洞大开"而又充满艺术气息的产品让人目不暇接。广东工业设计城聚集了接近上万的设计研发人员，核心启动区吸引了几百家国内外设计企业，其中不乏中国工业设计十佳设计公司、国家/省级工业设计中心，获得德国红点设计奖同等级奖项的企业更多。

尝试解构佛山镇街产业结构形成与演化过程是困难的，但对佛山产业升级的路径做趋势性判断还是可能的。目前，佛山市区和镇街经济主要集中于以下行业和产品领域：电子通信、光源与照明、医药、电池研发、电器、钢铁、材料（涂料/塑料/玻璃/金属/铝塑管）、陶瓷与陶瓷机械与模具、珠宝、家具、五金、纺织印染服装、米酒饮料食品加工、花卉。电子通信、光源与照明、医药及电池研发所属的新能源领域是新科技革命的代表性产业，开始在佛山形成，但规模还较小。佛山的核心镇街，主要是沿着传统产业向中高端制造升级，向精益化升级。面对传统产业产能过剩而且在持续累积困扰，这无疑是高质量发展中非常正确的选择。但是佛山要不要以及如何进入知识创新更密集、产业膨胀更快的新兴科技型产业呢？传承于墟镇经济的佛山镇街经济，走出了一条传统产业规模化生产和内生升级的道路，未来能够走向科技创新的前沿吗?①

外源性增长的东莞，跨城市发展的产业

东莞，北接广州、南临深圳，中华人民共和国成立后一直到1985年前隶属于惠阳地区，是个工业基础薄弱的农业县。东莞相对于佛山更靠近珠江口，但城市规模与人口规模小于佛山。1995年东莞撤县建市十年时，经济总量尚不足佛山的半数。客观的经济发展条件和区位条件，应当是东莞走上外源性增长道路的主因。1978年7月，国务院颁发了《开展对外加工装配业务试行办法》，广东省委率先作出发展来料加工的决定，以东莞、南海、顺德、番禺、中山作为先行试点县。东莞大胆引进了我国首家"三来一补"企业，从此开启了"世界装配工厂"的工业道路。②

1978年7月的一个黄昏，港商张子弥来到了东莞虎门。时值香港制造业成本上涨，张子弥在香港荃湾的两间工厂，遭遇利润不断下降的压力，在濒临破产倒闭悬崖边，他追寻着改革开放的信号，回到东莞寻找机会。他拿出一个黑色手袋给东莞太平手袋厂第三任厂长唐志平，并问道："你们做不做得出来?"唐志平接过后组织了几个工人通宵研究，尝试用缝纫机"依样画葫芦"。第二天一早，张子弥收到了新制的手袋。他没想到东莞工人可以在短短一夜做出足以乱真的手袋。当下，张子弥就与太平手袋厂签下了300万元的投资合同。同年9月，太平手袋厂获得中国工商总局颁发的第一个"三来一补"企业牌照，编号为"粤字001号"，成为中国大陆

---

① 2022年1月21日，新华社客户端刊登报道《产业小镇调查 | "家电名镇"北滘镇："中国制造"的观察之窗》和《产业小镇调查 | 采访札记：唯有改革　唯有创新》中提到，北滘镇汇聚200家规模以上家电企业、世界500强企业、产值占全国家电产值约10%，关键在于企业堪称"惊心动魄"的持续创新、地方党委政府持之以恒深化改革，以及企业家们对梦想的追求。2023年5月25日，《南方日报·佛山观察》发表文章《万亿集群掀起转型潮　传统产业绘就新图景》，用三个版面聚焦佛山制造转型浪潮。

② 《东莞统计年鉴》；李超、陈秀月：《东莞寻路》，《经济观察报》，2015年4月27日；东莞房掌柜：《东莞失落史："中国制造"的悲剧宿命?》，共识网，2015年2月26日。

第一家"三来一补"企业，仅第一年就获得加工费人民币100万元，创汇60万元港币。东莞由此进入了"三来一补"的时代。事实上，直到20世纪90年代初，东莞外源性经济规模并不大。其中一个重要原因是，深圳与香港毗邻，更靠近珠江口，港口条件更优越，享受了更为优惠的经济特区政策。东莞真正崛起时点是1995年。随着改革开放遍及全部沿海地区，经济特区优惠政策开始普惠化，特区不特，没了特殊优惠，深圳突然面对着与十几年前香港同样的困境，经济增长快，成本上升也快，深圳要转型要升级。大量港澳台资企业迫切寻找一片新的低成本的投资沃土。广深高速公路全线投入运营与深港之间通关便利化，揭开了隐没于深圳身后的东莞的面纱。在很短的时间内，"到东莞去"就成了在深圳投资的港澳台资企业的共识。1990年东莞GDP不过80亿元，1994年刚过200亿元，1995年接近300亿元，2000年超过了800亿元，又过两年超过了1100亿元，形成了对佛山的快速追赶，2022年已经是佛山GDP的89.5%。

东莞外源性增长在2007年达到顶峰。当年，东莞综合实力位居国内大中城市第12位，全市22个镇街全部入选中国千强镇。美国金融危机及随后的欧元区债务危机，使全球化陷入停顿。20世纪七八十年代发生在香港，90年代中期发生在深圳的故事，在东莞重演。利用劳动力及土地成本低的优势，东莞贴牌生产的代工模式，同样面临劳动力和土地等要素价格的上涨瓶颈，腾笼换鸟式的产业转型升级势在必行。东莞在阵痛中转向了新赛道。东莞企业开始向"微笑曲线"两端延伸，经过类似于深圳艰难调整，与佛山殊途同归，走向了"设计＋研发＋生产"三位一体的深度工业化过程。

东莞走向高端化过程与深圳关系密切，内生性因素也日渐增长。华为受制于深圳土地规模、运营成本等限制，早在2005年便开始在东莞布局。2018年7月1日，华为终端正式迁至东莞。华为进入东莞之后，相关的上下游深圳企业也纷纷进入了松山湖。彼时，长安镇上的步步高也开始裂变为日后成长为世界知名企业的OPPO、vivo两大移动终端企业。东莞由此而成为世界智能手机之城，在移动通信领域开始占有了重要地位。相较于诞生于深圳的华为，OPPO、vivo 这对"蓝绿双子"的诞生与裂变几乎是和东莞转型同时发生的。①

长安镇：东莞移动通信产业的棋眼

OPPO 公司在长安镇建设的研发总部，是 OPPO 移动互联网战略支撑性项目，OPPO 分布于各地的研发人才因此而齐聚长安镇。与此同时，vivo 也在长安镇设立研发中心。长安镇由此迈向了高密度的智能手机产业研发人才聚集地。长安镇紧紧盯住深圳不断增强创新溢出效应，在摄像头、芯片、液晶屏和检测等关键节点和上下游配套项目与深圳互动，打造全球领先的智能手机生产基地。

改革开放 40 年，东莞工业经历了从传统农业走向农村工业化的起步阶段，大力发展外源性经济、打造加工制造业基地的成长阶段，以及扩大发展规模、打造主导产业、延伸产业链条的腾飞阶段，从来料加工的"东莞制造"到自主研发的"东莞智造"。粤港澳大湾区建设领导小组全体会议上提出，建设"广州—深圳—香港—澳门"科技创新走廊，打造大湾区国际科技创新中心，加速创新要素流动和联动。在粤港澳大湾区的国家战略背景下，东莞转型升级正迎来凤凰涅槃的新机遇，打造成全球制造业中心，形成世界上最大、最先进、出口实力最强的新型工业地带，将在广深港澳科创走廊上挺起创新脊梁。

从草根走向世界前沿的 OPPO

有人说，历史的江河悄无声息地流淌，不计其数的企业在这奔流不息的浪潮中浮沉。回过头来，只有时间才能给出答案。从全球手机行业的发

---

① 《占"深圳速度"一席之地，OPPO 立足创新土壤，稳坐全球 Top 5》，搜狐网，2020 年 8 月 25 日；《从 200 人到 1.2 万人，OPPO 在深圳这片土地创造了怎样的奇迹？》，搜狐网，2020 年 8 月 25 日；李尚滨：《从"首家三来一补"到"世界手机之城"，东莞怎么创造世界奇迹？》，智纲智库广州战略中心，2019 年 10 月 25 日；《东莞，那座传说中的城市！》，《南方都市报》，2021 年 7 月 10 日；《东莞，正在虹吸深圳！》，财经白话，2023 年 3 月 18 日。

展历程看，从 1G 到 4G、5G，由大哥大到功能机，再到智能机，每一次技术革新都带来一次颠覆式变革，引发了手机市场在增量市场与存量市场之间切换。OPPO 和 vivo 在 2011 年各自推出第一台智能手机。OPPO 和 vivo 选择"小镇青年"为目标消费者，创造了手机业"农村包围城市"的草根成长道路，2015 年双双进入了市场份额的全球前十名。

OPPO 成立于 2004 年。OPPO 品牌从步步高独立出来后，主要产品是蓝光 DVD 播放器，并开始了日后大获成功的向 MP3 转型。2006 年一天下午，在华强北琳琅满目的柜台之间，总裁陈永明足足转了 5 个小时，看了 100 多部国产手机，没有一款可以达到他内心的外观精致、使用便捷的标准。这是 OPPO 下决心进入新赛道决策前，所做的最重要的市场调查。当时 OPPO 的总部还设立在东莞，公司花了两年时间做各种预研，反复进行设计—生产—测试流程，终于在 2008 年制造出属于 OPPO 品牌的功能手机。2008 年 5 月，OPPO 首款手机凭借其精美的外观和超高性价比成功打入千元机市场。

迎接创新的时代，抓住创新的机遇，先要付出代价。2010 年乔布斯以 iPhone 4 展示出什么是真正的智能手机。OPPO 从中看到了智能手机发展的巨大空间及庞大的移动互联网业务。当时的 OPPO 在功能手机市场上获得了比 MP3 更好的发展机遇，产品库存很多，并且已经向供应商下了很多单。要转向智能手机生产研发，就要砍掉功能手机业务。管理层一致认为，若不能快速完成转换可能会没有未来，于是当机立断，立马切掉所有功能手机业务。那么还在生产线上的订单怎么办？全部由 OPPO 补贴。拿了十几个亿去补贴供应链，要求所有供应商停掉功能手机生产线，开始做智能手机。2011 年之后，OPPO 每年维持在 60% ~ 80% 的增速，5 年内销量从 5000 万台上升到 1 亿台。2015 年开始，再度进行业务生产线调整，砍掉了 N 系列和 Find 系列两条旗舰产品线，将重点放在中端 R 系列产品上。专注于研究手机性能，同时用一贯的审美吸引顾客，并降低手机价格，这一战略举措为 OPPO 打开了巨大的市场，同时也赢得了消费者口碑和资金的支持，在最巅峰时期，OPPO 手机年销量达到了 1.1 亿部。

直至今日，OPPO 业务遍及全球 40 多个国家和地区，拥有超过 40 万个销售网点。OPPO 在全球共有九大智能制造中心、六大研究所和四大研发中心，拥有超过 4 万名员工。ColorOS 全球用户已突破 3 亿。2014 年，OPPO 在高通 QC 快充方案之外，另辟蹊径，自研出快充技术，"VOOC 闪充"实现了业界最快的充电速度，"充电 5 分钟，通话 2 小时"成为当时火爆全国的手机广告。经过技术持续创新迭代，OPPO 在闪充领域也已拥有 1700 项核心技术。如今的 OPPO 不仅仅是手机制造商，2019 年 12 月 OPPO 在未来科技大会 2019（OPPO INNO DAY2019）上，与全球知名市场研究机构埃信华迈（IHS Markit）发布智能互融白皮书，5G 将与 AI、云技术、边缘计算合力爆发，宣告了 OPPO 布局 5G、大数据、AI、云计算等赛道的布局。在 OPPO 的官网上，超炫的星空背景，衬托起 5G，连接身边的世界，这已不再是商业广告而是 OPPO 进入万物互联的移动通信革命前沿的目标。

OPPO 与深圳

2010 年，已成立 6 年的 OPPO 公司走出东莞，来到深圳，见证了手机生态链从无到有、国产化产业链逐步崛起的过程。它也是国产创新生态在深圳这片土壤生根发芽的一个缩影。全球 TOP 级手机厂商中，超过半数总部位于深圳。而往上游走，站在更为庞大的手机产业链环节来看，深圳也是标志性的风向标之一。"消费类的电子产品没有深圳做不出来的。"OPPO 副总裁、中国区总裁刘波曾如此感慨道。

华为强势创新带动并向上拉升了深圳移动终端的供应链，全产业链分工协作，构成了空前的从算法到制造、前沿创新和细密分层网络体系，只要有创新想法就可以实现一个产品。OPPO 发现，当年在东莞进行第一款手机的研发，若放在深圳可以很容易实现。从新产品需求着手进行创新研发并落地到产品都不再是很难的问题。在深圳，假如一个人一家企业有了更好或者更先进的想法，就可以找到人设计、做模具、生产，甚至不必招员工。当年 OPPO 提出未来五年发展战略，企业要从生产制造型企业转向研发技术型。"智能手机对人才的要求越来越高，我们要借助深圳'创新之都'的人才优势，开始在这里布局并快速发展。深圳'自带流量'，在这里能找到我们需要的人才，这里有更丰富的软件型人才，有更贴近前沿硬件市场和产品开发的综合性人才，以及具有把握科技创新前沿的视野的战略性人才。"OPPO 在南山后海片区的总部，因此被定义为"领导力中心"。

2010 年 OPPO 决定来到深圳，之后十年里，OPPO 在深圳站稳了脚跟，从跟上深圳的创新步伐，到成为深圳创新先行者和领军者。OPPO 扎根大湾区，在深圳发展壮大，离不开创新土壤和转型变革。深圳作为改革开放的"试验田"和"窗口"，拥有健康成熟的营商环境、完善的电子产业链配套，为企业的发展带来了巨大的上升空间。OPPO 立足深圳便赶上了"深圳速度"这一趟快车，从 2011 年到现在 OPPO 经营实现了数十倍的增长。深圳推动了众多打造人才高地的人才强市政策，聚集了人才，聚集了创新产业。如今，华为、OPPO 和比亚迪等深圳和东莞企业，在两市之间拉通了一道道覆盖生产、设计、研发、制造、互联网服务到销售生产与创新研发的产业链条，随着 5G 掀起万物互融的浪潮，更丰富的产业生态和产业角色还在不断融入其中。①

跨城市发展的 OPPO 是一个城市间关系的经典案例。很长时间以来，华为跨越城市行政边界从深圳进入东莞，一直被认为是深圳竞争力下降的案例。事实上，OPPO 和华为从不同的侧面在城市之间进行产业分工。在经济发展初期，产业集群在中心城市快速聚集，依赖于丰富的土地、劳动力等要素资源实现了快速发展，并辐射带动了周边城市的发展。但当城市经济发展达到一定程度时，土地、劳动力等要素资源短缺以及成本上升等问题逐渐突出，中心城市的产业集群开始进入扩散外溢阶段。为避免进入产业集群衰退期，部分产业集群中心城市开始通过不断引入科技人才、加大研发投入以及增强与其他城市间技术分工与合作等形式培育创新型企业，并逐渐重视高校、科研机构、国家创新资源在其中的积极推动作用。与此

---

① 《规模扩大 60 倍！从小厂到全球前五，OPPO 靠什么崛起？》，搜狐网，2020 年 8 月 28 日；《OPPO 创始人陈明永：从小山村到企业领头人，他是如何取得成功的》，今日头条，2022 年 8 月 3 日。

同时，城市间技术联系也从技术竞争向技术互补转变，形成了创新与大规模生产之间的分工互补发展的格局。各城市有比较优势的产品生产呈现出多样化分工，深圳和东莞从传统的受制于地理半径的辐射效应、同行业竞争关系逐渐转向打破地理半径限制的技术互补格局。结果是，创新环节向深圳集聚，而制造环节从深圳向东莞扩散。

从更加一般性的意义看，未来珠江三角洲以及广东 21 座城市之间会出现以创新带动产业集群从中心城市向外围城市扩散的高潮。在此过程中，不仅是深圳和广州，佛山与东莞也将进入以技术关联、技术互补为纽带，突破地理邻近性限制，与周边城市形成产业集群跨城市共生、分工协同互补，都市圈和城市群在创新驱动中更加开放的格局。①

整个苏州都在造飞机

2023 年 5 月 28 日，国产大型客机 C919 开启全球首次商业载客飞行的当天，苏州市政府官方微博，苏州发布载文：《载入史册！C919 首次商飞！"苏州力量"太给力》，透露了在 C919 的"心脏"上，从叶片到火焰筒，有不止一项核心零部件来自苏州。苏州造飞机是认真的。早在 2021 年 2 月，苏州市政府和中国商用飞机有限责任公司就签署了战略合作框架协议。根据协议，中国商用飞机有限责任公司（以下简称中国商飞）发挥主制造商优势，鼓励苏州企业参与并承接中国商飞零部件配套项目，并携手在苏州科研院校，搭建产、学、研、检合作平台，依托相关平台载体，重点围绕航空材料的研究和应用领域开展联合攻关。苏州全市瞄准大飞机、通用航空、航空智能装备、航空功能服务和航天产业等重点领域举全市之力、汇各方之智大力发展航空航天产业。2022 年，全市集聚航空航天产业链重点企业 303 家，产值规模预计达到 410 亿元，集聚了长风航空电子、吉太航空、华易航、迈信林等优秀内资以及通用电气航空、新宇航空、赛峰等

---

① 郑江淮、陈喆、冉征：《创新集群的"中心—外围结构"：技术互补与经济增长收敛性研究》，《数量经济技术经济研究》，2023 年 1 月 17 日。

外资航空航天零部件企业。

苏州的各市区有分有合，张家港集中于航空金属材料领域；常熟集中在飞机内饰件、航空结构件、机体复合材料等领域；昆山、太仓主要集中在精密制造、航空电子设备等领域；吴江集中在航空航天专用设备、航空零部件等领域；吴中主要是航空航天检验检测、航空功能服务；相城是航空液压和机载系统等领域；苏州工业园区主要集中在航空发动机及部附件、航空航天工业软件等领域；苏州高新区主要集中在航空电子、航空航天新材料、航空航天元器件、航空航天检验检测等领域。

中国商飞于 2008 年 5 月在上海成立，是实施国家大型飞机重大专项中大型客机项目的主体，中国商飞公司下辖上海飞机设计研究院、上海飞机制造有限公司、北京民用飞机技术研究中心、中国商飞基础能力中心〔上海航空工业（集团）有限公司〕。中国商飞公司与苏州在大飞机领域的合作体现了上海与苏州两市在重大科技创新与产业化合作的深化。苏州市内生性和外源性创新增长的能力将因此而显著提高，形成更大的经济增长势头，上海也因此获得更大的经济发展空间。长江三角洲加大城市间科技与产业分工合作的发展模式，加速了城市间发展差距的缩小，增强了城市群整体的经济发展动能。进入 21 世纪以来，长江三角洲城市群的 26 座城市合计的经济总量增长比广东快，26 座城市人均 GDP 的增长比广东快，26 座城市之间发展差距的缩小比广东快。2000 年到 2020 年，上海与南京、南通、无锡、宁波和合肥等 5 座城市，万亿元 GDP 的规模，人均 GDP 的差距缩小得很快。上海与南京的人均 GDP 之比从 1.7∶1 降至接近 1∶1；上海与无锡的人均 GDP 之比从 1.5∶1 下降至接近 1.1∶1；上海与南通的人均 GDP 之比从 3∶1 大幅下降至 1.3∶1；上海与宁波的人均 GDP 之比也从 1.5∶1 降至接近 1.1∶1；合肥的进步最为显著，上海与合肥的人均 GDP 之比从 4∶1 大幅下降至 1.5∶1。相比之下，广州、深圳与东莞、佛山的人均 GDP 差距缩小得较为缓慢，仅从 1.8∶1 降至 1.5∶1。需要多说一句的是，人均 GDP 的差距与创新能力的差距有关系。可以这么说，一座城市创新能力强，人均 GDP 就会高些。不太严格的反过来说也是可以的，一座城市的人均 GDP

低，创新能力也会偏低。①

城市要分工才会成为城市群，从城市群到都市圈

"十四五"规划纲要指出，以城市群为主体构建大中小城市和小城镇协调联动，形成疏密有致、分工协作、功能完善的发展格局。大力推动主要城市群的产业协调布局、产业分工协作，形成多中心、多层级、多节点的网络型城市群。一般而言，规模大的城市产业多样化和复杂程度高，更倾向于发展创新产业；规模较小的城市，产业多样化和复杂程度低，更倾向于发展制造产业。深刻理解城市群内城市规模结构与功能结构之间的关系，对于准确把握与践行以城市群为主体构建大中小城市和小城镇协调联动，增强超大特大城市全球资源配置、科技创新策源、高端产业引领功能的总体要求有重要意义。

在我国众多城市群中，京津冀、长江三角洲、大湾区（统计口径因素为广东省所有城市）以及成渝城市群的规模与发展态势比较有代表性。四大城市群中共有79座城市，占全国经济比重约为50%。2020年增加值过万亿元的城市有15座，占全国65%。此外，上述城市群中还包括45座全国百强城市。四大城市群的城市可以分成三个类型：11座中心城市、14座工业强市和另外50座加速工业化的城市。中心城市分别是长江三角洲的上海、南京、杭州、合肥，大湾区的深圳和广州，京津冀的北京、天津和石家庄以及成渝城市群的成都和重庆。其中，合肥与石家庄的人口与经济规模不足，但作为国家科学中心或是省会城市，还是有比较明显的综合行政管理功能。14座工业强市分别是长江三角洲的苏州、无锡、常州、南通、宁波、金华、嘉兴、绍兴和台州以及大湾区的珠海、佛山、东莞、惠州、中山等。这14座城市分别与上海、杭州或是广州、深圳等中心城市实现了分工协同的发展，也都有利用大型集装箱港口，成为全球供应链上重要节

---

① 《载入史册！C919首次商飞！"苏州力量"太给力》，苏州发布，2023年5月28日。

点城市区位优势。其余城市则为加速工业化城市。

城市功能差异会表现为产业结构的差异。城市的创新功能突出地表现在，数字经济和科研产出、科学论文发表与发明专利申请量等方面。制造业功能主要表现为城市工业占比。过去 20 年，我国中心城市快速从制造为主向创新引领转换。本市工业占比以及占城市群的工业比重下降都较快，尽管中心城市还保持着较大的工业规模，数字经济的发展成为中心城市的强势增长产业，强化了中心城市的创新功能。中心城市更加集中于创新功能，非中心城市更多地承担着工业化制造的功能，空间集聚走向扩散的过程，深化了城市间分工。城市之间产业联系更加密切，城市群得到了较好的发展，从整体上提升了经济发展的质量与效率。

仔细分析可以看到，中心城市、工业强市和工业化城市的功能与结构分化得比较明显。首先，11 座中心城市创新部门产出以更高的速度持续增长。2000 年中心城市工业占比低于工业强市 9.3 个百分点，2020 年已经低于 13.5 个百分点。同期，数字化创新部门占第三产业比重从高于后者约 7 个百分点，提高到了 12 个百分点。从人均论文数量看，中心城市知识创造的优势在持续强化，从每万常住城镇人口平均有 3 篇论文的差距，扩大到了近 20 篇。其次，14 座工业强市自 2000 年以来在三类城市中保持着最高的工业占比。同时，与工业化相关的年度万人发明专利申请量绝对量及相对量都在快速增长。21 世纪的前五年，人均专利申请还是中心城市的六分之一，从第二个十年开始已经超越中心城市。发明专利显著提高了工业强市的工业行业结构升级的能力，展现出将科学知识引向产业技术化是工业强市创新能力提高的重要支撑。另外 50 座加速工业化城市，工业规模还小得多，工业占城市经济比重却已经高于中心城市。21 世纪的第一个十年，加速工业化城市实现了对中心城市追赶，工业占比从低于中心城市转为高了 2.5 个百分点。过去五年，这 50 座城市的工业比重已经比中心城市高了十多个百分点。但是，一方在加速工业化，另一方在加速创新，两类城市创新差距在继续扩大；同时，与工业强市相比，开始了工业生产规模的追赶，但是拉开了技术创新能力的差距。

统计数据有些枯燥。四大城市群79座城市的统计数据讲述的内容，与深圳和东莞之间、上海与苏州之间以及佛山与广州之间的故事是一样的。苏州和上海之间有一个隐形的台阶，上得了这个台阶就是创新。上海、深圳、广州的土地比起苏州、东莞和佛山要贵，土地需求量大、中低收入劳动力需求量大的产业就会从沪深穗流出。相反，高净值人才和能够"上楼"的产业就会向沪深苏聚集。苏州看到了机会，就踮起脚尖，向中国商飞主导重大创新靠拢，实现创新与制造的结合。OPPO的操作却是极其简单明快的：在深圳做研发，在东莞做制造。这与华为用十年时间，将终端搬去东莞，在东莞建一个低密度的小镇实为异曲同工。华为与OPPO相向而行是公司行为，不经意间却是拉伸了深圳与东莞的产业链，在分工中又合作。高端中心城市的创新功能是创造新科学与技术知识，苏州、东莞和佛山将新知识变成新产业和新产品。慢慢地，莞佛会与"核带路"上的粤东西北城市分享分工。产业的产业就会像长江三角洲一样，有如涟漪一样一波一波自内向外扩散出去，城市之间有规模大小之分，但无贫富之分。用葡萄架形容城市群的发展特别合适：炎炎夏日下，葱绿的葡萄叶在葡萄架上摇曳，不经意间，一串串小葡萄逐渐长大，大串大串地从叶子缝里垂了下来。清风徐徐，金黄的阳光碎碎地洒在地上，清凉清爽令人陶醉。这时的我们可能忘记了酸甜可口、晶莹剔透的葡萄本是生长在隐于绿叶与果实下的葡萄藤上的。葡萄藤就是城市间的内在经济产业联系，缺少了藤，城市群就不称之为群。类似于一麻袋土豆有足够的重量，只是当袋子打开时，土豆就会四散滚了一地。①

---

① 藤田昌久（Fujita）和克鲁格曼（Krugman）（1995）论证了城市间规模等级结构内生的微观基础，专业化与异质性多样化聚集构成空间集聚收益递增，并形成了核心—外围结构。亨德森（1974，1988）论证了不同规模的城市存在着内生的城市产业结构差异。藤田昌久等（1999）阐述产业多元化的高阶城市可以提供多样化的商品与服务有更大经济辐射力，因此具有更大的规模。与之相对应，中小型城市倾向于专业化。迪朗东和普加（2000）实证检验了多样化大城市与专业化中小城市间的相互依存关系。格罗斯曼和赫尔普曼（1991，2003）提出了产品的差异化、产品多样性以及质量阶梯竞争的分析框架。企业新产品品种的发明是攀登质量阶梯标志，表现为城市创新部门的成长动态。藤田昌久和蒂斯（2002），鲍德温和马丁（2004），藤田昌久（2009）证明，创新的本质是差异化与专业化的空间集合，产业的多样性推动了创新空间集聚。

从城市群到都市圈。2019 年国家发展改革委发布《关于培育和发展现代化都市圈的指导意见》，2023 年 12 月，广东省政府发布《广州、深圳、珠江口西岸、汕潮揭、湛茂五大都市圈发展规划》。以大城市为依托，构建大中小城市协调发展，从而推进广东区域协调发展。依托都市圈产业基础和资源禀赋，五大都市圈发展规划均强调，要强化都市圈产业分工协作和产业链配套，激发产业转型升级新动能，形成协同发展、合作共赢的现代化产业体系。五大都市圈的规划，使得城市之间产业集群的形成更具支撑力，城市之间的形成基于市场的产业的分工、产业链、供应链、创新链、资金链、人才链能够融合发展，产业集群就更具有支撑力。几个城市通过市场的分工来集群，再融合发展，对产业升级和高质量发展都是有好处的。

广州都市圈发挥广州在交通物流、医疗教育和汽车产业等领域优势，同属广州都市圈的清远则具有生态环境等优势，发展潜力大。深圳都市圈将携手打造科技创新产业体系，以深圳为主阵地建设大湾区综合性国家科学中心，集聚高端创新资源，培育若干个具有全球影响力和竞争力的产业集群。珠江口西岸都市圈规划提出构建"两廊三带多集群"的产业发展格局，培育高端服务类、高新技术类、先进装备制造类等多样化特色产业集群，力争建成 5 个以上产值超千亿元的特色产业集群。汕潮揭都市圈将构建"一脊一带、两核两环"产业发展格局，打造沿海经济发展的黄金海岸带，加快打造高端生产性服务业和高端装备制造业两大产业核心。湛茂都市圈将推动港产城融合发展，携手共筑"双核一带五集群"的产业发展格局。五大都市圈中，各地市产业关联紧密，发展空间广阔。

新领域新赛道上的机会之窗，广汽埃安的智能制造

《广州日报》2023 年 4 月 14 日报道，习近平总书记视察广汽研究院，同科技人员、企业家、职工、外资企业代表等亲切交流。4 月 12 日下午，习近平总书记来到广汽埃安新能源汽车股份有限公司考察。他走进企业展

厅、总装车间、电池生产车间等，了解企业突破关键核心技术和推动制造业高端化、智能化、绿色化等进展情况。在广汽研究院，习近平总书记仔细察看智能网联实验室、模型设计实验室等，并同科技人员、企业家、职工、外资企业代表等交流。记者在广汽埃安新能源汽车股份有限公司和广汽研究院看到，一辆辆智能网联新能源汽车在这里出产，其中不乏引领行业、全球领先的自主研发产品。广州番禺化龙的广汽智联新能源汽车产业园内，广汽埃安第一智造中心生产有条不紊，工人们目光专注、认真细致地处理着手中的零部件；涂胶、抓取、安装……机器人快而准地将车窗玻璃装到车身上。习近平总书记早在 2014 年就提出，发展新能源汽车是我国从汽车大国迈向汽车强国的必由之路。事实证明，经过这 10 年来的发展，我国的新能源汽车产业已经全球领先。习近平总书记的重要讲话，坚定了广汽发展新能源汽车的信心和决心。广汽埃安智能制造的柔性生产、低碳生产和数字化水平已经走在行业前列，以广汽埃安为代表的广州先进制造业正在进一步实现高质量发展。①

做到关键核心技术自立自强。星灵电子电气架构、AEP 3.0 纯电新能源车专属平台、弹匣电池 2.0、海绵硅负极片电池技术、高压无钴电池技术、昊铂超跑车型、传祺 M8……广汽在行业变革之际推出了一系列自主研发汽车产品。

习近平总书记强调，中国是个大国，要重视实体经济，走自力更生之路。关键核心技术要立足自主研发，也欢迎国际合作。未来，广汽将继续坚持助力制造业当家，加强科技创新、做大做强汽车自主品牌。2023 年广汽作为智联新能源汽车产业链"链主"要带动建设自主可控的产业链供应链；推动自主创新"强链"，自主掌握"三电"和智能网联核心技术；推动芯片国产化"稳链"，全力落实"攀登计划"；推动投资布局"延链"，

---

① 参见广东工业大学 MBA："MBA 睿德大讲堂第 64 期精彩回顾"《广汽埃安发展之路案例分享》，2022 年 9 月 28 日。

投资自动驾驶、智能网联、能源生态等项目，构建产业生态圈。

时针回拨到 2019 年底，一座具有前瞻性的工厂——埃安第一智造中心正式投产。建设之初，新能源车的前景尚未明朗，但将近 4 年的实践证明，广州的魄力得到了丰厚回报。广汽研究院智能驾驶远程云控实验室，墙上的几个大屏幕上不断闪现着各种自动驾驶相关的数据；自动驾驶车辆在实际道路上测试的情况，正通过 5G 通信技术实时显示在"数字孪生平台"上，一些工作人员正在细致比对并记录实际的驾驶场景和车端传感器感知重构的虚拟场景之间的差异度；另一边，不少工作人员正在电脑前敲击键盘，在后台监控车端结构化数据的准确性。以上这些测试场景和数据可以说是"自动驾驶系统学开车"的教材。

正是通过海量数据和测试共同组成的"驾驶教材"，自动驾驶"机器人"会不停地"学习"如何开车。广汽研究院的自动驾驶测试车辆会日夜进行大量测试，实验室的工程师扮演"驾校教练"的角色，远程教"机器人"如何开车，自动驾驶系统"看到"的是一棵树还是一个交通标志，是行人还是自行车，都需要进行学习。锚定万亿级目标，从汽车之城到"智车之城"的新进化，广州底气十足；自主创新与对外合作"两条腿走路"，往智能网联新能源汽车产业的新高地，广州昂首迈进；以汽车产业为代表，先进制造业高质量发展的新征程，广州前景无限。从 0 到 1 的积累，固然筚路蓝缕，而"从 1 到无限"的新开拓，更是行者无疆。从"汽车之城"到"智车之城"的转型，正需要"智勇兼备"。

"智"者，既指智能，也指智慧。人们完全可以相信广州智能网联汽车和自动驾驶的未来，是因为这里有一系列充满智慧的"超级大脑"——1 家国家级企业技术中心、9 家省级企业技术中心、2 家省级工程中心和 1 家省级制造业创新中心，正源源不断地为高端制造业"再进化"贡献智慧；智能网联汽车试点示范正积极开展，一套较完整的智能网联汽车示范应用体系已经在全国率先建立起来，在智能网联领域取得的"十项创新"让世人瞩目；小马智行、文远知行、广汽研究院、导远电子、百度阿波罗、滴滴沃芽、华为广州研发中心、AutoX 大湾区总部等已汇聚花城，碰撞出更多"智能"火花。

广汽集团提出"无科技，不广汽"，东风日产启辰着力"智·趣科技"，小鹏以"未来出行探索者"为目标……智能化已融入广州汽车产业参与者的基因。

"勇"者，既需信心，也需韧性。把关键核心技术掌握在自己手里，是信心的源泉；善于对外开放，敢于与国内国际高技术水平伙伴合作同行，是韧性的体现。

以广汽为例，该企业未来将着力打造"能源科技生态载体""产业链生态载体""产业集群生态载体"三大生态载体。这也意味着，广汽需要在整车生产业务基础上，向产业上下游"突进"，实现"全线自研 + 产业链可控"。小鹏汽车旗下的"小鹏汇天"，还立志于用汽车的体系和思维，让飞行器走进千家万户。广汽埃安进军充换电生态，以超倍速电池、A480 超充桩、超级充换电中心等自主创新产品"开路"，计划 2025 年在广州建设超 1000 座超级充换电中心，实现 1.5 公里半径覆盖，助力广州率先打造成为全球首个"超充之都"。广州汽车产业需要在更广阔的天地中为广州先进制造业蹚出一条高质量发展的新路。

25 年前，广州产业大转型，诞生了广州本田汽车。经过年产 3 万辆、6 万辆、12 万辆、24 万辆生产能力阶段的工程改造，5 年内实现了日产 1000 台的目标，广州因此快步成长为汽车生产大市，产业结构走向了高端化时代。① 进入新能源汽车时代，广东省又一跃成为世界规模最大的新能源汽车生产基地，2023 年占全国新能源车产量的比重稳定地超过 40%，同时建立起了涵盖广佛肇和深莞惠 6 座城市的最为完整的新能源汽车生产体系，比亚迪、广汽埃安和小鹏横空出世成为世界著名的新能源品牌。比亚迪生

---

① 《率先转变超大城市发展方式，广州区域协调发展如何探出新路？》，《南方都市报》，2023 年 7 月 26 日。

产第一百万辆新能源汽车用了 13 年，又用了 1 年，生产第二个一百万辆，六个月后，生产了第三个一百万辆。新能源汽车与新能源产业已经成为广东高质量发展的标志和重要支撑。①

---

① 《比亚迪第 500 万辆新能源汽车——腾势 N7 正式下线》，《羊城晚报》，2023 年 8 月 9 日。比亚迪董事长兼总裁王传福回忆了比亚迪从 2003 年涉足汽车行业，20 年来的发展历程。当谈到创业途中的艰辛时，王传福在现场几度哽咽。王传福表示，比亚迪刚从电池行业转到汽车行业时，各种质疑和嘲笑声都扑面而来。2003 年 1 月，比亚迪在宣布收购秦川汽车后，港股股价从 18 港元暴跌至 9 港元；在近两年的销量爆发式增长前，比亚迪不管是在技术路线的选择，还是在研发的投入上，都曾经历过"至暗时刻"。(参见郑祥琥：《比亚迪之父王传福》，中央编译出版社，2009 年)

第五章
松山湖的故事

创新是永恒的主题，是追求高质量增长的不竭动力。强大的基础研究是建设世界科技强国的基石，尤其是面对国家重大需求和具有重大应用前景的原创性基础研究更是创新之根。东莞在加工型经济风头正劲的时候，谋求高点转型，用最珍贵土地，迎来"最不产生GDP"的基础研究的国之重器，依托中国散裂中子源等重大科技基础设施，规划建设松山湖科学城，成为粤港澳大湾区支撑科技创新的一个重要科学平台。松山湖科学城正在汇聚重大科技基础设施集群，国际一流的前沿基础研究平台、大学和科研机构；正在边界地区塑造高新技术产业与科技研发中心，重构经济地理格局。位于东莞、深圳两大城市交界处的松山湖，作为粤港澳大湾区创新资源最密集、自然资源最优越的地区之一，也已成为东莞市的创新引擎、广东省的创新高地、广深港澳科技创新走廊的重要节点之一。

无 GDP 无税收的中国散裂中子源落户东莞

中国散裂中子源（CSNS）是我国迄今为止最大的科学装置，也是发展中国家拥有的第一台散裂中子源。2018 年，扎根东莞 10 年的陈和生获颁"东莞市科学技术奖特殊贡献奖"。这座城市，用这一至高荣誉，表达了对以陈和生为代表的科学家们的最高敬意与认可。陈和生说："十年前，项目建设之初，正是东莞产业转型升级开始的时候，这么多年过去，我亲身感受到了东莞科技创新、产业转型的巨大成就，看到了一批高科技企业、众多科研机构在东莞聚集、壮大。"① 他是参与奠基及引领东莞从世界装配型工厂蜕变为创新中心城市的科学家群体的优秀代表。

2022 年 12 月 8 日，在大湾区科学论坛湾区科创峰会上，陈和生院士又讲述了这个故事。

"1999 年，我当时是中国科学院高能物理研究所所长。我们首先提出来建设中国散裂中子源，因为它对国家发展战略中很多关键领域以及基础科学前沿研究非常重要。2000 年中国科学院提交《中国高能物理和先进加速器发展目标》，其中规划了建设散裂中子源，科教领导小组原则同意。随后我们开始寻找散裂中子源的落户地点。我们首先考虑的是北京，但是从昌平一直找到燕郊、大兴，竟找不到一个愿意接受散裂中子源的地点。当时许多地方政府的认识是'你们既不产生 GDP，也不交税，来了后没有什么用处'。时任中国科学院院长路甬祥提出：中国的大科学装置不应该只集中在北京、上海，应该优化布局，特别是广东。珠江三角洲地区改革开放做得非常好，国际交流非常广泛，经济实力雄厚，可以支撑大科学装置的发展，同时珠江三角洲地区有发展科技、产业升级的迫切要求。散裂中子源应该考虑到珠江三角洲地区发展。转机出现在 2006 年 2 月，在广东省发改委的一个会议上，我跟广东省发改委领导同志谈了这个想法后，双方一

---

① 《揭秘 | 中国散裂中子源项目为何落户东莞大朗?》，南方 PLUS，2018 年 5 月 7 日。

拍即合，很快就达成协议。2006 年 5 月，我带队到珠海、广州萝岗和东莞选点，最终选中了东莞。2011 年 10 月，项目动工。按计划用了 6 年半时间完成了散裂中子源的建设，使得中国成为世界上第 4 个有散裂中子源的国家，为我国世界前沿的基础研究，以及解决国家发展战略的许多关键瓶颈问题，提供了重要的平台。它的意义是非常重要的。当时还没有粤港澳大湾区的概念。我们建成后，就成了粤港澳大湾区支撑科技创新的一个主要科学平台。2020 年 7 月 27 日，国家发改委批复粤港澳大湾区综合性国家科学中心先行启动区，一个是松山湖，一个是深圳光明区。松山湖得益于散裂中子源的建设，光明区紧靠着松山湖，一山之隔。散裂中子源建成后，也得到了广东省的大力支持，广东省、东莞市和深圳市投入近 10 亿元修建了 8 台实验终端，当时建成时只有 3 台。现在，散裂中子源二期工程已纳入国家'十四五'重大科技基础设施发展规划。2021 年 3 月国家'十四五'规划明确了支持北京、上海、粤港澳大湾区形成国际科创中心，要建立上海张江、安徽合肥、北京怀柔和粤港澳大湾区这 4 个综合性国家科学中心。"

东莞与中国科学院情定大亚湾

2016 年中国科学院高能物理所迎来高光时刻。2016 年基础物理学突破奖颁给了对发现中微子振荡有贡献的 7 个领导人和他们领导的 5 个研究团队。其中包括中国科学院王贻芳院士和他所领导的中国大亚湾中微子实验团队。该团队在 2012 年 3 月率先发现中微子的第三种振荡模式，并精确测量出其振荡概率。大亚湾实验由中国科学院高能物理研究所主持，是中美两国在基础研究方面最大的国际合作项目，中方承担全部实验室建设和一半的探测器研制，美方承担约一半的探测器研制，俄罗斯、捷克，中国香港和中国台湾都对实验建设和科学研究作出了重要贡献。从 2003 年开始，历经了 4 年酝酿、4 年建设和 9 年运行，2011 年底大亚湾实验正式运行取数，科研人员仅用 55 天的数据就发现了一种新的中微子振荡，并取得前所未有的精度。① 这一发现被《科学》杂志评选为 2012 年度十大科学突破之一，获得 2016 年度国家自然科学奖一等奖、2016 年度基础物理学突破奖以及 2019 年度未来科学大奖等多个奖项。2016 年 11 月 10 日凌晨 2 时，王贻芳院士对万里外连线的深圳记者说："大亚湾中微子实验项目得到了深圳市政府、中广核集团，还有广东省政府的大力支持。""利用核反应堆测量参数值最便利，几乎所有高能物理科学家都知道。但有哪个核电站会允许在离反应堆仅几百米的地方，施工建设一个大型地下实验站呢？""中广核集团不仅同意建设，而且还出资 3500 万元。深圳市政府专门召开多个委办局参加的现场协调会，中心内容就是务必确保大亚湾实验工程顺利开工。科技部、中国科学院、国家自然科学基金委，广东省、深圳市和中国广核集团，共同出资 1.57 亿元支持实验顺利开展……"当年东莞有关方面就积极参与了这项重大基础物理研究。

从产业园区走向科学园区：松山湖的变化

综观国内外，加州有硅谷，北京有中关村，上海有张江，深圳有南山……几乎每个大城市都有一张"科技名片"。自 20 世纪 90 年代中期起，东莞在迈向"世界工厂"的路上，代工厂从遍地开花逐步走进工业园区，镇街经济与园区经济逐渐统一，支持了东莞的城市化与工业化。进入 21 世纪，东莞要转型，要向高端发展，要向科技创新要生产力，要走新园区、大创新之路，再也不能走过去的老路，东莞把眼光瞄向了大岭山、寮步、大朗三镇交会处的松木山，在这个山清水秀的地方规划出一片全新的热土。②

松山湖科学城位于东莞、深圳两大城市交界处，是广深港澳科技创新走廊的重要节点之一，也是粤港澳大湾区创新资源最密集、自然资源最优

---

① 《大亚湾反应堆中微子实验装置正式退役》，《中国科学报》，2020 年 12 月 12 日。
② 《深圳都留不住华为，为何松山湖可以？》，东莞万科：https：// www.zhihu.com/question/375625069/answer/1242927085。

越的地区之一。依托中国散裂中子源等重大科技基础设施规划建设的松山湖科学城，包括松山湖高新区大部分区域，以及大朗镇、大岭山镇、黄江镇部分区域，核心区规划面积90.5平方公里（含水域），协调区规划面积41.7平方公里。

1958年，东莞第一大水利工程启动，500多口人的宝陂村村民举家迁离，宝陂村成为历史。2001年，东莞市超前谋划发展模式转型和创新，逐步深化了开发建设松山湖地区的设想。2001年7月，东莞连续召开了两次市委常委、副市长联席会议，经过广泛深入讨论，通过了兴办大型工业园的设想，并定名为松山湖科技产业园。2001年10月，东莞市决策目标有了新提升，将松山湖定位为未来东莞的经济科技中心。广东省对东莞下决心构建新的东莞发展模式高度赞同并给予大力支持。当年11月，省政府批准松山湖科技产业园为省级高新区。要求要使松山湖成为东莞产业升级和整合的龙头，东莞从制造业城市向创新型城市转变的载体。①

2002年1月10日，松山湖科技产业园奠基，园区内有近8平方公里的淡水湖，生态环境优越。10倍于世界卫生组织规定的"空气清新"标准的负氧离子含量，6.8倍于全国标准的人均绿地面积，70%以上的自然绿地覆盖率。松山湖代表了当时国内城市集群设计的最高水平。这个从诞生之初就获得万众瞩目的高新区，一步步完成自身的蝶变：2010年成功获评国家级高新区，2015年9月，经国务院批准建设珠江三角洲国家自主创新示范区。

20年过去，如今松山湖各类智能制造企业聚集，新型研发机构林立，郁郁葱葱，充满勃勃生机，已成为广东省的创新高地、东莞市的创新引擎。建立新一代的现代产业体系，近400家国家高新技术企业进驻，园区已有近6000家企业入驻。世界第四台散裂中子源，中国最大科学装置南方先进光源，规划90.52平方公里创新高地松山湖科学城，将打造成珠江三角洲大装置集群核心、国家级科技创新策源地。东莞，以其处于广深科技与经

---

① 《松山湖科学城：勇担科创新使命，聚力建设一流科学城》，《南方日报》，2023年2月23日。

济走廊中心位置而被看好，而松山湖，作为东莞科技创新高地，影响着东莞未来经济科技走向。

松山湖科学城正在汇聚重大科技基础设施集群，国际一流的前沿基础研究平台、大学和科研机构，努力实现更多"从 0 到 1"的突破。筚路蓝缕，以启山林，功不唐捐，玉汝于成。20 年前，东莞在加工型经济风头正劲的时候，谋求转型，谋求高点转型，用最珍贵土地，迎来"最不产生GDP"的基础研究的国之重器。在外部冲击袭来、经济衰退时，几届领导班子坚持做一件事——转型。最终驱散了阴霾，迎来了朝霞满天。东莞转型仍在路上，还会有磕磕绊绊，但是没有过不去的沟坎！

抢椅子与分椅子

城市间的经济增长关系，往往被称为"抢椅子的游戏"。抢椅子是一种零和博弈，一个城市成功吸引了项目，可能会出现一连串的反应。一个项目会带动另外的项目，产业链越强的一方会形成对周边的虹吸效应。往往会产生"大树底下草都不长"的感叹，形成一种锁定效应。① 深圳和东莞是引人注目的，东莞似乎从来没有被深圳锁定，而是与深圳不断交融。深圳和东莞演绎着构造一个"巨大经济城市"的故事。时间空间的壁垒，在深圳和东莞最大限度地被浓缩。经济城市则被不断放大，行政界限变得

---

① 锁定效应一般是指，某个历史偶然事件或随机事件，如经济特区建立，诱发了先发优势，更多企业进入后，产生了示范效应和集聚经济效应，吸引了更多的企业进入，对周边地区的人口和企业产生了一波又一波的吸引作用，使周边城市难以发展，产生了路径锁定效应。科技革命会对城市发展产生不可预测的非预期的外部冲击，传统产业衰退，引发新产业选择新的城市，而不是既有发达的城市。由此形成"江山代有才人出，各领风骚数百年"的替代效应，这被称为是路径解锁。早期的研究过于强调偶然或随机性造成的锁定效应，但是更深入的理论研究则表明，科技知识创新与新兴产业崛起形成了动态的产业升级过程，并非必然在先行城市发生。先行城市是锁定周边城市，还是因为被超越而形成解锁，决定于城市的新知识、新产业技术创造和吸收能力。因此，锁定与解锁不是偶发的不可控的现象，而是与创新机制的培养形成有着密切关系。深圳与东莞跳出被锁定的状态就在于在实践中探索出了适宜的步步升级的产业创新模式。在《城市的胜利》一书中，格莱泽讲述了底特律从先行到衰落的过程，底特律令人可怜而又可悲的是，在汽车公司放弃了创新而专注于大批量生产之后，他们再也看不到把工厂设在这座城市给他们带来的任何好处了。该书由刘润泉译，上海社会科学院出版社 2012 年 12 月出版。

模糊起来。东莞不断以新的姿态拥抱深圳。最先拥抱深圳的第一梯队，松山湖是其一。在东莞，几乎没有哪个地方像松山湖一样，能同时成为莞深两地的骄傲。这种骄傲是多维度的，从政府到产业，从产业到居民。深圳对松山湖，同样有着不同寻常的喜爱。松山湖给深圳人一种天然的亲近感——同样的技术产业氛围、同样的绿茵大道与建筑风格，甚至连人与人之间的性情都极为接近，走在松山湖，宛如深圳的南山科技园，创新文化、创新追求在此相聚。每到周末与节假日，成千上万的深圳人流连在松湖烟雨与华为欧洲小镇。松山湖是一个特殊的存在，一个即便不与它产生交集，也愿意去赞美它的地方。松山湖与深圳光明科学城联体的科学城，串联成广深科技创新轴。松山湖科学城至深圳光明科学城通道（东莞段）首期工程已于 2020 年 3 月动工，这是广深港澳科创走廊的中轴线。①

越摘越多的桃子

基础研究在于解释世界，本身无价。一旦用于改造世界，将产生难以估量的价值。散裂中子源在材料科学和生命科学领域应用的重要前景是可以看穿材料的微观结构，科学家们一直希望有一种高亮度的中子源，能拍摄材料的微观结构。散裂中子源就是一台这样的超级显微镜，通过和样品发生相互作用，研究样品的"DNA"。借此，科学家能在原子、分子的尺度上"看见"各种物质的运动规律。这当然对材料科学和技术、生命科学、物理、化学化工、资源环境和新能源等领域的研究意义重大。

大科学装置的作用在于为更多的研究者提供应用广泛的试验平台。中国散裂中子源在达到设计指标、实现稳定运行后，启动二期工程立项，开始后续谱仪建设和进一步提升束流功率。为吸引更多科技基础设施项目落户，东莞市同中国科学院高能物理所正在进行新的大科学装置的前期筹备和预研工作，形成大科学装置集群。其中，光源和散裂中子源是

---

① 戴春晨、李天南、李汶哲：《大湾区创新带变阵：广深港澳超级"廊道"重塑科创格局》，《21 世纪经济报道》，2018 年 9 月 15 日。

互补性的，两者的配合可以产生 1 + 1 > 2 的效果，这在国际上已经有成功的范例。2017 年 8 月，中国散裂中子源顺利实现第一束质子打靶，产生了第一束中子，调试速度远超过国际上其他散裂中子源，证明设计科学、设备研制质量优良，安装调试水平高。东莞加快散裂中子源的中子散射实验研究和应用，并加紧用户谱仪建设。其中东莞理工学院与中国散裂中子源合作建设的多物理谱仪进展最快，有望成为第一台投入运行的用户谱仪，助力东莞理工学院的"高水平理工科大学"建设，作为粤港澳大湾区科技创新中心的核心大科学装置。中国散裂中子源正在凝聚大批国际顶尖的科技人才。

中子源路沿线，中国散裂中子源、南方光源研究测试平台、松山湖材料实验室、香港城市大学（东莞）等串珠成链。松山湖材料实验室"基于材料基因工程研制出高温块体金属"和"实现尺寸最大、晶面指数最全单晶铜箔库的可控制备"，分别入选"2019 年中国科学十大进展"及"2020 年中国重大技术进展"。实验室研究团队还参与到我国首批月壤样品研究之中。

眼见这里从一片郁郁葱葱的荔枝林，建设成为群山环抱的现代化科技园区，散裂中子源也渐渐成为东莞最为骄傲的科技明珠。巍峨山北麓规划建设用地 4.4 平方公里，保障散裂中子源二期及松山湖材料实验室等重大项目落地。工欲善其事，必先利其器。中国散裂中子源的建设就像是一把利器，松山湖材料实验室紧邻和依托中国散裂中子源，正合天时、地利，也创造了跨学科合作的人和。"掌握材料，掌握未来"，松山湖材料实验室是广东省第一批省实验室之一，中子散射技术的研发和中子散射与材料实验室的合作是解决前沿科学和技术中的诸多"卡脖子"问题的重要尝试。

香港城市大学（东莞）、东莞理工学院、广东医科大学（东莞校区）、松山湖国际创新创业社区等是进一步集聚世界一流大学或学院、新型研发机构、科技企业孵化器，加强产学研创空间融合，促进科技成果高效产业化的重要载体。新材料产业中试验证与成果转化区位于松山湖西南岸及科学城大岭山片区，利用相对充裕的土地资源，重点拓展新材料等松山湖科学城发展基础相对薄弱的战略性新兴产业，形成主题集聚的中试验证与成果转化片区。①

与顶级科学家毗邻、并肩骑行、擦肩而过

在粤港澳大湾区综合性国家科学中心先行启动区内，坐落着著名的松山湖生态景区。这里，葱郁的荔枝林绵延起伏于峰峦叠嶂之间，清幽的小路蜿蜒消融在湖天一色尽头。远处孤鹭携朝霞共飞，近岸紫荆和黄花风铃争艳。环湖高新科技研发和产业云集，塑造出一幅"科技共山水一色，新城与产业齐飞"的妙趣景象。环抱着松山湖的是一条弯曲悠长的滨湖路。路边零星盘踞着蟠龙般的榕树，偶尔又有纤细挺拔的翠竹簇拥在一起。日后，在松山湖南，与你毗邻而居、擦肩而过，或是与你肩并肩骑行的普通人，可能就是世界顶尖的科学家，是一群引领着世界未来发展的并不普通的人。

中国科学院高能物理研究所东莞分部已经培养出一支年轻的加速器和中子散射研究队伍，青年一代科学家赶上了中国大科学装置支撑带动技术发展的黄金时代，在松山湖快速成长起来。中国散裂中子源的建成，吸引了越来越多的顶级物理学家、材料学家以及他们的全球合作伙伴。德国材料科学家弗兰克·克洛斯（Frank Klose）和同为材料科学家的妻子一起来到了广东。克洛斯的主要研究方向是设计数据存储设备和用于氢动力汽车的传感器，"中国散裂中子源中的仪器对地球、环境和能源科技，以及物理、化学、材料科学而言将是极为有价值的"。散裂中子源落户东莞，港澳地区的大学"近水楼台先得月"，开展合作研究和培养应用人才，建设相关的学科的科学产业集群不断膨胀起来，会进一步增强科学与产业集群相

---

① 《落户东莞一年半，松山湖材料实验室如何改变这座城市？》（南方PLUS，2019年6月17日）中写道，纵观国际，无论是英国卢瑟福实验室，还是美国橡树岭国家实验室，以及日本材料科学国家实验室、德国亥姆霍兹研究中心等，通常都是依托同步辐射光源、散裂中子源等综合性大科学装置，通过高度共享的大科学装置的开放运行，推动多学科先进技术的交叉融合，吸引和集聚大批优秀的国际科学家开展尖端科学研究。

互提升，除将加速传统制造业转型升级外，高端前沿科学布局，成为东莞打造新的创新产业，新能源、人工智能和生物医药的坚实基础。前沿新材料科学，带动了人工智能材料、先进制造材料、生命材料和第三代半导体材料等材料科学的前沿基础研究、应用基础研究和应用开发研究。目前大湾区范围内 10 多所著名高等校院共同参与触角更广，更具深度、更接近产业化的研究。

人才是发展之本，着力于引进资深和培养年轻有为的中青年国际中子散射专家和青年科学家的重要性是毋庸置疑的。"不得不说，相对北上广深，东莞的人才吸引力还有待加强。"这是面临的局限性，更多的国际交流、更广泛的学术碰撞、更持久的耕耘，松山湖才能最终走向世界级的科研殿堂。①

创新是永恒的主题，是追求高质量增长的不竭动力

党的十九大报告指出："要瞄准世界科技前沿，强化基础研究，实现前瞻性基础研究、引领性原创成果重大突破。""十四五"规划建议中提出坚持创新在现代化建设全局中的核心地位，把科技自主自强作为国家发展的战略支撑，摆在各项规划任务的首位，并且进行专章的部署，这是党在编制五年规划建议历史上的第一次。

进入知识经济时代，创新与科学领域的新理论新发现的关系更加密切，

---

① 范佳乐：《松山湖畔风乍起，科技之光耀中华——记松山湖材料实验室首席科学家、中国科学院物理研究所杰出研究员赵金奎》，《科学中国人》，2021 年第 18 期。

"中子很难获取，需要大量的资金投入来建设庞大的仪器设备。"据赵金奎介绍，高通量的中子源包括反应堆和散裂源。其中，散裂中子源是由加速器提供的高能质子轰击重金属靶而产生中子的大科学装置。中国散裂中子源建成后，成为发展中国家拥有的第一台散裂中子源，和正在运行的美国、日本与英国散裂中子源一起，构成世界四大脉冲散裂中子源。但与美国的散裂中子源相比，中国散裂中子源无论是资金投入还是设计功率都要小很多，这是基于我国当时科学技术发展的国情和实际需要。但中国的散裂中子源也有其特点：它在构型和重复频率上采用了独特优化的设计，能够满足我国大部分科研的需求。"因地制宜，走出特色"，成为中国散裂中子源的魅力所在。中国散裂中子源的建设就像是一把利器，为我国在前沿材料科技研究和解决众多"卡脖子"问题开辟了新的途径。

创新对知识创造依赖更强，知识转化能力的要求更高，科学的重要性更加突出。自第二次世界大战以来，科学论文发表数量每年的增长率在 8% 到 9% 之间，这意味着全球知识存量每 9 年就可以翻一番。知识的快速积累使科学活动日益成为社会和经济发展的中心。2021 年，习近平总书记在《求是》杂志发表题为《努力成为世界主要科学中心和创新高地》的文章就指出，"科学技术从来没有像今天这样深刻影响着国家前途命运，从来没有像今天这样深刻影响着人民生活福祉"，"中国要强盛、要复兴，就一定要大力发展科学技术，努力成为世界主要科学中心和创新高地"。2020 年 12 月，美国国家科学院发布《无止境的前沿：科学的未来 75 年》报告，再次重申基础研究对美国长期经济增长的关键作用。[①] 强大的基础研究是建设世界科技强国的基石，尤其是面对国家重大需求和具有重大应用前景的原创性基础研究更是创新之根。世界现代产业发展史表明，追赶型大国在接近世界技术前沿时，需要建立强有力的基础（科学）研究体，强大的基础研究能力的发展能够促进知识积累和技术创新，企业、城市与国家因此而实现可持续的高生产率的高质量内生经济增长。

外源性知识要内生化：深圳与周边城市的关系

东莞和深圳非常相似的是，在一棵大树边上，纤细的小树顽强地长

---

①　1945 年，万尼瓦尔·布什在《科学：无尽的前沿》报告中提出了基础研究是一切知识的源泉，基础研究的发展必然会为社会带来广泛的利益。基础研究将创造新概念、新原理，产生新产品、新工艺，最后催生出新产业和增加就业等。1994 年美国《科学与国家利益》的报告进一步指出，科学是利润丰富、无穷无尽、可持续发展的资源，强调科学知识是达到国家目标的必要条件。任正非讲到华为创新时说，第二次世界大战结束后，美国发现自己是跟在欧洲后面跑，因为美国基本上没多少基础理论积淀。万尼瓦尔·布什之后 50 年，普林斯顿大学教授斯托克斯的《基础科学与技术创新：巴斯德象限》更为系统地讨论了如何把"无用"的科学聚集起来变成有用的。华为公司也开始重视基础理论研究，每年投入 30～50 亿美金用于基础理论研究。华为和大学并驾齐驱、互相嵌入式地共同研究这些看似无用的科学。这些年由 7000 多位高鼻子的外国科学家、专家，13800 多位留学生，大多数是博士，再加上 10 多万中国的优秀学生，组成研发队伍，才扭转了困难。（整理自《今天我们汇聚一堂，明天我们将奔向四面八方——任正非与 ICPC 基金会及教练和金牌获得者的学生的谈话纪要》，ICPC 北京总部官网，2023 年 9 月 19 日）

成秀丽挺拔的白杨。四十多年前，深圳河两岸出现了"前店后厂"的模式，20世纪90年代中，"前店后厂"模式越过深莞边界，进入东莞。深圳先行，从模仿走向制造，从制造走向了创新中心。东莞紧随其后，复制并放大了深圳的故事。四十多年来，"前店后厂"模式既没有将深圳也没有将东莞锁定在加工装配的模式之中。当深圳转向创新中心时，东莞是否会被锁定于制造模式，形成深圳研发而东莞制造的分工格局，引起广泛关注。令人目不暇接的形势变化是，深圳创新并未将东莞锁定单一制造中心上。东莞快速进入从科学研究到产业创新的轨道。深圳和东莞爬台阶式的发展模式转换，无疑是不多见的。大树底下能长草，能长出新白杨树，可能是土壤变了。

大树下不长草，源自大树的树根粗壮，支撑着大树挺立在暴风之中，大树树根坚韧，绕过岩石深入地下，大树的树根绵长地伸向黑暗的远方，吸尽水分和营养。大树的枝条粗壮而挺拔，不似弱柳那般低垂，向上伸展，拥抱着阳光、拥抱着春风，茂密的、大大的、葱绿的树叶贪婪地吸吮着阳光。一座大城市依靠着规模巨大的产业和人口，如同大树一样遮蔽阳光，吸收养分，周边城市就会被锁定。

外源性成长的秘密在于，小草小树能够在大树之外获得可供成长的养分。当年的深圳依赖"四个90%"，让漫山遍野的中小企业可以到北京寻找创新的灵感、创新的思想、创新的技术和创新的人才，成就了深圳的转型之路。东莞重写了深圳的故事，但是更具有系统性和前瞻性。北京作为全球最大的单一高端科学创新中心城市，群居的高校、研究机构和人才需要寻找一块未经开垦的科学处女地的时候，东莞迎来了模仿北京，会当凌绝顶、一览众山小，从上至下的高端创新机遇。

回首深圳走过的创新历程，从南山高新区创新动能聚集的过程是渐进的，相对是缓慢的，却因此具有了更加突出的根深叶茂、枝干挺拔的大树特征，也因为创新企业能够共沐创新阳光、共享创新的分工协同、共享创新的经验而形成了强大的内生的知识创造过程。引入的外源性知识，因此变成了可以持续积累的内生性的知识，创新的土壤因此不断肥沃起来。共享邻近学习与匹配成为内生的高产田。

一般说来，一座城市的内生创新能力和动力可以从多个角度的比较中折射出来。比如，从城市研究开发费用占城市 GDP 的比重，深圳稳定地排在国内城市及世界性大城市的前列；再比如，创新产出从源头上看是科学论文，从科技转换能力看，是发明专利。当然，授权发明专利还会有质量水平的差异。在这方面，我们可以看到，在我国城市中，创新性专利数量最多的城市是北京，上海位居第二。但是在过去二十年，深圳迅速追平了上海，与上海并肩，并缩小与北京的差距：从十年前不足北京的 50%，到超过了 60%。从市场竞争角度看，企业申请专利的目的就是要运用法律手段，保护自己的知识产权不受侵犯。美国、欧洲与日本专利局管辖着国际竞争最激烈的市场，发明专利授权和保护机制最严厉。2019 年与 2020 年，深圳在上述三大专利局公开受保护的专利占中国大陆城市的 44.6%，是北京的 1.78 倍、上海的 4.25 倍。从人均有效发明专利看，北京是深圳的 1.3 倍，深圳已经是上海的约两倍。实际上，还有一个指标特别适宜于衡量一座城市内生性和外源性创新之间的关系，那就是城市的科学论文或是发明专利中，有多少来自本市科学家或是本市发明人，有多少是本市与外市的合作。从指标变化的动态看，来自本市所占比例出现上升时，显然是创新从外源性引进逐渐转向了内生性创造。从深圳的经验看，过去二十年，深圳企业与国内外几十座城市的企业合作开发发明专利。深圳企业自有知识所占的比例升了一倍，达到约 25%。知识在深圳积累，在积累中不断创新，内生化创新能力大大提高。①

非"边缘"的边界地区

深莞惠都市圈是中国大城市地区中一个独特的存在。究竟是什么样的机制将深圳、东莞、惠州三座城市"粘"成有机联系的区域？深圳市城市

---

① 尹德云、唐杰、胡里奥·拉弗：《创新生态系统与发展中国家的赶超：来自深圳的证据》（*Innovation ecosystems and catching-up in developing countries：Evidence from Shenzhen*），联合国知识产权组织 2022 年发展报告系列。

规划设计研究院联合位和科技，以跨深圳与东莞、惠州两市边界地区为空间切片，对深莞惠都市圈内部边缘地带的经济社会空间特征做了深度解析。[①]

跨深圳与东莞、惠州边界地区（以下简称边界地区）成为企业选址与人们择居的重要选择地。尽管边界两侧的空间身份各异，但若乘坐城际列车或驾车驶过深莞、深惠边界，沿路的景观并无变化，人们感受到的是十分"模糊"的城与城之间的界线体验。深圳市城市规划设计研究院吴晓莉团队以邻近深莞惠行政边界地区的乡镇边界为单元划定边界地区，三市边界地区面积2422平方公里，占深莞惠区域总面积15.4%，企业数量占到了深莞惠区域内总企业数的28%；居住人口数量（1848.85万人）、工作人口数量（654.13万人）更占到深莞惠总居住人口数的37.7%和总工作人口数的34.8%。

传统上，大城市外围地区主要承担制造业、批发零售和仓储等一般服务业职能，通勤社区建设往往带动房地产业发展。深莞惠边界地区则表现出在信息传输、计算机服务和软件业、科学研究和技术服务业领域的相对集聚特征。深莞惠都市圈重塑经济地理的过程中，伴随企业间更大规模的前后向生产协作需求，促使企业选择相近区位，引发企业空间集聚现象。在深圳中心城区集聚以科技创新、金融商务为代表的高级生产性服务业之时，一般服务业向市域边缘集聚，制造业空间呈现向东莞、惠州外推态势。深圳在电子信息产业及科研方面仍具集聚优势，但科技创新企业在松山湖等地点的快速集聚，正在边界地区塑造高新技术产业与科技研发中心，重构经济地理格局。

深圳比邻东莞边界的宝安区沙井、松岗街道与东莞比邻深圳边界的长安镇，以及东莞塘厦镇、凤岗镇与深圳龙华区观澜、观湖、平湖街道已经形成连绵的跨界企业集聚区，而同等程度的集聚在深、惠边界地区尚不明

---

① 深圳市城市规划设计研究院联合位和科技联合发布了《城市边界上的边缘城市》（2020年4月12日），对深莞惠城市圈的发展进行细颗粒的经济地理研究，具有很高的研究价值和实践意义。

显。东莞松山湖地区已经形成位于边界单侧的企业集群。批发零售业、制造业在四大板块的空间集聚度均较高，表明边界地区在深圳的服务经济运行中扮演基础性角色，也反映了深莞惠作为制造业基地的整体产业属性。房地产业在惠州临深圳板块显著集聚，似乎印证了这一地区作为房地产开发与置业热土的特征。而信息传输、计算机服务和软件业以及科学研究和技术服务业在板块尺度的空间集聚特征尚不显著。边界地区的批发和零售业相对集中分布于深圳的沙井、松岗、燕罗、观澜、平湖、龙岗、坪地和葵涌街道。一般服务业企业在东莞、惠州的集聚水平尚不及深圳。

制造业企业集聚高地出现在东莞长安、大岭山、大朗、黄江、塘厦、凤岗、清溪镇以及惠州新圩镇、秋长街道。制造业在边界地区东莞、惠州的集聚水平已经高于深圳。电子信息是粤港澳大湾区东岸最重要的产业基石。反映电子信息类生产制造及部分技术研发环节活动的信息传输、计算机服务和软件业总体上呈现深圳集聚水平高于东莞、惠州的空间分布特点，且主要集聚于深圳的龙岗、坪山中心区以及东莞松山湖地区。更高级生产性服务业形态，科学研究和技术服务业在深圳集聚水平高于东莞、惠州。松山湖出现了明显的集聚，俨然已经成为区域内重要的科技研发中心。

惠州临深板块的新圩镇、秋长街道、淡水街道和大亚湾办事处是边界地区内房地产企业最为集中的地区。楼盘项目不仅面向本地就业人员，满足其需求，也成为部分深圳市民的通勤社区。工作在深圳、居住在惠州大亚湾的"跨城通勤"开始成为新的选择。

企业是城市间产业集聚与扩散的核心力量。边界地区新兴高新技术产业与科技研发中心的头部企业成为经济社会演化的重要支点。华为、OPPO、vivo、比亚迪等龙头企业将边界地区激发为提供大量优质岗位、吸引人才资源的重要就业空间，以及厚植上下游关联产业的经济沃土。一大批企业根深叶茂，围绕这些头部企业形成的跨界就业、居住簇群与产业生态群落，已经成为一种全新的城市—区域空间景象。

从南山起家、于坂田壮大的华为，自2005年开始在东莞布局，位于松山湖的南方工厂此后一直承担着华为制造基地的角色。2018年，华为将终端总部迁至松山湖溪流背坡村。人口定位大数据显示，华为终端总部、华为南方工厂的工作人口规模分别为1.94万人、2.28万人，位于深圳坂田的华为总部基地日常工作人口仍有2.53万人。在东莞松山湖溪流背坡村工作的华为员工中，超过48.9%居住在深圳并跨界通勤，其中约一半（24.3%）住在坂田华为总部基地所在的龙岗区，居住地未随就业地搬迁；华为南方基地的跨莞深通勤人员比例超过13%。而在坂田华为总部基地工作的华为员工中，居于东莞的人员比例为2.9%。华为三大基地的跨城通勤人员总体规模超过1.32万人，占总就业人数的19.6%。

由步步高的肌体上生长出的OPPO和vivo两家一线企业均位于东莞长安镇，距离深莞边界不到2公里。OPPO工业园与分散在长安镇的十余个vivo厂区是这一地区最大的智能手机制造基地，并已形成以手机制造为主，元器件、模组、电池及周边配套为辅的产业集群格局。集管理、研发、生产于一体的vivo总部基地在东莞滨海湾基地落成。1.17万OPPO工业园就业人员中，92%居住在东莞本地，跨深莞通勤人员占比超过5.2%。生产服务职能比重更高的vivo总部基地0.62万员工跨深莞通勤比例大于12.1%。

作为国内新能源汽车引领者的比亚迪从深圳的一家电池研究所起步，今总部位于深圳坪山，并在深圳龙岗、大鹏和惠州大亚湾经济技术开发区的连片产业区域中拥有多个研发与制造基地，其中规模最大的比亚迪坪山、惠州基地分别拥有1.76万与2.35万就业人员。比亚迪坪山基地的深圳本地通勤人员占比约为85%，74%的通勤行为甚至在坪山区内部完成，但跨深惠通勤人员比例也超过了13.2%；生产制造环节比重更高的比亚迪惠州基地就业人员跨深惠通勤人员比例仅为5%。

总体看，松山湖的华为基地、vivo总部基地、比亚迪坪山基地工作人员中跨深圳市域边界的通勤者占比都超过了10%，达到国际通行的功能性城市地区（FUA）通勤比例计量标准，体现头部企业对于紧密"粘连"深莞惠三城边界地区发挥了实质作用。长距离跨城通勤的大规模出现，标志着相关的管理、研发等生产性服务业岗位已经达到了一定的规模。若以工作人员的本科及以上学位比例作为管理、研发岗位成分的指征，则除华为坂田总部以外的头部企业基地呈现显著的跨城通勤比例与管理、研发岗位比重的相关性特征。边界地区企业的生产组织与技术研发特征越显著，企业的通勤圈空间范围越大。

与较大规模的跨界通勤相对应，头部企业也在区域供应链网络中发挥牵引与组织作用。在2019年华为、OPPO、vivo手机的核心零部件供应商名单中，位于深莞惠区域的供应商数量占到中国大陆供应商总数的2/3，其中的绝大部分都位于三市的边界地区。这些企业大多也是苹果iPhone、iPad的核心供应商，为同样位于这一地区的富士康工厂供货。

总之，深莞惠都市圈边界地区的企业布局与就业人员择居现象，折射出微观市场主体对土地、劳动力、住房等要素成本的综合考量。随着企业扩大生产和提升资源配置的需要，企业作出扩建或迁址决策并强化管理、研发活动，就业人员尤其是从事管理、研发活动人员的流动性随之提升，劳动力与上游产品的来源地范围也相应扩大。当前边界地区的企业空间集聚状况，是深莞惠都市圈空间格局下的市场选择结果。头部企业在"松软"的行政板块间隙充分成长，也将供应链体系下的大中小企业一同带到这一地区，将深圳与东莞、惠州交界地区塑造为一个珍贵的产业"雨林"。这些由技术型企业的人员通勤与生产组织支撑起的通勤网络节点与供应链体系枢纽，让"边缘城市"在城市边界上兴起，使深莞惠都市圈形成有别于中国其他大城市跨界地区的空间构成机制和形式。鉴于此，深莞惠都市圈的规划与治理实践，尤须充分考虑空间干预措施作用于这一特殊地区时而可能产生的效应。

第六章　高密度、高质量与高产田

城市之间分工合作关系是动态升级的。大城市是生产性服务业汇聚之地，有利于将人力资本、新知识和新技术传导到制造领域，是推动制造业升级的黏合剂和推动力。当大企业战略从单一项目走向研究开发＋制造时，会引发出一波又一波的产业扩张效应；传统的研发与制造分工，也会逐渐地演化为研发环节的纵向分工。新制造以先进技术为代表引领经济高质量发展，以数据信息为基础的产业链云端分工协作成为主流，成为核心大城市保持竞争力的关键。深圳和广州的故事表明，当一座城市转向高密度发展，具有多个产业时，尽管最初相互之间没有什么技术联系，但也有可能因机缘巧合成为一体化的技术，既可以搭档跳舞更可以集体跳锅庄。中小微企业的创新转化与大企业导入战略同样是高质量高产田发展的重要力量。

"追逐烟囱" 还是追逐研发

在相当长的时间内，消费、投资与出口都是地方政府拉动经济增长的不二法门。过去几十年来，地方政府官员的共同智慧是，通过建立工业园区、招商投资、拉大项目，带动经济和就业增长。"追逐烟囱" 的大公司发展策略也导致了地方政府之间相互竞价，为大企业投资办企业提供各种税收优惠和财政奖励。这不是广东现象，也不只是中国地方政府才有的发展策略，在美国和欧盟发达国家的地方政府也普遍如此。① 从巴斯夫进入湛江，华为进入松山湖，OPPO 和 vivo 双双在长安镇的发展，以及惠州近年来以超常规的举措引进一批具有龙头引领作用的重大项目落地，都非常生动地证明了，地方政府竞逐大企业战略在实现地方经济发展转型中，确实具有立竿见影的效果。

引进的大企业究竟是如何带动地方经济增长的？巴斯夫、华为处在产业链的顶端，OPPO 和 vivo 正在迈向产业链顶端，自然能够享受 "会当凌绝顶，一览众山小" 的优势，可以在更大的范围内配置资源，获得最大的利益。一般说来，大公司的研发端会配置在人才集中的地方，运营总部会偏向人力资源和资本密集的地方，大规模制造会偏向于劳动力，特别是土地和运输成本较低的地方。巴斯夫选择在湛江落地石化产业，当然与港口和连片低价土地有很密切的关系。

大公司不同的配置方式对地方经济的影响显然是不同的。相对于湛江和惠州，东莞正在从 "制造" 向 "创新制造" 转型。在东莞转型过程中，

---

① Aaron Chatterji, Edward L. Glaeser, William R. Kerr, Clusters of Entrepreneurship & Innovation（来源：http://www.nber.org/papers/w19013）。在本文中，几位作者系统回顾了美国崇尚大企业的传统是否有利于激励创新的争论。作者们发现，几十年来，美国地方政府追求就业增长的共同做法是吸引大公司来本地投资。这种 "烟囱竞争" 的做法，导致地方政府之间相互竞价，为大企业投资提供各种优惠政策。然而，企业集群发展的历史成功地挑战了传统的招商引资方式。构建有利于促进本地创新创业集群发展的体制与政策，正在成为新的研究热点。政策制定者开始调整思路，致力于在本区域内打造下一个硅谷，培育创新创业企业，支持热点产业集群发展。

深圳创新与东莞制造似乎是有关两座城市分工合作关系的定式。现在看来，这种看法与当年把香港与深圳和东莞的分工固定化为"前店后厂"模式几乎是如出一辙。在现实中，城市之间分工合作关系一般会是动态升级的。研发为制造服务，研发中心往往会随着制造走，传统的研发与制造分工，会逐渐地演化为研发环节的纵向分工，更高端研发会更聚集，而中低端研究会更分散。华为、OPPO 和 vivo 在东莞的发展，也因此有了更多的项目＋研发＋产业链的特点。华为投资引来了更多供应商在松山湖和东莞其他镇街投资，更多的项目进入就形成了滚雪球效应。华为在松山湖也不再是单纯寻求要素成本低的手机终端装配项目，因为配套企业的聚集，华为在松山湖会向研发前端和供应链的中端移动，对东莞经济增长和就业带动作用会不断放大。同样，OPPO 和 vivo 在长安从一个项目到多个项目，从研发总部到移动互联网战略支撑，从手机向手机一族拓展在摄像头、芯片、液晶屏和检测等关键节点和上下游配套项目与深圳互动。现在，比亚迪也开始加入与东莞合作进行研发＋制造的浪潮。东莞比亚迪在谢岗关键零部件项目，从零部件生产转向新能源汽车发动机的研发、设计与制造。当大企业战略从单一项目走向研究开发＋制造时，会引发出一波又一波的研发＋制造的产业扩张效应。①

　　另一个合情合理的问题是，在没有大公司大项目落地的时候，城市能不能实现高质量增长？影响大企业项目落户选择的因素很多，希望引入大企业的城市肯定会多于大企业可投资的项目数，大家都有招商引资的愿望，但只有少数城市能够获得大企业投资的机会，城市之间也因为这个原因内卷化地比拼优惠政策。深圳一直是个大企业竞相落地的城市，但更是中小微企业茁壮成长的城市。深圳市科技创新委在 2012—2015 年实施的中小微

① 东莞发布：东莞比亚迪新能源汽车关键零部件项目已在东莞谢岗镇动工开建，投资 65 亿元，年产值约 170 亿元，预计 2024 年完工，占地面积约 1045 亩，建筑面积约 122.4 万平方米。重点用于研发、设计、生产制造新能源汽车发动机。作为最重要的研发部门，一般来说是放在总部大本营，迁移或者扩大至外地的项目，一般是终端生产线。比亚迪在西安、上海等十几座城市布局了生产线。研发部门一直在深圳的公司总部，此次在东莞设立研发基地确实引起了广泛关注。显示出深圳与东莞分工格局正在出现新的变化。（第一财经，2023 年 3 月 17 日）

企业的创新支持政策，深圳有 7000 家中小微企业参与其中，很有说服力。

这些企业平均员工数少于 100 人，在三年的时间里，平均每家企业新增加的增加值 1000 多万元，但加起来是从每年创造 332 亿元增加值增长到 1058 亿元，占全市增加值的比重由 2.6% 上升至 6%，远高于同期深圳市的经济增长速度。相当于深圳引进了一家年销售收入超过 4000 亿元的超大型企业。每家中小微企业的平均利润不过是增长了 200 多万元，乘上 7000 家这个数量，利润总量就超过了 140 个亿。这些中小微企业的平均研究开发支出从 271 万元上升为 515 万元，比全市企业研发支出的平均增长速度要快得多，也高于包括了华为等公司在内的优秀大企业的平均增速。专利申请数总计从 2.5 万件上升为 10.2 万件，其中，发明专利申请从 8163 件上升为 3.4 万件，累计专利授权量年均增长 29%，比全市平均水平高了 9 个百分点，发明专利授权数增长比全市平均水平更高，达到了 10 个百分点。这些中小微企业发明专利授权数占全市比重从 4.2% 上升到了 11.5%。深圳的故事表明，中小微企业的创新转化与大企业导入战略同样是高质量发展的重要力量。①

搭档跳舞与一起跳锅庄

蜜蜂是有关社会分工最普通也是最经典的例子。一个蜂群少则 3 万～5 万只蜜蜂，多则十万只蜜蜂高密度地蜂聚在一起，实行极其复杂的集群分

---

①　中小微企业还是大企业创新是一个引人广泛关注与争论的问题。深圳创新发展的经验为观察中小微企业创新提供了鲜活的案例。研究表明，在产业链上进行专业化分工的中小微型创新企业蜂聚在一起，既强化了竞争，也产生了广泛的创新激励与示范协同效应。打破锁定效应的创新政策，需要有足够显著的中小微创新企业空间聚集簇群，创新投入与创新成果应当足够突出，企业创新活动要内生于制度性的竞争生存机制，分工的规模收益递增演化为更加细密的分工体系。创新是产业链节点的占位竞争。创新企业之间为争夺分工产业链节点位置而竞争，分工使得竞争与协同往往同时发生。分工细化，产业链上的企业就越多，产业集群扩张也就越快。企业在竞争中获得产业链上的节点地位，但会面临新来者的挑战。新来的创新者将迟暮的占位者挑落马下，竞争推动了产业链升级。产业多样性意味着产业结构的高级化，这是中小微创新企业持续向上攀登的通道。（唐杰等：《经济增长方式转型中的创新政策》，《比较》，2021 年第 4 期（总第 115 期），本文基于深圳市科技创新委课题 NO.GGFW2016081915584777。课题负责人黄成教授，时任哈尔滨工业大学（深圳）经济管理学院执行院长。）

工体制。每一只工蜂的生命多则数月少则数十天，却会多次转换工作岗位。在同一时间内，每一只工蜂承担一项劳动，不同的工蜂群组在分工中高度协同。蜂群社会因此具有了极高的组织效率。一座拥有几十万到几百万家企业的城市，确实是像极了蜂聚的蜜蜂。没有足够的企业数量，分工就不太可能形成。企业数量多，分工也会产生你中有我、我中有你的相互协同。分工越细致，运行效率越高，产出的蜂蜜也就越高，企业集群和蜂群一样，因为有效分工而有序健康地传承发展。但人类社会与蜜蜂社会最大的不同之处在于，蜜蜂社会复杂的分工协同行为与遵守秩序的行为，并非来源于智慧，而是来源于遗传，是对外部刺激的机械响应。蜂群从来不会分配劳动工作，只是在遗传调控下实现行为的特化。因为没有选择，蜜蜂高密度的聚集并不会产生可供积累的知识。人类社会与蜜蜂社会最本质的不同是，企业不是因为宿命不加选择地承担分工职责的工蜂。企业可以选择、识别、获取和积累知识，在聚集的竞争中形成蜂王。蜂王可能因为创新知识积累的落后而失败，而今天的工蜂，明天可能会因知识创新再度崛起成为蜂王。

城市崛起于企业的蜂聚。知识让每个企业能够选择自己的赛道。一个企业更多的研究开发可以创造知识，蜂聚在一起的企业可以相互传递知识，$1+1>2$ 是可能的。让我们设想一场交谊舞会，华尔兹跳得潇洒、探戈跳得奔放会成为本场的引人瞩目的搭档。一对舞者能够脱颖而出，个人的舞技好是需要的，更需要的是相互依赖的配合意识和行云流水般的配合技巧。个人舞蹈技巧好比是两家企业同处在一个行业，一家有好的音频技术，另一家有好的视频技术。市场上需要音质好的视听设备，高分辨率的对讲设备。两家企业的董事长恰好相遇在同一个交谊舞会上，并成为搭档的舞者，就产生了 $1+1=2$ 的结果。两位董事长还可以进一步沟通，将两项技术组合成一个全新的会议系统，就是 $1+1>2$。我们用一个稍微专业一点的词汇来表达，即相关技术可以组合出一个全新的产品。在这个过程中，两家企业分工做自己擅长的技术，但因为知识传递产生了协同，增加了社会知识。如果一场舞会上，有多位个人舞技水平高的参与者能够成为舞伴，脱颖而出的可能会是多对舞者。现在把一座城市类比成一场交谊舞会，可以发现，同一行业的企业集聚得越多时，企业之间相互传递知识的机会就越多，创新的可能性也就越大。当然，也有另外一种可能性，一座城市有不少的企业，但企业之间是鸡犬之声相闻，而老死不相往来时，企业之间的知识也就不能传递。拥有视频技术的企业，要独立开发音频技术；拥有音频技术的企业，要独立开发视频技术。这样一来，企业的研发效率就会比较低，城市走向创新发展的道路就会比较缓慢。①

当然，城市转向高质量发展，可能因为不相关的技术可以互相传递而骤然加快。这是广东三家新能源汽车企业比亚迪、广汽埃安和小鹏汽车共同的故事。

广汽埃安和小鹏两家企业都脱胎于广汽研究院，不约而同地跨界与电控、电控技术相融合而横空出世。小鹏汽车创始人何小鹏是互联网时代的骄子，而联合创始人夏珩则是科班出身，清华研究生毕业，在广汽研究院工作 6 年，从事汽车控制系统研发工作。2014 年，他们与同样毕业于清华，在广汽研究院负责智能电动汽车研发工作的何涛，以及杨春雷一起开始研究开发新能源汽车，三年后小鹏汽车首款量产车型正式下线。2014 年，广汽研究院成立了一个动力电池研究的先导团队，这就是巨湾技研的前身。巨湾技研主要从事超级快充电池及新一代突破性储能器件及其系统，其研发的极速电池，已量产并搭载于广汽埃安部分车型，最大充电功率达 480

---

① 伯兰特（Berliant）和藤田昌久（Fujita）采用搭档跳舞的比喻来讨论创新的发生过程。思想碰撞出火花会创造新知识。创新需要人与人之间的交流，在 ChatGPT 的时代，人们不仅可以通过互联网交流，还可以在互联网上创造出新的知识。不过，大量的知识是隐性的，更依赖于面对面交流，搭档跳舞就变得更重要了。一场时间有限的舞会，每一个舞者不可能与所有其他舞者配合共舞，获得共舞机会多的舞者能够获取更多创新知识。一位能够跳好各种舞蹈的舞者，与多位舞者有较高的匹配度，就可以获得更多的合作机会。当舞蹈方式从一对一的交际舞变为锅庄舞时，舞者之间的交流机会大大增加。把舞池拓展到城市群，创新就是知识多样、产业多样与城市多样的匹配过程。不同企业处在同一城市，不同城市处于同一个城市群，共同受益于城市群内的知识创造与溢出的影响。谁的舞姿好，谁获得知识的能力就强，谁的创新动力就更足。BERLIANT M, FUJITA M. *Dynamics of knowledge creation and transfer*：The two person case. International Journal of Economic Theory, 2009,5 (2)：155 - 179. BERLIANT M,FUJITA M. *Knowledge Creation through Multimodal Communication August* 16, 2023。

千瓦，0 ~ 80% 充电时间最短仅需 7 分半钟，并被世界纪录认证机构（WRCA）认证为"电动汽车最快的充电技术"。

比亚迪则是相向而行，为了进入新能源汽车领域，收购了远在陕西的秦川汽车厂，依靠在电子产品、IT 和电池方面的技术积累走向了新能源汽车产业。2013 年，王传福相信有了充电电池生产制造上积累下的充足经验，在突破动力电池的"瓶颈"时已经游刃有余。比亚迪开始脱离模仿创新，新能源汽车产业"从 0 - 1"的研发，从电子信息行业出发，跨界到材料科学领域，在动力电池技术上取得了突破，最终形成了引以为豪的系统性的电池、电机、电控前沿领先技术。

当一座城市具有多个产业时，尽管最初可能相互之间没有什么技术联系，但也有可能因机缘巧合成为一体化的技术。在这种情况下，交谊舞会不再是个好的比喻了，用锅庄舞这种大型集体舞蹈来比喻可能就更加合适。

锅庄又称"卓""果卓"，意为藏语中的圆圈舞。锅庄舞的历史源远流长，东汉年间有"舞辄数十人相随，踏地为节"的记述；唐代时有"三百内人连袖舞，一时天上著词声"的赞叹；清代，锅庄舞已在藏区广泛流行，成为激情飞扬的舞蹈艺术。在高原蓝天白云的映衬下，或古朴庄重或轻快动人的音乐，伴以飘逸飞舞的长袖，粗犷奔放矫健潇洒的舞姿，无人会不动情，无论你是否专业，配合的技巧是否足够，只要心中有激情就可以尽情地融入其中。

深圳的密度与曼哈顿的楼

笔者曾经有机会在深圳与来访的保罗·罗默（Paul M. Romer）教授有两次聊天。当年与他谈笑，说起深圳是获得诺贝尔经济学奖者的福地，因为曾经有两位教授访问深圳后，先后获得了诺贝尔经济学奖。罗默教授听闻后哈哈大笑。很巧合的是，他访问深圳的当年，出任世界银行首席经济学家，两年后，众望所归地获得了诺贝尔经济学奖。

当年他在上海纽约大学教授经济学。聊天话题是从纽约大学、昆山杜克大学都选择在上海开办说起。尽管从行政管辖上说，昆山是江苏省苏州市所属的县级市，不过众所周知的是，昆山与上海的经济联系很密切，从经济上可以说是上海都市区自然而然的组成部分。罗默分析，纽约大学和杜克大学对上海的了解和认知，应当是远高于深圳。这与当年美国名校看不上开发初期的加州和小渔村的旧金山是一样的道理。他说，未来应该会有优秀的大学在深圳出现。在现场听到这个预言的人不超过 5 位，且在座的人也把罗默教授的话当作是来访客人说的客气话。不过，罗默是认真的。他对深圳城市建设的高密度和充满活力的人口赞不绝口，他举例说，纽约能够发展起来，也是有这两个条件。高密度的城市可以集聚更多的人口。人口多，收入高，本地市场规模大，同行多，就可以在交谊舞里找到更多的合作机会。高密度的城市人口多，人口多样，知识和经历背景差别大，也会有更多激情四射地跳锅庄舞并进行跨界交流的机会。

罗默略带夸张地评论道，曼哈顿棋盘格式的城市设计特别有前瞻性，有弹性，有创意，是高密度城市建设的典范，顺便赞扬了深圳在建设有弹性的高密度城市方面的探索。我们的讨论沿着曼哈顿建设持续了好久。什么是前瞻？何为弹性和如何有创意？罗默解释道，曼哈顿建设之初，纽约还处在工业化时期，棋盘格式的高密度，使曼哈顿在弹丸之地上向空中发展来容纳工业，纽约的服装名城是建在高楼上的，还有医药业、仪器仪表业等。曼哈顿的变化并不是金融、科研业和贸易产业兴盛后的鸠占鹊巢。直到今天，纽约依然保持着相当规模的服装产业。研究开发产业和咨询产业崛起，大大提升了曼哈顿在全球配置资源的能力。法国巴黎的演艺界走俏的门票甚至是在曼哈顿经营的。曼哈顿棋盘格式的钢结构建筑就是这样经过了一轮又一轮的改造，多数从工业上楼的车间转换成研究开发的办公用房。

罗默继续分析，服装厂时代，缝纫女工因为上楼而聚集。创新时代，研发人员因为可以下楼而聚集。摩天大楼下的咖啡馆群落为研发人员提供了相互交流的机会。这也让我们联想起任正非的名言，"一杯咖啡吸收宇宙能量"。华为的咖啡文化就是鼓励公司内部的开放、沟通与交流，研发人员之间知识的相互传递可以提高公司的创新效率。曼哈顿棋盘格式的街区规划确实有利于创造出搭档跳舞和参与锅庄舞的机会。罗默也正是因此对于深圳高密度和小街区规划给予很高的评价。顺便也对深圳人引以为豪的深南大道颇有些微词，虽然表达得很含蓄。这让我们想起，曾经有来自法国的城市规划专家直言不讳地说，深南大道是过时而糟糕的城市设计。当深圳人对此表示质疑时，法国人问道，这么宽的深南大道，两侧的人连面都看不到，还能够相互交流吗？只看见汽车呼啸而过的城市是难有思想交流的。城市要有足够的思想交流的空间。①

曼哈顿棋盘格式的城市规划将每个街区划分成一个个的小方块，特别不利于开车，而特别方便步行。巴黎原本宽敞的香榭丽舍大街周围的街区改造时，没有把汽车道建得更宽，而是将单向两车道变成双向两车道，扩宽步行道和自行车道，增加街边的休闲区域，在夏无酷暑、冬无严寒，金色阳光照射下的巴黎不仅仅有浪漫，还有了更多的思想交流的机会。如今在深圳高就业密度的福田中心区、南山后海片区和高新区南区，特别是以互联网联结而称雄天下的腾讯大厦周边，有了越来越多年轻创新者喜爱的交流空间。互联网是伟大的发明，我们可以在万里之遥瞬时联结，但互联网的虚拟空间还远不能取代真实空间面对面沟通的重要性。②

---

① 格莱泽在评论底特律因为大企业创新停滞而走向衰败时，对比纽约和底特律。他写道，早在 20 世纪 70 年代，几乎每一座古老的工业城市都出现了基本相似的衰退。由于支柱型产业的萧条，纽约和底特律显得步履蹒跚。如果说有所区别的话，纽约的情况似乎更为糟糕。因为汽车工业仍然与底特律这座汽车城紧密地联系在一起，服装工业与纽约的联系已经没有那么紧密了。但纽约的优势在于它具有企业家精神的传统。纽约的服装工人会教育他们的孩子要敢于冒险。长期以来，城市创造了知识爆炸，在纽约一个智慧的火花会激发出更多的火花。

② 知识分为显性知识和隐性知识。显性知识是能以文字、定理或能够通过一致的计算机程序所传达的可编码的公开化的知识；隐性知识则只存在于特定的个人的思想中，或者特定的企业与研究机构等组织中，不能通过编码的方式广为传播。一般说来，基础科学知识可编码程度高于应用技术知识，更易于传播。隐性知识传播对距离更加敏感，"十里不同天"的地域差别更加突出。创新需要获取显性知识，也需要获取更多的依赖产业实践的隐性知识。一座拥有更多创新企业的城市，会拥有更多的更具有"本地化"色彩的隐性知识。这也使得锁定效应不简单地依赖于偶发事件形成的先行聚集经济，追赶者需要的是更便捷地分享知识和聚集知识。

同行竞争从冤家到朋友

科技革命在不断地改变着制造业。制造业在若干领域开始经历从大装置、重设备、低智能、高能耗、高污染，向高技术、高智能、高品质转变。一些行业部门转变得特别快，因此有了新制造的概念。东京、纽约、巴黎、伦敦等超级国际大城市早已经是以服务业为主体，依然是全球重要的制造业中心，其中新制造占有特别重要的位置。新制造以先进技术为代表引领了经济高质量发展，是构建现代化产业体系的关键，也是核心大城市保持竞争力的关键。

动动手指摇摇操作杆，让无人机飞向天空，通过空中的高清摄像头俯瞰大地。这可以是流行的酷炫玩法，更可以是智慧城市和智慧产业运行的手段。无人机产业是典型的新制造产业。"天下无人机出广东"的形容很生动但绝不夸张。广东企业确实是占据了全球消费类无人机市场份额的70%。在广东高度集中在广州和深圳两市。①

深圳市大疆公司的客户遍布全球 100 多个国家，入选为《麻省理工科技评论》2017 年度全球 50 大"最聪明"公司之一。深圳科比特公司专业从事工业级无人机系统的研发、生产、销售、培训和服务一体运营，是我国工业级无人机领导品牌。广州极飞公司自主研发制造农业植保无人机、农用无人机、自动驾驶仪和智慧农业管理系统，是世界领先的智慧农业服务商，服务超过 42 个国家和地区。广州亿航智能为全球多个行业领域客户提供各种自动驾驶飞行器产品和解决方案，覆盖空中交通（包括载人交通和物流运输）、智慧城市管理和空中媒体等应用领域。事实上，不仅是广东的无人机研发制造及运营高度集中在穗深两市，全国也是集中在少数大城市。2022 年按网络搜索量排名的 30 家无人机企业分布情况：穗深 13 家、京津 6 家、苏杭 5 家、成都 3 家、西安 2 家、武汉 1 家。

新制造的突出特点是，大而全和小而全的全能公司逐渐消失，代之而

---

① 《无人机年产值占全国七成！深圳低空经济成产业"高地"》，新浪网，2023 年 4 月 17 日。

起的是以数据信息为基础的产业链云端分工协作成为主流。互联网和高效智能交通支撑的供应链体系，可以通过快速发包与快速收包实现研发与制造的无缝衔接。在深圳，除大疆、科比特以外，道通、哈瓦国际、科卫泰、普宙、高巨、联合飞机、一电和大漠大智控等知名无人机企业，成就了"无人机之都"之美誉。2020年，海关总署批准深圳南山设立无人机技术贸易出口基地，为深圳及全国无人机企业出口提供便利，每年数百万架不同类型无人机飞往全球各地。分工协作使深圳具有了完整无人机产业链，不出南山就可以制造一架成品无人机，得益于深圳消费类无人机、工业级无人机产品门类齐全，得益于研发、设计、制造、试飞一体化的完整产业链。①

截至2022年底，全国无人机运营企业有1.5万家，年销售产值达到1170亿元，其中，深圳市无人机企业1300多家，年销售产值750亿元。"2023第七届世界无人机大会暨第八届深圳国际无人机展览会"在深圳举行，有100多个国家和地区的万名行业专家、学者、企业家参会参展，设置了36场专题论坛。国内外共有300多家企业携带3000多架无人机系统装备新产品进场交流，既可以搭档跳舞更可以集体跳锅庄舞，极大地推动了无人机产业的发展。无人机产业在少数大城市聚集，表明新制造更加依赖于各种专有技术、产业运作能力网络组合，多样化的劳动者、企业家和供应商之间的协同使产业摆脱了内卷性竞争，走向了产业公地创造的竞合发展。②

核心大城市是发展新制造的优质土壤的原因还在于，制造不仅是要增加研发投入，改革装备与工艺技术和生产组织方式，也依赖于广泛的应用场景。大城市是生产性服务业汇聚之地，有利于将人力资本、新知识和新技术传导到制造领域，是推动制造业升级的黏合剂和推动力。顺丰、美团、京东不研发也不制造无人机，但用无人机。通过信息技术将无人机广泛地应用在物流配送、城市空中交通领域，推动了无人机研发制造的扩展。笔

---

① 《2023第七届世界无人机大会深圳开幕》，南方+，2023年6月3日。
② 《无人机国内市场预计2024年规模将达1600亿元》，南方财经，2023年6月5日。

者曾经受邀参观科比特公司创新的无人机应用场景。在科比特公司的大屏幕上，我们看到一个实时的场景：某一个街道迎接环境卫生大检查的评测。传统的办法就是出动很多人，每条街去实地检查。要动员人，要培训，还要花很多时间。有了无人机，画出网格，无人机群边飞边传回图像，环境卫生大检查一目了然，既不兴师动众也不留死角。

2020 年 4 月，国内首家无人机联合开发应用实验室在广州成立。该实验室由中国石化销售华南公司和大疆公司联合共建，开始了穗深两市在无人机研发与应用体系的合作，开发无人机巡检管道的技术。2015 年开始无人机管道巡线尝试，2018 年实现华南管网 6282 公里全覆盖无人机巡线，并以每月覆盖 1 次的模式开展常态化无人机巡线。建立了国内首支管道无人机巡线队伍，累计巡线超 6 万公里。有效解决了人工无法巡线的难题，有力地保障了特殊时期管道的安全平稳运行。联合共建实验室，通过利用无人机、大数据、物联网、人工智能等技术，实现无人机在管道场景的全面深化应用，在飞行管理、数据管理、数据应用等方面上一个新台阶，为管道安全管理、预测预警等智慧化管理打下坚实的基础。[1]

深圳无人机产业还与东莞、佛山和珠海进行合作。深圳大疆、佛山大疆和珠海大疆汇集了三座城市资源分工合作。从相关报道看，大疆在东莞设厂的研发方向主要围绕着无人机硬件和软件两大领域展开。东莞大疆相对于深圳大疆，会更加关注无人机研发的产业化，建设在深圳难以展开的一流生产线和质量管理实验室，在更低成本的城市把无人机成本降到更低。在深圳，空域已经成为比土地更稀缺的资源，东莞大疆则可以尝试更多的应用场景，无人机可应用于空域管理领域，实现对于机场等地域的飞行管理和管制的监管，以及应用于边境安全，提高对非法入境和违法行为的管制等。

广州的高密度与高质量

作为我国经济重镇，广州经济综合实力不断跃上新台阶，经济发展持

---

[1]　叶青：《国内首家无人机联合开发应用实验室成立》，《科技日报》，2020 年 4 月 24 日。

续释放出新的活力。2012 年至今，广州地区生产总值连续跨越 3 个 5000 亿元台阶，2012 年超过 1.3 万亿元，2013 年迈上 1.5 万亿元台阶，2018 年超过 2 万亿元，2020 年登上 2.5 亿元台阶，2021 年达 28231.97 亿元，2022年是 28839 亿元，2023 年为 30355.73 亿元，经济总量约占广东省近 1/4。经济实力的跨越发展背后，是广州产业结构的不断更新优化以及经济中心功能的持续提升。早在 2000 多年前，广州便推开了"通往世界的大门"，成为世界上最早开埠的千年商贸大港，"千年商都"的名号也随之建立。受益于最早发展商贸业和相关服务业，广州打下了产业发展的坚实基础。如今，广州在商贸业的根基上搭建起以先进制造业和现代服务业为核心的现代化产业体系，聚焦先进制造业、战略性新兴产业和现代服务业三大领域串联起 21 条重点产业链，千年商都正在向产业发展的新方向进阶。同时，广州全力打造世界级空港、海港、铁路枢纽，客运量和货运量均居全国前列，国际航空枢纽地位不断增强，港口、航道等基础设施服务能力不断提升，湾区港口群优势日益凸显。

春潮涌动，万物竞发。自 2021 年交付以来，广州环贸中心共引入 103家企业，包括 12 家世界 500 强企业，行业龙头、独角兽等优质企业占比达75%。城市中轴之上的摩天大楼以及其所在的中央商务区，是广州城市开拓新城的"棋眼"。粤港澳大湾区国家技术创新中心坐落于广州科学城科创走廊腹地，其相关负责人表示，该中心致力于打造成为粤港澳大湾区国际科技创新中心和粤港澳大湾区综合性国家科学中心成果转化的核心载体，让粤港澳大湾区成为全国乃至全球科技成果转化最佳地。广州白云区的高新技术产业开发区民营科技园里聚集了超过 5200 家企业，园区以占白云区0.7% 的土地面积贡献了 57% 的工业产值，制造业的经济贡献占比约七成。民营科技园大力推动企业数智化发展，推动 50 多家企业开展智能车间数字化改造。在白云电器数字化工厂，自动化生产设备高速运转。打造了基于全生命周期管理的配电设备智能制造生产基地，已发展为国内领先的电力能源综合解决方案服务商。

广州先进制造业增加值占规模以上制造业增加值比重已经达到了三分之

二。现代服务业规模攀上新台阶，占第三产业增加值比重从 2015 年的 62.7%
提升至 2021 年的 67.5%。形成了 6 个产值超千亿元的先进制造业集群、6 个
增加值超千亿元的服务行业，战略性新兴产业增加值占 GDP 比重突破 30%。

TCL 华星广州 t9 项目全称广州华星第 8.6 代氧化物半导体新型显示器
件生产线项目，是目前全球唯一兼容 LCD/Micro LED/IJP OLED 各类显示屏
的高世代面板产线，从开工到投产仅用 18 个月，创造了业内最快封顶、最
快搬入、最快点亮、最快量产的纪录，助力广州打造"全球显示之都"。
广州华星光电半导体显示技术有限公司在 t9 项目固定资产投资额预计 50 亿
元以上，进一步强化了国内企业在高价值市场上的领导地位，提升了中国
面板企业在全球产业链中的话语权。

广州联通以最前沿的 5G 技术为引领，在云计算、物联网、大数据等业
务领域不断创新。广州联通布局 5G + 智慧安防、5G + 工业互联网、5G +
智慧医疗、5G + 智慧文教、5G + 自动驾驶、5G + 智慧农业、5G + 智慧家
庭等 20 多个场景，完成全市 3000 个以上的 5G 基站配套设施建设，实现核
心城区的重点网络覆盖。此外，已签约共建实验室 8 个，在途建设实验室 6
个，加速推进 5G 网络建设与业务落地。5G 建设离不开相关产业的配套支
持。惠州硕贝德无线科技股份有限公司率先看到了 5G 发展带来的前景。
2018 年 3 月，该公司在苏州设立 5G 新技术研究院，引领 5G 微基站、毫米
波等新技术发展。目前，公司已掌握最新 5G 终端天线、5G 射频前端模组、
5G 微/宏基站天线、LCP 传输线及天线以及高集成多合一鲨鱼鳍 5G 天线和
多线圈无线充电发射端等生产制造技术。

2010 年 9 月，首款广汽乘用车在广州市番禺区化龙镇下线。十年时间
转瞬即逝，到 2021 年，广州番禺汽车产量已达到 35 万辆，一座汽车城正
在崛起，以广汽乘用车、广汽埃安、广汽研究院为创新中心，辐射带动汽
车零部件集聚区发展的新格局。包括 47 家汽车零部件企业及其他配套项目
入驻，番禺汽车城正在蜕变形成"三电"（电池、电驱、电控系统）齐全、
产业规模化、配套核心化、智能信息化的智能制造中心。广汽集团不断完
善智能网联新能源产业链上下游的布局，深化与华为、腾讯、科大讯飞等

合作伙伴的战略合作关系，以广汽智能网联产业园为核心，共建产业链、供应链，打造新的生态圈。

2023 年 1 月，广州南沙的中科空天飞行科技产业化基地车间内，第一枚运载火箭——"力箭一号"遥二运载火箭正在产业基地进行总装测试，并于 2023 年 6 月 7 日在酒泉卫星发射中心发射。中科宇航将完成液体火箭的亚轨道飞行实验及力箭系列火箭研制，同时和中旅集团共同推进太空旅游业务。

中国地质调查局广州海洋地质调查局科考码头，停靠着"海洋地质二号"——一艘具备伴随天然气水合物钻采船进行全球航行作业能力的多功能钻探保障船。该船总长 85 米，型宽 22 米，型深 8 米，排水量 7224 吨，航速 12.5 节，可载员 150 人，自持力 35 天，续航力 12000 海里。可提供物资补给、人员轮换、海上消防及救援等保障服务，还可完成环境评价、地质取样、物探调查、锚系作业、近海底地形调查等海洋科考调查作业。

黄埔、增城经济总量稳占全市两成，增城增速仅次于南沙。作为广州的制造业重镇，两区拥有广州开发区和增城开发区两大国家级经济开发区，产业资源要素高度耦合。从黄埔区的粤芯半导体项目到增城区的增芯项目，双区"芯芯"相连的产业群链，其背后是广州东部地区先进制造集聚发展的大格局。黄埔以占广州 6.5% 的土地面积，创造全市近 40% 的工业产值。集中发力新一代信息技术、汽车、新能源、新材料、美妆大健康、高端装备、生物医药、集成电路等八大产业集群。

在新一代信息技术产业领域，乐金显示、华星光电、创维、视源电子、立景创新、捷普电子、京信通信等一批显示龙头企业组成产业集群，2022 年产值已达 1629 亿元。生物医药产业被认为是最具潜力和增长最为迅猛的高新技术产业，过去五年间，黄埔生物医药产业领域工业总产值增长 2 倍、企业主体增长 3 倍。在生物医药产业领域，引进了赛默飞、龙沙生物、阿斯利康、康方生物、百济神州、达安基因、万孚生物等国内外知名企业，以"黄埔速度"构建生物医药大规模自主生产能力。在汽车制造产业领域，聚集了广汽本田、小鹏汽车、百度阿波罗、文远知行、加特可等企业，打造智能网联新能源汽车产业集群，抢占发展高地。以重大项目牵引产业集群成势，黄埔区不断延展产业价值链。

增城打开"芯"格局

增城芯片将在三种以上传感器芯片制造工艺平台上实现新突破。大湾区投资最大的半导体先进封装项目——广东越海集成技术项目落户增城，作为新能源汽车、自动驾驶、消费电子等多个领域的下游供应链，为增城战略性新兴产业发展积蓄强劲势能。伴随着新能源汽车配套业务的增长，顺科智连技术股份有限公董事长曾志坚对于超 10 亿元的年产值充满信心，并计划到 2030 年让公司规模增长 10 倍。增城精准发力推进现代产业体系建设，通过布局增芯等一批规模大、能级高、带动力强的"芯""显""车"产业项目，做优做强制造业这份厚实家当。增城聚焦集成电路、芯片制造等关键核心技术攻关，突出发展集成电路中技术成熟的智能传感器产业，并围绕"增芯"项目积极布局传感器产业链，加快搭建相关资金链、人才链、技术链，引导集成电路产业集聚发展，引进大湾区智能传感器产业集团、微纳技术研发中心、九识新型先进化合物半导体材料量产、光电传感器芯片制造等重点项目。①

在推动"显"集聚领域，增城强化超视堺、维信诺等龙头项目带动作用，引进上下游企业，打造新型显示产业制造和研发基地，推动新一代信息技术产业集群向千亿元迈进，助力广州建设"世界显示之都"。在壮大"车"集群领域，增城依托广汽本田等整车生产企业，150 多家汽车零部件企业，积极推动整车智能化绿色化转型，探索与造车新势力联动发展，积极引进电池、电机和自动驾驶等行业龙头企业，构建与汽车升级相适应的新型供应链，打造汽车及新能源汽车超千亿元产业集群。

而未来，广州势必继续以创新激发高质量发展澎湃动能，继续致力于建设具有经典魅力和时代活力的现代化国际大都市。琶洲西区自 2015 年 6

---

① 《龙头项目带动集成电路产业"加速跑"！广州增芯项目封顶》，《人民日报》，2023 年 9 月 22 日。

月启动开发建设以来，已引入腾讯、阿里、唯品会、小米等一批互联网等领域龙头企业建设区域以上总部。

小谷围岛飞出小鹏汇天①

2014 年，著名企业家和风险投资家、PayPal 创始人彼得·泰尔（Peter Thiel）的《从 0 到 1》，称得上最具影响力创业投资著作。泰尔语出惊人、特立独行，刻意钻牛角尖，往往能赢在终点。他崇尚做全世界只有你懂你能做的创新。他的名言是：获得一辆能飞起来的汽车，远胜过获得 140 个角色。小谷围岛是珠江口区域一颗"湾顶明珠"，这里坐落着 10 余所高等学府，是大湾区智力与创新资源最密集的区域之一。位于小谷围岛的独角兽企业小鹏汇天是亚洲规模最大的飞行汽车公司，已拥有 400 多项核心技术专利。小鹏汇天的有人驾驶 eVTOL（电动垂直起降）产品已经获得了中国民用航空中南地区管理局颁发的特许飞行证，这是民航部门首次面向有人驾驶飞行器发布特许飞行证，震惊了全球科技界。该公司相关人员表示，飞行汽车是汽车、航空、新能源三大领域的交会点，未来小鹏汇天将依托番禺区"智造创新城"新战略定位和广州大学城的人才优势，坚持创新链、产业链、人才链一体部署，推动粤港澳大湾区飞行汽车产业集群集聚。

位于黄埔的广东粤港澳大湾区国家纳米科技创新研究院（简称"广纳院"）是其中一站。广纳院展厅专业人员介绍，中国的纳米技术基础研究已处于世界领先水平，但相关创新成果的产业化水平仍待提升，大约只有 1% 的创新成果能从实验室走向产业化。成果转化率非常低，成为很多企业的难题。广纳院为此孕育而生，把高校科研院所的实验室阶段的成果，通过广纳院的科技平台孵化，进入产业化阶段，推向市场。截至 2022 年底，共有 12 个项目落地转化，孵化 20 家企业。

让无人机真正"无人化"

人机智能基站的机舱盖缓缓打开，一架无人机自动出舱起飞，按照设

---

① 《番禺小谷围岛：产城才联动，打造创新"生态雨林"》，搜狐网，2021 年 12 月 6 日。

定路线进行巡航飞行后返回基站，并自动充电等待下一次起飞……这一幕宛如科幻电影中的场景，未来会普遍出现在电力巡检、应急、城市网格化管理、公安、交通等诸多领域。这是中国科学院院士、广东省科学院广州地理研究所首席科学家周成虎领衔的团队，将长期以来形成的研究成果与产业应用相结合，培育而成的无人机自主飞行技术。2017年，周成虎提出地理空间智能概念，并将其与无人机技术相结合进行新技术探索。2018年，技术探索实现关键性突破——只需发出一个指令，无人机就可以智能地从机舱起飞，执行完任务后再自行返回，整个过程无须人工操控。在实现技术突破后，周成虎带领团队成立了广州中科云图智能科技有限公司（以下简称"中科云图"）。

中科云图以广东省"珠江人才计划"引进创新创业团队项目"地理空间智能与大数据创新创业团队"为班底，依托中国科学院地理科学与资源研究所、广东省科学院广州地理研究所的科研平台和科技人才优势，打造了一支院士领衔、国际一流的创新研发队伍。中科云图以"全球领先的低空无人机遥感网运营商"为愿景目标，以自主研发的无人机智能基站（云巢系列）为载体，以地理空间智能技术为核心，集成多功能传感器和机载AI边缘计算模块，构建全空间GIS（地理信息系统）框架下空地一体、云边协同的跨行业解决方案。

技术成型后如何落地应用？中科云图与南方电网合作，利用无人机进行巡线作业，替代了传统的人工巡线，不仅减少了人力成本，更将作业人员的生命安全风险降到了零。依托广东省科学院的孵化育成体系，中科云图还在佛山市丹灶镇落地建成制造中心，并进一步拓宽技术应用场景。其中，在对违章建筑的监测方面，可以实现每三天进行一次全域巡查，通过传感器数据对房屋的高度变化进行实时监测，是否存在违建情况一目了然，其效率远超传统人工巡查。在体系建设上，中科云图形成了科学、技术、工程与产品一体化的"STEP"体系。"未来要实现在全国布局小型智能基站，形成低空无人机运营系统。希望在城市中实现半小时响应，在其他地方实现一小时响应。"周成虎表示，这一目标一旦实现，无人机自主飞行技术将在许多领域大显身手，只要地面上有需要，譬如发生交通事故、火灾、泥石流等地质灾害时，附近的无人机可以随时被召唤前往勘察，大大提高灾害现场侦查效率，减少人力消耗，降低安全风险。[①]

广州批量诞生"独角兽"

"独角兽"是指成立 10 年以内、估值超过 10 亿美元、获得过私募投资且尚未上市的企业。广州的独角兽企业从 2017 年（活动发起首年）的 7 家增加至 2022 年的 23 家。小马智行、粤芯半导体等一批优秀的科技企业脱颖而出，广州已成为独角兽数量增长最快的中国城市。广州市国资委统计，截至 2022 年底，广州国资设立、管理及参股各类具有产业特色的基金 321 只，滚动投资累计超 2300 亿元。2023 年又推动设立 2000 亿元的广州产业投资母基金和创投母基金，推动瑞通生物等一批新兴产业项目落地广州。其中，黄埔独角兽是最多的，番禺的独角兽是最大的。广州独角兽企业将近一半集中在半导体（粤芯半导体）、新能源（巨湾技研、奥动新能源、广汽埃安）、新材料（鸿基创能、先导薄膜）、航天（小鹏汇天、中科宇航）等目前大热的硬科技赛道。除此之外的独角兽涉及企业服务（浩云长盛）、电商/零售（钱大妈、致景科技）、巴图鲁农业（中芯种业）、餐饮业（太二酸菜鱼）、医药业（七乐康）。在美国最热门的五款 APP 中，有四个是"中国造"，其中又有两个来自广州番禺，分别是希音（SHEIN）与 Temu。希音 2022 年全年销售额已达到 227 亿美元，超过了 ZARA 和 H&M，成为世界上最大的快时尚品牌，与世界 500 强只差临门一脚。据《2023 全球独角兽榜》，希音仅次于蚂蚁集团，成为大湾区排名第一、中国第四大独角兽企业。希音电商还开创了小单快返模式，从设计到生产仅需两个小时。希音电商能够快速响应年轻群体的需求，网站流量在全球的服饰网站中排名第一，与亚马逊相当，由此成为中国企业出海的典范。Temu 被称为海外

---

① 《中科院院士在粤创业　推动科研成果转化应用　让无人机真正"无人化"》，《羊城晚报》，2022 年 10 月 9 日。

版拼多多，上线仅 7 个月就登顶美国应用商店中下载量第一名，估值超过 200 亿美元，其在番禺万博的办公楼，与位于万博 CBD 四海城内的希音只有 800 米。

广汽埃安 2022 年 10 月引进赣锋锂业、寒锐钴业、中芯聚源、深创投、南网能源创新等 53 家战略投资者。完成融资后，投后估值 1032.39 亿元，成为国内未上市新能源车企最高估值的企业。这位汽车领域独角兽新王，2023 年上半年交出的成绩单是总销量 20.9 万辆，占据 20 万元至 30 万元价格区间的榜首。与埃安同属广汽系的两位同门师兄弟，如祺出行（估值 69 亿元）、巨湾技研（估值 90 亿元）也在 2022 年成为新晋独角兽。如祺出行作为广汽集团旗下智慧出行平台，自上线运营至 2022 年 12 月，累计注册用户突破 1800 万，年度订单总量超 7000 万，成为行业头部企业之一。

传统产业的新制造

在广东省汕头市澄海区，汕头市大业玩具塑胶有限公司总经理邱志宏笑称自己是澄海典型的"玩二代"，即玩具家族企业的第二代经营者。2023 年第 22 届汕头玩博会前夕，为了招展联系海外客商，他走访全球四大洲、20 多天里飞行近 10 万公里。出身"玩具世家"的他更重视创新企业经营模式，通过整合澄海玩具厂家、本地仓储空间、国外大型商超客户等各方资源，努力让澄海玩具快速直达国外定点商超。他希望，"把国际客商请到汕头澄海来，也把更多澄海玩具推向世界"。

模具精度达到 0.005 毫米；智能仓日均处理数亿颗积木零件，精准精确实现配料；自动化分包线采用视觉自动化生产，为品牌客户提供精准分包……作为一家以精密制造为核心业务的企业，高德斯精密科技有限公司在玩具生产链条中占据越来越重要的地位。该公司总经理杜克孝说："深耕精密制造，公司把积木变成标准化产品，实现了自动化、信息化和智能化制造。"

历经 40 年的发展和几代人的沉淀，澄海区已成为全国乃至全球重要的玩具产品生产基地，业内有"世界玩具看中国，中国玩具看澄海"的说法。目前，澄海玩具业拥有 4.23 万户经营主体，相关从业者超过 12.5 万人，年产值超 400 亿元。澄海玩具行业如何从传统制造向创意产业、文化产业转型升级，澄海科创中心给出了答案。这里汇聚了多家研发设计机构，可以在动漫玩具设计、结构、内容、智能化、知识产权、品牌建设及检验检测领域，为玩具企业提供"一站式"服务，帮助企业实现速度到质量、制造到创造、产品到品牌的"三个转变"。为保障玩具出海顺畅，澄海区设立知识产权快速维权中心，为企业开展玩具外观设计专利快速审查工作并出具授权证书，有效维护出海企业的专利权益。①

热轧钢是通过高温加热后生成的一种钢，被广泛用于船舶、汽车、桥梁等制造行业。在湛江市的宝钢湛江钢铁有限公司 2250 热轧产线，平均 100 秒就可实现 1 卷 25 吨钢卷出厂，最快可达到 79 秒。作为"硬核"大产业，湛江钢铁已实现数字化、智能化制造。2022 年，湛江钢铁 2250 热轧产线最高月产超过 60 万吨，创造了国内热轧产线月产最高纪录。湛江钢铁热轧厂厂长朱蔚林说，现在的工作重点是高质量发展，向着世界最高效率的绿色碳钢生产基地目标进发。

在广东佛山，"打酱油"的传统产业也能成为数字化、智能化的建设标杆。从数百年前佛山的一个古酱园发展到今天的世界级调味品企业，海天味业自立自研的科技创新之路，是这个中华老字号历经风雨仍充满活力的"密码"。以前传统酱油的酿造过程格外依赖老师傅的手艺，而这种以人工为主的方式一定程度上影响效率。如今，在生产线上，"工业大数据分析运营平台"打通销售、研发、生产、物流、售后等各个环节系统数据，智能快速包装生产线最高速度达 5.2 万瓶/小时，只需 4~5 人操作。同时，海天味业通过信息数字化技术，用大数据代替老师傅人为把关。"不断提升数智化水平，传统产业大有可为。"海天味业数智化总工程师黄树亮说。②

---

① 《从筚路蓝缕到迈向世界，玩具之都跃升之路》，网易网，2023 年 4 月 1 日。
② 《一滴酱油背后的创新故事》，新华社，2023 年 6 月 14 日。

第三编 创新外溢与集群

　　不同的产业集群有不同的效应，主要是来自技术、规模经济以及"干中学"方面的差异。"创新是尖的"指的是知识引导投资，形成"搭档跳舞"的知识溢出。集聚使知识在统一空间内流动，集群是邻近共享匹配学习的物质载体，专业化的创新者群体有利于相互的知识外溢。当共性知识和差异性知识达到平衡时，知识外溢与创造的速度最快。

第七章
高质量发展的"朋友圈"

　　做实做强新发展格局战略支点，支持粤东粤西粤北地区更好承接国内外特别是珠江三角洲地区产业有序转移，促进区域产业融合、协同发展，加快形成主体功能明显、优势互补、高质量发展的区域经济布局，是实现广东高质量发展的重要策略。广东交通一体化率先破局，高铁进城助力建成"轨道上的大湾区"。广东将加快形成以粤港澳大湾区为中心，汕头、湛江、韶关为极点，轴带支撑、多向联通的综合交通布局。时空距离缩短将为区域发展带来颠覆性变化，一个产业在多个城市分布，相生共赢，会创造产业的分享与共享，形成跨行政城市的产业集群。轨道交通不仅仅解决城市间交通出行问题，也将深刻改变人民生活方式、城市结构及区域发展模式，促进资源要素在广深及粤东粤西地区的合理配置，形成高质量发展的"朋友圈"。

崛起的关中，受限的长安

中国城市中最负盛名的道路是北京长安街。今天的长安街起源于明初建的三座长安门。在中国词汇中，"长安"是"长治久安"的简称，也是国都的象征。今天的我们很难考证，明成祖朱棣在建造北京城时，是如何思考北京与古代长安城之间的传承关系的。不过从城市形制上，十三朝故都长安对北京城实在是有着深远的影响。

公元前 202 年，刘邦即帝位于定陶的氾水（今山东定陶南）之阳。刘邦群臣多来自山东（今河南崤山以东广大地区），纷纷劝说刘邦择都洛阳，唯有娄敬建议定都关中，刘邦不决问计张良。张良说：雒邑（洛阳古称）城郭仅数百里，田地太薄，四面都是平地，容易遭受到攻击。反观关中有函谷关、陇蜀的沃野千里，南有富庶的巴蜀，北有胡人畜牧，物资供应充沛，可以在三面防守，向东牵制诸侯，只要握住渭水通运京师，当东方有变，就可以顺流而下。正所谓金城千里，天府之国。刘邦遂拜娄敬为郎中，赐姓刘，即日西都关中。长安据崤函、眺望终南，遥视北山，依傍龙首之山，挟带沣灞二水，是谓长安攻守兼备的地理优势。周朝凭此而如龙飞腾，秦朝凭此而虎视东方而统六合。楚汉战争中，从军事力量对比看，刘邦与项羽相差实在是太远。项羽火烧阿房宫东归彭城后，几乎战无不胜。刘邦屡战屡败，但只因为有萧何镇守关中，提供充足的物力支持，刘邦才能屡败却屡战，取得了最后的胜利。后事也证明，在汉高祖刘邦翦除关东诸王，武帝征服匈奴等重大战略性事件中，长安和关中平原都发挥了充分的政治经济军事中心的制内御外的地理优势。

历史上，自西周至战国时期，山西地区开发顺序由西向东拓进，由牧业向农耕的变迁。秦人起先在汧渭两河交汇的地方建立了畜牧业基地，后在雍（今陕西凤翔）定都，到了商鞅变法的时候，秦都由雍迁到了咸阳。从周代丰、镐二京始，历经秦之雍、栎建设，自汧、雍，一路向东，出现多处郡县。汉代在长安周围奉行陵邑制。从政治安定角度出发，汉初徙关东豪杰以奉陵邑，逐步形成了有人口十数万的新市镇。到了唐代，在长安东、东北和西方向上有一府四州、42 个县，土地面积约 5 万平方公里，距长安最远不过 150 公里，形成了规模很大的城市群，长安人口已号称百万。

唐代上承隋代开凿大运河之利，素有"江河帝国"之称，水运比陆运要发达，在大运河沿岸形成了一批繁荣的河港交通枢纽贸易城市。运输便利带动了贸易的繁荣，沿大运河的大宗商品贸易，长途贸易的商品从奢侈品转向日用必需品。这种跨地域贩卖大米、木材以及全国各地特产的商品贸易改变了中国的区域经济布局，城镇逐渐脱离了传统的单调的政治与军事功能，成为集手工业、商业、生活与娱乐为一体的综合性城市。

盛唐时的陆路交通状况每每见于史家载笔和诗人吟诵，唐《通典》载"东至宋、汴，西至岐州，夹路列店肆待客，酒馔丰溢。每店皆有驴赁客乘，倏忽数十里，谓之驿驴。南诣荆、襄，北至太原、范阳，西至蜀川、凉府，皆有店肆，以供商旅。远适数千里，不持寸刃"。撰者杜佑所言不免溢美，但可想见当时"九州道路，车行班班"，城市接踵相望的情景。巴蜀以成都为核心，农业矿业手工业区，南御滇楚，西近邛笮（指西南边远地区），是与关中经济联系特别紧密的附属区域；天水陇西，畜牧为天下饶，是著名的畜牧区，地势险要，以关中为交通要道。

唐代的长安是帝国政治经济中心也自然是交通中心，借洛阳的地利，长安南可通黄河再入大运河直达杭州，北可抵涿郡，东至大海，是真正的全国中枢。王维名句"渭城朝雨浥清尘，客舍青青柳色新。劝君更尽一杯酒，西出阳关无故人"，今人读来略感惊讶的是，关中平原曾经是如此湿润，细雨霏霏，垂柳婀娜。竺可桢先生开创的中国古代气候变化研究表明，历史上的关中平原空气湿润，至唐代气温亦比现代要高 1～2℃，与八水绕长安自然地理优势很是吻合。唐代的关中平原还具有发达的灌溉系统。

不过唐代初期以后，关中地区逐渐变得干冷，水旱灾害交替发生。这里面有气候变化原因，也与历朝历代大规模都城营建活动有关，到隋唐时代，关中平原及周边山区已经没有森林可采。在非化石能源的时代，百万人口的长安，一年要烧掉的成材树木近 100 万株，约一平方公里。森林砍伐也造成更突出的水土流失，地表遭侵蚀、沟壑化，水源短缺。关中平原从勃兴而归于衰落，"唐都长安，而关中号称沃野，然其土地狭，所出不足以给京师，备水旱，故常转漕东南之粟"。短短几十个字写尽了长安城的无奈，曾经沃野八百里的关中，所产粮食已经供不上长安城的吃用。高度商业化的长安，对应着衰败的农村和经济活动素质低下的周边中小城市。长安由此退出了中华大地政治经济交通中心地位，成为陷入历史尘烟中的历史名城。

时光倥偬进入新千年，西安成为高速与高铁时代核心枢纽，重拾往日辉煌，成为西北最重要的经济中心城市。自 20 世纪 80 年代初以来，再度回到了全国城市近 20 位的排名，以西安为中心，含四市一区近 2000 万人口的西安都市圈进入了加速跑的时代。

诸葛亮的木牛流马

诸葛妙计安天下。《三国演义》脍炙人口，人物栩栩如生，情节生动，充满智慧。诸葛亮是道德典范、智慧化身，军政全优，还是个发明家。木牛流马是运输神器，还暗藏机关。他故意让司马懿部下抢了木牛流马运粮食，略施小计而后将魏军粮食运回做蜀军供给。有关木牛流马的设计到底如何？是四条腿还是一个轮子至今还是个谜，但是古代运输成本太高确实是制约经济发展和战争的最大问题。

沈括在《梦溪笔谈》中有一篇专门讲军粮运输的难题，在当代被视为运筹学的经典案例。他从孙子兵法中学习来的最优解决办法是，从敌方手中获得军需供给是最优方案。（"凡师行，因粮于敌，最为急务。"《孙子兵法》云：食敌一钟，当吾二十钟；芑秆一石，当吾二十石。）不能从敌人手中缴获，就要认真运筹着如何自己运粮。

人要吃粮，运输有成本。世界上应当没有人比沈括更早地模拟计算了要素投入边际收益递减的现象。士兵自带干粮作战，只能带五天的干粮。进行专业化分工，士兵与后勤保障的民夫分开，一个士兵配一个民夫，进攻天数一下子增加到十八天。但击退敌军返回出发地时，士兵和民夫还是要吃粮，往返双程的时间是九天；再多配一个民夫运粮，一个士兵配两个民夫，来回是十三天，可以多四天。继续增加民夫，一个士兵配三个民夫，来回是十五天，只增加了两天。而后继续增人运粮的边际收益会递减到 0 甚至是负数。原因是人要吃饭，后勤配备的边际成本会不断上升。沈括进一步的计算是，如果加上辎重和伤员，七万作战部队，后勤保障需要三十万民夫。按照古代军队步行每天三十公里估算，七万大军出征向前出击五百公里已经接近极限。

往事越千年。用沈括的算法讨论现代城市问题可能很极端，不过对于我们思考城市问题还是特别有意义。按照沈括的计算，一个士兵五天吃完了自己带的粮食。一个民夫每天走三十公里，三十天走了九百公里后，把肩上扛的粮食吃完了。若是这样，城市之间的物流就没有任何意义了。广州和深圳之间一百公里，民夫走三天，吃了十分之一的粮食；到东莞一天，吃三十分之一的粮食。沈括运筹算法的第一个结果是，越近的城市之间市场循环量就会越大。我们想象一下，运冰块时，冰块会滴滴答答地融化成水，运到目的地，冰块变小了。沈括的问题可以称作是"冰山成本"，城市之间要能够循环起来就要改变交通环境，把冰山成本降得低低的，城市之间才可能交流。

交通基础设施对现代城市发展的意义越来越大

曾经是机场、高速公路极大地压缩了空间距离，最近十年，呼啸而过的高铁成为大规模人口流动的载体。鸡犬之声相闻，老死不相往来是自给自足的传统农业社会写照，也是交通条件落后的结果。过去蒸汽机与大航海带来了世界工业化，今天城市发达的交通基础设施和电商物流体系可以极大地拓展城市的市场范围，如今在世界范围内几乎每座城市都在销售珠江三角洲和广东的产品，传统边远的粤东、西、北的城市与珠江三角洲城市共建共享庞大的统一市场，广州和深圳的企业借便利的交通与物流体系向外扩散，加快了经济一体化的进程。

开车驶入广州、深圳与河源、清远、梅州，最直观的差距体现在鳞次栉比的高密度的大厦和璀璨的霓虹灯上，密度越高，人口越多，本地市场越大。可深圳和东莞、广州和佛山、深圳和广州、上海与苏州等城市间到底是什么关系？饮食男女，城市无论大小都要满足城市人口的基本生活需要，从这一点上说，城市功能和产业应当是一样的。不过顺德菜不同于潮汕菜，也不同于客家菜。要吃正宗顺德菜就要到顺德，要吃正宗广府菜、客家菜和潮汕菜也要到广州、梅州和潮汕走一走。城市之间连吃的都不一样，产业当然也会有差别。城市生产产品除了供应本地，还要卖出去。过去四十年，出口、国际大循环是城市发展的重要内容。未来，国际大循环仍然很重要，城市之间的循环也会重要起来。深圳人开埃安，广州人开比亚迪越来越多。进一步，广州生产埃安时要采购深圳、东莞的电子产品及佛山的机械产品，深圳生产比亚迪，也需要用广州、佛山和东莞生产的零部件，未来肇庆的小鹏也会加入这个产业链或供应链体系，五座城市的经济就循环起来了。实际上惠州的电子信息产业的规模也很大，汽车电子产业十分发达，深圳和惠州两座城市共同拥有一家企业的情形已经十分普遍。深圳企业跨界到惠州发展居多，惠州企业到深圳投资的也不少。在惠州召开企业家座谈会，可以见到很多在深圳熟悉的面孔。在深圳坪山，同样可以看到许多耳熟能详的惠州企业家。未来，深圳与中山等珠江西岸的城市也会出现这样的景观。随着产业链的延伸，会有更多的城市相互循环。

近年来，"合肥式崛起"成为后发城市崛起的热搜词。合肥是座新兴城市，地理位置上沿江近海、居中靠东，曾经长期寂寂寥寥，突然之间开始了超常规的产业集聚和人口聚集。其中的原因很多，不过交通条件的本质性变化应该是发挥了基础性的作用。20世纪末与21世纪初，合肥是和拉萨、西宁并列的三个不通国铁的省会城市。1996年京九铁路全线贯通，合肥可以北上借道阜阳，南下通过九江、南昌到深圳，连接沪昆通向大西南。千禧之年，芜湖长江大桥贯通，合肥可以借道芜湖直达杭州。2004年，宁（南京）西（西安）铁路西合段通车，穿越豫南和陕西商洛山区，合肥可直达西安。2006年这条铁路上的小林站，修建了接上汉（武汉）丹（丹江口）铁路联络线，打通了合肥开往成渝的通道。2008年，合肥到南京铁路开通，2009年合肥至武汉铁路通车，2012年，合蚌高铁通车，4个小时到达北京成为现实。2014年沪汉蓉高铁贯通，合肥成为新东西大动脉的重要节点。2015年6月，合（肥）福（州）高铁正式运营。20年时间，合肥高铁从无到有，8条铁路穿城而过，成为举足轻重的枢纽之地。合安九、商合杭两条高铁，加上合青高铁的开通运行，合肥正在从米字枢纽向钟表型12点的枢纽迈进。

现代交通枢纽的形成加上飞驰的高铁速度，合肥产业配置的冰山成本大大降低，地理位置居中的地理位置优势，才真正成为与远近的中心城市进行产业分工的极佳条件，游刃有余地汇聚创新动能，加速高端高值，产业版图从"煤粮钢"转向"芯屏汽合、集终生智"，聚链成群、集群成势，快速从以要素驱动发展为主向创新驱动的高质量发展转变。

搭乘高铁来跳锅庄

轨道交通建设只是降低了产品物流中的冰山成本吗？看起来不是，高铁运人不运货。人口高效便捷流动对城市发展的影响是什么？一项实证研究发现，过去20年，无论是用省市交通基础设施固定资产投资，还是用交通运输总里程来解释我国30个省区或300多座地级市发明专利的授权量变化，都非常显著。一个省区一座城市的交通基础设施固定资产投资越多，交通运输总里程越大，发明专利的授权量就越多。这项研究的道理是什么呢？通俗地说，交通运输基础设施投资和交通运输总里程的增长放大了国内市场效应，广东企业的市场不再局限于广东，江苏企业可以进入四川，云贵川也不再封闭，一个企业要进入新区域的新市场，面对不同技术和经营风格的竞争对手，肯定有更多的创新。不同的企业因交通便利而隔空相聚，就创造了知识交流的机会。交通当然不仅是物流，也是人流。不同类型的人碰到一起会带来思想的碰撞与交流。[1]

合肥"从0到1"，不出20年成为全国性高铁枢纽，成就了经济的崛起。未来，人口流动和产业集聚有可能强化合肥科学中心的地位。12条高铁穿城而过的枢纽地位，合肥会因为人员高效流动而带来创新效应。经过

---

[1] 崔文岳、唐杰：《交通基础设施提升区域创新能力：来自中国的证据》（*Does the Construction of Transportation Infrastructure Enhance Regional Innovation Capabilities：Evidence from China*），Journal of the Knowledge Economy，2022.3。

更为细致的分析，我们可以看到，发达的交通基础设施尤其是高铁网络不仅促成了节假日旅游经济和通勤交通便利，一座城市的高铁车次密度很高时，还会激活与其他城市的商务活动。在城市商务活动之外，高校与企业间的学术与产业技术交流的密度也会大大提高。这对地方创新产生了潜移默化的巨大影响。佛山与广州企业文化差异小，但上海企业与广州企业的差异就大，距离创造美感，交流会放大美感。企业之间因商务活跃加强了交流，也因商务活动加大了合作，双方差异大又能合作就会有创新。

交通便捷了，一座城市一下子涌进来各式各样的博览会、交易会和学术会议。表面上看，会展经济熙熙攘攘、人声鼎沸不过是创造了酒店和购物需求而已。仔细观察可以体会到，展会的真实功能是大大降低了信息流动的冰山成本。外行看热闹，内行看门道。专业化的厂商到展会上转一圈，可以感受到新的时尚、观察到新的技术、体会到新的市场、锚定新的消费主体。与展会经济不同，学术会议的规模往往要小得多，会场上没有了人头攒动，没有了表面上看到的繁荣效应。特别是高水平的学术会议，更是阳春白雪。常人听不大懂的形而上的争论交流，往往给人务虚不实的感觉。但实际上，群英荟萃的高水平的学术会议往往富含了高端科学成果的回顾与展望，对科学研究大有助益。事实上，一座城市的高端学术会议的多少与大学的水平成正比，自然与科技创新有着很多很紧密的内在联系。这是广东城市与北京、上海甚至是合肥差距最大的地方，是深圳、东莞要成为创新城市真正需要补课的地方。①

---

① 在这项研究中我们还发现了一个特别有意思的现象：一个城市发明专利授权量居然与一座城市古代和近代的城门数有关系。听起来匪夷所思，实际上是表明，城市是有记忆的，历史传承对当今的发展是有影响的。这是与夏怡然和陆铭《跨越世纪的城市人力资本足迹——历史遗产、政策冲击和劳动力流动》(《经济研究》2019 年第 1 期) 研究结果相一致的发现。历史上的人力资本，以明清时期的进士数据衡量，为当代城市的人力资本积累奠定了基础，20 世纪 50 年代高校院系搬迁的政策冲击也对城市的人力资本积累发挥了重要作用。然而，在改革开放后的几十年间，计划经济时代政策冲击的影响逐渐减弱，市场经济环境下劳动力 (特别是高技能劳动力) 更多流向了人力资本水平更高的城市，城市间的人力资本空间分布又向历史上的人力资本空间分布逐渐收敛。进一步研究还发现，城市人力资本的积累与地理区位有关，离大港口较近的城市有着较好的历史继承下来的人力资本基础，又在经济开放条件下产生了较高的人力资本回报，吸引了更多高技能人力资本的流入。当今世界上，一众名城，如纽约、巴黎、伦敦、上海和北京经久而不衰，历经挫折而屡屡崛起的原因不仅是外部的，也不是短期的繁荣，而是长期可以传承的有利于创新的基因。这对当今的城市领导者无疑极具启示意义。

日本名古屋城市圈在东京和大阪两大都市圈之间，是日本三大经济圈之一，是汽车工业的中心、丰田公司所在地，其机械制造、电子以及航空器材、陶瓷与纺织业都很发达，是典型的制造业中心。60 年前，东海道新干线开通后，位于名古屋市中心的名古屋车站周边地区，逐渐发展成为规模大、影响力大的商务和会议中心区。尽管东京与大阪距离不远，新干线上不过三个小时，但东京和大阪的学术与企业之间的交流，往往会放在名古屋，大家各走一半的路，互相方便。名古屋的创新能力因此而显著提升。①

佛山正在发生重大变化。佛山西站是一座集高铁、城际、地铁、公交、的士、长途汽车、私人交通等于一体的大型综合交通枢纽，引入贵广、南广、西部沿海 3 条国铁，广佛肇、广佛环线 2 条城际轨道。在佛山西站枢纽新城片区范围，已规划配置会展中心、酒店办公、商业、医院、中小学等设施，高度整合会展、商业商务、产业服务、文化旅游等多种城市功能，提升片区建设的活力与可持续性。佛山西站大大提升了狮山镇的区位优势，提升了城市品质和综合配套水平，人才因交通枢纽创造便利而涌入。②

肇庆，古时即有"砚乡"之称，盛产中国四大名砚之一的端砚，过往给人更多的印象是绿水青山和人文历史浓郁：拥有"北回归线上的绿宝

---

① 名古屋是日本第四大城市，介于东京和大阪之间，是日本海陆空立体交通的核心点，东海道铁路、东海道新干线、地铁以及公交站点的交会，名神、东名以及中央高速公路经过，名古屋站距名古屋港以及中部日本国际机场都是 30 分钟车程。新干线名古屋站区以商务办公为主，辅以商业、住宅及配套等多元城市功能为标志。参见：东京都总务局统计局"东京都统计年鉴"（JR 东日本，日本地铁各社，东京地铁，都交通局提供资料）。横滨市"第 93 回横滨市统计书"（2015 年 4 月），名古屋市的"2014 年版的名古屋市统计年鉴"（2015 年 3 月），大阪市"2014 年大阪市的统计书"（2015 年 4 月）。

② 《珠江时报》赵济非写下了极富感染力的文字：在航天科学领域，科学家们经常使用"引力弹弓"效应从事天体活动，就是利用行星的重力场来给太空探测船加速，将它甩向下一个目标，也就是把行星当作"引力助推器"获得加速度。枢纽新城在大的板块空间结构上，构筑了三个竞合板块，第一个"天体"是粤港澳大湾区，通过积极融入建设承接深圳、香港外溢资源，引入信息、科创、会展等生产性服务业吸引高端服务业资源和人才；第二个"天体"是粤桂黔乃至"一带一路"，通过多元联动，激活要素交流；第三个"天体"是东盟，通过深度对接，获取海外消费市场和生产空间资源。西站枢纽新城空间微小，场域紧致，但其智慧微城建设的探索和两业融合的先导，不是一场"小城之春"的社区探索与田野实践，只有真正发挥出它蕴积已久的催化制造"大爆炸"奇点威力和最大限度获取"引力弹弓"加速度，才能真正彰显其胸怀待发的猛志和担当。《佛山西站枢纽新城：高质量发展"引力弹弓"的猛志与远举》，"天下城市"微信公众号，2021 年 4 月 1 日。

石"鼎湖山、风景名胜区七星岩；拥有宋城墙、梅庵等众多历史名胜。广佛肇都市圈交通条件持续改善，肇庆从边缘转变为近中心城市，肇庆东南板块的端州、鼎湖、高要、四会4地全部纳入广州都市圈中。从广州大道中驱车前往肇庆大旺高新区，仅需半个小时的车程，该高新区东邻佛山市，西倚肇庆市中心城区，南临珠江三角洲枢纽机场（广州新机场），产业集聚速度快，从不具备区位优势，到区位优势明显。肇庆市政配套设施日臻完善，喜来登酒店、中山大学附属医院、研发与居住等优质配套设施纷纷投入使用。该市还在进一步加强鼎湖、四会区域内外交通联系，完善片区路网结构。同步建设广佛肇高速A线延长段、广沙大道、岗美路、汇盛路等横向道路织密区域路网，进一步完善园区内部交通网络，提高车辆通行能力。在鼎湖莲花—四会富溪市管起步区，振兴大道二期、富溪大道、富民路、富丽路、富盛路等项目建成后可进一步疏通原有工业园区的"毛细血管"，让企业运输更便利。道路通达，企业集聚，集聚群就做起来了。

作为粤港澳大湾区面积最大的城市，肇庆土地面积占大湾区总面积的近26%，土地开发强度仅为6.5%，是少数能够承接完整产业链项目的大湾区城市。肇庆因此成为广东省《促进产业有序转移财政支持方案（试行）》重点产业承接主平台之一，总规划面积约992平方公里的土地。广东省已成为全国重要的智能网联汽车生产基地和零部件制造中心，广州、深圳、佛山为新能源汽车核心集聚区，东莞、中山、惠州等城市也瞄准关键零部件及新材料配套项目，汽车芯片、电子、零部件，操作系统、软件和重大装备等都是下一阶段重要的创新方向，在这些领域的突破可以大大支撑汽车产业的高质量发展。传统汽车向智能新能源汽车转型过程中涌现了大量机会，传统汽车70%的零部件未来都将面临重构。佛山高新区、肇庆高新区作为重要载体，将打造成面向广州科技创新人才的中试和成果转化基地。

在落户肇庆的发布仪式上，小鹏汽车联合创始人、总裁夏珩讲道："珠江三角洲一直是华南汽车制造的核心区域，小鹏汽车作为岭南唯——家造车新势力，可充分利用周边成熟的汽车生产配套，我们希望实现研发与制造的一体管理。肇庆市地处沿海与内陆的交通要冲，多条高速路、铁路和水路贯穿全境，距广州研发中心与生产基地也仅一小时车程，极大地方便了研发团队与生产制造团队的充分沟通，节省了大量的时间成本，有效保障产品进度。"[1]

阿里巴巴和京东比谁在东莞投得多

中国很早就有了仓储、物流与邮政体系，甚至是快递的业务。汉高祖刘邦在秦代任泗水亭长，小芝麻官却是身兼数职，相当于当今的治安管理、市场监管、城管，还要加上邮政所的功能。汉宣帝刘询（公元前54年）建常平系统，"谷贱时增其价而籴，以利农；谷贵时，减其价而粜。"常平仓是国家粮食储备机构，贵粜贱籴在平抑粮价和赈灾救荒等方面发挥了至关重要的作用。互联网时代，物流仓储在物资供应保障地位更加重要，哪些厂商生产什么产品、生产多少，大众在平时和应急时需要什么信息，都经过一个个条形码汇入了中心数据库。电脑屏幕随时闪烁着各种货物进出仓的数据。物流仓储基地因此而成为巨大的物流数据网络中的重要节点，对于企业、政府和消费者都有着重要意义。

自2015年以来，阿里巴巴累计在东莞已经投入240亿元建设华南中心。继2015年投入80亿元，阿里巴巴在东莞进一步扩张，2020年菜鸟网络的华南总部来到了东莞。阿里巴巴在东莞再次投资了160亿元资金，总投资金额超过了240亿元。几乎是与此同时，京东在东莞投资300亿建立了华南物流中心。据称，京东全国电商供应体系的采购量的三分之一以上是在广东完成的。京东选择在东莞建立华南总部，落成之后，自然也将在东莞建立更加完善的物流体系。这代表着东莞未来将成为电商运营最大的物流枢纽中心。京东从长远发展考虑，将把无人机总部和人工智能开发产业一并落户在东莞。东莞和深圳之间相互联通，双城共同拥有世界级的信息产业集群。东莞在电子信息制造行业也具备极大的发展前景，具有万亿元的制造规模。东莞是世界知名的手机之乡，拥有超过全国三成的智能手

---

① 《小鹏汽车落户肇庆 投资达百亿，一期年产10万辆》，"盖世汽车"公众号，2017年5月5日。

机制造量。阿里巴巴和京东等互联网平台因信息制造业集聚东莞，而向东莞聚集，同时也为制造业数据化提供更多的研发和创新动力。[①]

膨胀的成都

猛然之间成都成了超级都市。[②] 老成都所谓"穿城九里三"，是只算城墙内的范围（东西城门相距 9.3 里）。直到 20 世纪 90 年代初，成都的地理边界还恪守历史传统：府南河内侧围起来的这块地方才叫"成都"。2000年左右，一环还保留有捞鱼摸虾的郊野风光，二环都是土路，二环外东光、琉璃厂一带住的都是本地农民。2006 年的青羊区二环附近的小区边上还都是农田。买家具是"出了三环不包送"，因为三环外就算远郊了。在成都从小城变身"巨无霸"的过程中，标志性的几件事是：地铁通车（2010年）、二环高架落成（2013 年）、天府新区设立（2014 年）、天府机场通航（2021 年）。地铁和蛛网般向外辐射的高速通道极大地拓展了成都人的空间距离感，带动了连片的城区开放。2010 年成都以 120 万辆机动车在全国排名第八，2017 年飙升至 432 万辆。2000—2020 年，成都的常住人口增加到984 万人，仅次于深圳的 1055 万人，高于广州的 873 万人。今天，成都以2100 万人口规模居全国第四，但其 GDP 1985 年被苏州超过，2008 年降到不足苏州的 60%，2011 年排不进全国前十，2018 年以来一直位列全国第七。

"一代人翻天覆地"的经历，在国内并不令人惊讶，各地城市的变化大同小异。成都的特殊之处在于其速度和方向：相比起沿海城市，成都的城市扩张压缩在更短的时间内；至于空间，成都不断南进，天府新区常被戏称为"国际城南"，代表着迥然不同的新成都，工作节奏、生活方式，乃至人口组成都不一样。生活在"国际城南"的人，经常觉得南四环的环球中心（号称亚洲最大单体建筑）就已经是最北的了；而在老成都人眼里，那儿简直已经南到不能算是成都了。

---

① 《和深圳相比，东莞有何特别之处？为何阿里等企业陆续来此投资？》，搜狐网，2022 年 6月 6 日。

② 维舟：《成都，极速膨胀中……》，新浪财经转载于《中欧商业评论》，2023 年 6 月 15 日。

2010 年两块汉碑在成都出土，被称为裴君碑、李君碑，又称"天府汉碑"，碑文中有两千多个横稳疏阔的汉隶文字，磅礴大气的颂词充满了对两位汉代的成都地方领导人任期所作所为的赞扬。"巍巍大汉"的天府成都，教育领先、文化昌明、科技发达、经济繁荣，"列备五都"，与首都洛阳等城市并列为一线城市。①

成都从远古走来，要实现梦想，就要抓住机会。成都是市场经济最为活跃的国内城市之一，其市场主体数量之多，在全国仅次于深穗，是前十大城市里增速最快的。相对于深圳、苏州、佛山和东莞，成都制造并不令人生畏，产业集群规模不够大也相对分散。但成都的科教资源富集，有四川大学、电子科技大学等 64 所高等院校，新一轮"双一流"建设高校 8 家，居全国城市第 4 位，在校大学生排全国城市第 5 位。成都有中国科学院光电所、核工业西南物理研究院等 30 多家国家级科研机构，已经建成了牵引动力国家重点实验室、四川国家应用数学中心等 214 个国家级创新平台，是中国科学院、中电科集团、中航工业集团、中核工业集团等在全国战略布局的重要城市，核能、航空航天、军工电子等领域技术国际领先。成都以西部（成都）科学城为极核引领的"1 + 4 + N"创新空间布局，打造"成德眉资（成都、德阳、眉山、资阳）创新共同体、成渝地区科技创新和协同创新示范区、'一带一路'创新枢纽"区域协同创新体系。②

---

① 比天府汉碑晚一两百年，左思的《蜀都赋》，对成都的山川形胜、地理位置及城市的描述要宽广深入得多和精彩得多。成都"于后则却背华容，北指昆仑""于东则左绵巴中，百濮所充""于西则右挟岷山，涌渎发川""既丽且崇，实号成都""比屋连甍，千庑万室""市廛所会，万商之渊"，一派大商业都市的景象。

② 德阳重大装备制造业集群在全国乃至世界都具有一定影响力，眉山电子信息、新能源新材料、农产品及食品加工产业粗具规模，资阳汽车制造、轨道交通、口腔装备材料等产业也具有较好基础。德眉资 3 市与成都接壤边界超过 680 公里，中心城区距成都主城区 50 公里左右，具备同城通勤的黄金半径。大数据分析显示，成都人口流入流出地中，德眉资居于前三位，合计约占成都人口流动总量的 30%。加快形成成都市圈一小时通勤圈，加快形成多节点、网络化的现代化国际铁路港集群，协同提升综合通道能力；深化自贸试验区制度创新，加强天府国际空港综合保税区等建设，推动在蓉航空、铁路等口岸功能和场站资源向德眉资延伸共享，增强开放平台服务效能；协同开拓国际国内市场，共同促进货物贸易强链、服务贸易扩能、新兴贸易创新，推动实现都市圈内部高效联通、外部广域畅达。以成渝地区双城经济圈建设为总牵引，推进成德眉资同城化发展。

牛顿的苹果

牛顿坐在苹果树下，观察到苹果掉在地上，发现了万有引力，与瓦特观察水在烧水壶里沸腾会顶起壶盖，而发明了蒸汽机，都是特别精彩形象的科普故事。"万有引力"也被经济学家用来解释城市之间的经济联系和城市群的发展。城市之间贸易关系类似于牛顿引力模型中两个物体之间的相互吸引力。城市之间互为市场，经济规模越大、人口越多，城市间的贸易量和人口流动量就越大，经济联系就越紧密。城市之间的距离太远了，相互之间的吸引力就会小。这如同深圳和东莞、深圳和惠州毗邻共处一个城市圈，广州与佛山同城化的相互依存的关系。深圳和中山距离很近，只因是隔江相望，两城的经济联系就不太密切。

中国城市规划设计研究院深圳分院（简称中规院深圳院）的罗彦发现，珠江三角洲城市圈之间的制度距离明显大于空间距离，城市之间存在制度性障碍，放大了距离。[①] 这如同于城市之间矗立起了"墙"。说起墙，我们自然就会想到，墙有高度也有厚度。两座城市之间隔着又高又厚的墙时，就如同在路上设了路障，当然会造成人员、资本和产业之间联系的不方便。如何测量墙的高度和厚度呢？借用牛顿的引力模型，可以很轻易地得到人口、经济规模，扣除实际交通距离的运输成本，就可以得到类似于行星间的引力，贸易量和人口流动量。如果广州和深圳之间的贸易量或是人口流动量等于理论值，就不存在行政边界、制度因素等路障对城市联系的阻碍作用。

在现实中，罗彦及其团队采用移动运营商和百度慧眼数据，得到了广东所有城市一对一的实际人口流动量、城市间企业互设分支机构的数量与相互投资量，结果既不出意外，也很出乎意料。不出意外的是，他们发现了广东省与香港和澳门之间确实存在很厚的制度墙，妨碍着粤港澳三地的密切联系。出乎意料的是墙太厚了，具体说，深港之间的实际联系流量只

---

① 罗彦：《粤港澳大湾区的创新发展》，城 PLUS，2022 年 1 月 19 日。

有理论联系强度的 1/72，如果用空间距离来做一个更形象的比喻，深港边界的这堵墙的厚度大概是"500 公里"。深港之间实现规则衔接和机制对接的紧迫性显然特别强烈。同样，广佛肇、珠中江与深莞惠三大都市圈是广东城市的精华，彼此之间的联系虽然密切，但也存在着实实在在的"墙"，惠州与广州之间有"墙"，广州与佛山之间有"墙"，惠州与深圳之间也有"墙"。厚厚的制度墙，相当于将珠江三角洲城市之间的距离放大了三倍。一堵堵"墙"遏制了三大都市圈的九座城市之间的联系，限制了广东经济走向高质量发展。

同属于广东省，广州、深圳、佛山与东莞等 21 座地级及以上城市文化差别不大，城市经济发展水平有差异，产业结构有差异，管理方式和开放程度不等，对城市之间联系的影响还是很大的，有一种可称为"广东尴尬"的窘境。若进行省际比较，广东高铁、城际铁路、高速公路网建设，与广东位列第一的经济地位是相称的。但是在几大城市群中，无论是与京津冀还是与长江三角洲城市群相比，广东轨道网交通建设相对滞后，城际与跨城地铁的差距更大。

苹果因为引力从树上掉下来，城市因为引力会吸引企业。过去十年，城市群概念渐渐深入人心，正在深刻地改变地方政府有关城市经济发展的观念。连绵不断的城市之间存在着行政边界，城市按照行政边界管理，但切断产业联系、人员流动和资金流动就会形成围城。发展城市群就是要使城市联起来，联得有效率。要像广东的无人机产业集群、新能源汽车产业集群一样，一个产业在多个城市分布，相生共赢。这种新的城市发展理念就是要创造产业的分享与共享。

中规院深圳院对城市间产业分享与产业集群进行了深入研究后发现，产业间集聚状态存在着非常大的差异。广告是集聚程度最高的产业，高度依赖人流密度。类似于美国纽约时代广场、巴黎香榭丽舍大街，或是新白云机场和宝安国际机场极高密度的人流，广告效应可能只有 500 米，再远一点就不会有了。金融前台、企业总部和研发中心是高度集聚的产业，一般会在市中心的 15 公里之内。金融业中后台服务、产品研发、文化创意、为城市服务的交通枢纽等业态的集聚密度会从 15 公里扩大到 30 公里。而高端制造、与产业结合的研发服务、物流综合枢纽、大规模休闲空间等的分布范围会在 30～60 公里。一般的规模化制造和产业技术研发可以扩展到 60～100 公里以外。这类似于深圳市中心到深汕合作区的距离。我们想一下这样的情景：深圳与东莞毗邻，东莞与广州接壤，深圳到广州不过是 100 多公里。广州与佛山同城，佛山与肇庆和中山接壤。实际上，只要不用行政手段关上城市的大门，上述产业就会在广东各城市间形成蛛网一样的分布，你中有我，我中有你，形成跨行政城市的产业集群。中规院深圳院形象地提出了"产业穿透"的新概念：一个产业在合理的组织半径，可能会是穿越多个行政空间，而落户在一个合适自己发展的位置。这就是，大疆深圳、大疆东莞、大疆珠海与大疆佛山的组合，未来可能会有大疆惠州、大疆××。华为与深圳和东莞之间最精彩的故事就是，当华为某高管被问及"华为是否以深圳为根"的问题时，该高管郑重重申了"华为永远不会搬离深圳"的承诺。在被追问"华为为何搬去了松山湖"时，该高管哈哈笑着反问道："松山湖就不是深圳了？"这是精彩和充满智慧的回答，论行政区划松山湖当然是东莞的行政区域；论城市群，松山湖以及东莞毫无疑问是深莞惠都市圈的有机组成部分。

穿透广东的空间

做实做强新发展格局战略支点，推动高质量发展，创新体制机制，完善政策体系，支持粤东粤西粤北地区更好承接国内外，特别是珠江三角洲地区产业有序转移，促进区域产业融合、协同发展，加快形成主体功能明显、优势互补、高质量发展的区域经济布局，是实现广东高质量发展的重要策略。① 建立"1＋N"的产业转移政策体系，强化省级层面在谋划布局

---

① 来源：中共广东省委、广东省人民政府印发《关于推动产业有序转移促进区域协调发展的若干措施》，南方＋，2023 年 3 月 24 日。

等方面的协调作用。聚焦产业合作，引导更多珠江三角洲地区产业向粤东粤西粤北地区转移，共建园区和"产业飞地"，打造承接产业有序转移主平台和产业转移合作园区。在珠江三角洲地区设立"反向飞地"。鼓励"反向飞地"所在地采取长期租赁、先租后让。支持粤东粤西粤北各市打造主导产业集群，大力引进强链扩链型、集群配套型、龙头基地型项目，实现集群化、集聚化发展。推动制造业有序转移。鼓励珠江三角洲企业将生产制造环节、新产品线转移到粤东粤西粤北地区，以"总部＋基地""研发＋生产""生产＋服务"等形式延伸布局产业链。推动珠江三角洲地区临港重化、海工装备等产业向沿海经济带东西两翼有序转移；支持北部生态发展区在满足政策规划、生态环境分区管控的基础上，有序承接发展新材料、生物医药与健康、资源精深加工、安全应急与环保、清洁能源等优势产业。支持资源枯竭型地区发展接续产业和替代产业，推动老工业城市制造业竞争优势重构和工业遗产保护利用，支持赣闽粤原中央苏区在深度参与粤港澳大湾区建设中加快振兴发展。支持粤东粤西粤北地区承接珠江三角洲地区加工贸易转移，谋划建设大型加工贸易制造基地。

轻舟已过万重山

广东省综合交通"十四五"规划提出，加快构建"12312"出行交通圈和"123"快货物流圈。进一步加密珠江三角洲与粤东粤西粤北地区快速通道，支持粤东粤西粤北各类产业园区联通高速公路、重要枢纽的路网建设。"12312"出行交通圈，即珠江三角洲内部主要城市间1小时通达、珠江三角洲与粤东西北地区2小时通达、与国内及东南亚主要城市3小时通达、与全球主要城市12小时左右通达。"123"快货物流圈，即实现货物省内1天送达、国内及东南亚主要城市2天送达、全球主要城市3天送达。积极发展多式联运，推动完善港口、物流园区集疏运铁路网，加快打通各种限制物流效率的"断头路"。加强内河航道建设。支持物流企业通过参股、并购、合资等方式参与产业转移的产业链关键项目建设，完善仓储、货运、配送一体化网络。广东交通一体化率先破局，高铁进城助力建成

"轨道上的大湾区"。

2022 年 9 月 13 日，广汕高铁增江特大桥成功合龙，标志着广汕高铁全线重难点工程建设取得了突破性进展，广汕高铁建设将进入全线轨道铺设阶段。同日，粤西的湛江湾海底隧道，广湛高铁"永兴号"盾构机顺利穿越湛江湾主航道，标志着成功攻克新的技术难关。① 如今，从粤港澳大湾区核心区域向北望去，有京广铁路大通道，赣深高铁进一步打通了向北和向华东的通道。向东，深汕高铁已开通多年，未来还将建设汕头往漳州 350公里时速的高铁，广州从深圳往福建、上海都将建成 350 公里时速的高铁通道。向西，深圳经江门至湛江、广州到湛江的 350 公里时速高速铁路将要开通。"轨道上的大湾区"正逐步成为现实。目前，广东实现了全省 21个地级以上市"市市通高铁"。8 条放射状、联通泛珠江三角洲、华南地区的快速高铁通道，正构建起粤港澳大湾区轨道上的交通网。预计到 2025年，粤港澳大湾区铁路（含干线和城际铁路）网络运营及在建里程将达到4700 公里，全面覆盖大湾区中心城市、节点城市和广州、深圳等重点都市圈，大湾区内地城市轨道交通运营里程达到 1700 公里。

两条"350 高铁"串联东西

"十四五"时期，广东将加快形成以粤港澳大湾区为中心，汕头、湛江、韶关为极点，轴带支撑、多向联通的综合交通布局。广湛高铁、广汕高铁便是粤东粤西沟通大湾区的两大动脉。广湛高铁通车之后，广州到湛江的时间将缩至两小时以内。广湛高铁正线全长约 401 千米，线路起于广州火车站，途经佛山、肇庆、云浮、阳江、茂名、湛江等市，终至湛江北站，西连湛江枢纽，投资总金额估算 998 亿元，为广东省建设里程最长、投资最大的高铁项目。广汕高铁联通京广、京港高铁和沿海铁路，是我国"十三五"规划建设的高速铁路区域连接线，也是广东省"五纵二横"高

---

① 黄浩博、秦翔昊：《跨江穿海！广东交通一体化率先破局，高铁进城助力建成"轨道上大湾区"》，南方财经全媒体，2022 年 9 月 14 日。

速铁路网的重要组成部分。线路整体呈东西走向，向东途经广州、惠州和深汕合作区。沿线共有 8 个车站，设计最高时速为 350 公里。广汕高铁建成通车后，广州到汕尾的时间将由目前的 2 小时压缩到最快 40 分钟左右。沿线旅客出行将更加方便通畅、舒适便捷，对完善粤港澳大湾区综合交通体系建设具有重要意义。时空距离缩短将为区域发展带来颠覆性变化，轨道交通不仅仅解决城市间交通出行问题，也将深刻改变人民生活模式、城市结构及区域发展模式。

两条铁路的建设将促进资源要素在广深及粤东粤西地区的合理配置，珠江三角洲地区面临用地紧张的问题，粤东粤西地区可以承接广深转移出来的制造业，粤东与粤西的沿海地区，在物流运输及进出口上同样便利，抓住交通完善的机遇，推动产业转型升级与高质量发展。

2021 年 9 月，《广东省综合交通运输体系"十四五"发展规划》（以下简称《规划》）发布。按照《规划》，广州、深圳要发挥国际性综合交通枢纽功能，珠海要发挥全国性综合交通枢纽功能，同时还要加快建设汕头、湛江全国性综合交通枢纽，提升韶关综合交通枢纽能级。城市群时代，交通枢纽群与城市空间体系关系密切，不同的城市发展空间与交通枢纽体系相互演化推动。东京城市功能高度集聚向心地发展，要求有复合集聚的枢纽模式。深圳则一直倡导多中心发展、城市多中心布局、各组团中心具有特色化功能中心，据统计，深圳市域范围规划枢纽超过 200 个，整个深莞惠地区规划枢纽数量超过 300 个，深莞惠地区规划枢纽数量超过 300 个。与东京、巴黎都市圈相比，枢纽规模已超过 2 倍。充分发挥枢纽集群协同效应，是粤港澳大湾区、深圳都市圈枢纽体系重构的重点。[1]

"轨道上的大湾区"，进入广深"半小时生活圈"在惠州发展策略中的意义重大。创造性地规划建设"丰"字交通主框架，总里程达 485 公里。1号公路是惠州"丰"字交通主框架中的南北交通轴线。力争实现惠州与大湾区中心城市间 1 小时通勤。赣深高铁通车后，加快推进广汕高铁、深惠

---

① 蔡燕飞：《流动大湾区：轨道先行，枢纽重构》，城 PLUS，2021 年 12 月 22 日。

城际等建设。高标准建设惠州千万级干线机场。推动惠州港从产业港向贸易与产业港并重转型。以"丰"字道路交通主框架搭建城市脊梁，向西打通大湾区建设的战略通道，向南引领惠州向海发展。串联整合新型平台、重大科创装置、产业集聚区等产业空间，加强产业空间和城市服务空间的衔接，释放沿线用地潜力，助推沿线地区发展。

"三条高铁 + 一座新机场"改变珠江西岸

珠江三角洲枢纽（广州新）机场位于佛山高明，肇庆至高明高速公路一期工程如期动工，项目建成后，肇庆城区到珠江三角洲枢纽（广州新）机场只需20分钟。在广湛高铁后，珠江肇高铁将从深茂铁路区间引出，经江门、佛山、肇庆，终至珠江三角洲机场站，并预留向西延伸至南宁方向、向北延伸至肇庆东站方向、向南珠海方向条件。最终会形成深南高铁、广湛高铁、珠江肇高铁 + 珠江三角洲枢纽（广州新）机场的格局。[①]

佛山也把新机场建设看作佛山由"节点城市"向"区域枢纽型城市"迈进的抓手，从2017年起便研究谋划临空产业发展，加快打造临空经济区等重大产业平台；肇庆高要区则提出，以珠江三角洲枢纽（广州新）机场为依托，谋划建设100平方公里临空商务物流园区，重点发展空港物流产业和高附加值制造业。肇明高速、珠肇高铁等公铁路网的衔接，珠江三角洲枢纽（广州新）机场未来将引入广州都市圈和珠江西岸都市圈的人流。只有航空运输产业链条从货物达到相当的密度和数量，机场才能取得规模效应。

一条城轨带动一座城

轨道交通不仅让城市内部发展，还会让城市间融合，模糊和打破城市间的边界壁垒，带动经济要素的流动。粤港澳大湾区城市间的轨道交通就是最好的见证。作为粤港澳轨道交通交融的一环，广佛通勤的地铁线是早

---

① 《3条高铁与一座新机场：正在改变的珠江西岸》，南方网，2020年9月1日。

期最为成功的案例之一。2016 年，东莞地铁 2 号线正式开通，始发站为东莞火车站，终点站是虎门高铁站。这两个站点都连接广州、深圳，加速了两地人才、产业的流通。住在东莞南城、在深圳工作，可以享受跨城轨道交通红利。过去在深圳工作，住在东莞，通勤往来很不方便，而难以持续。东莞地铁 2 号线的开通，使通勤成为深圳和东莞之间人口与城市关系重要现象。早上乘坐地铁至虎门高铁，再到深圳上班，晚上下班如是。这样的通勤圈大概在 1~2 个小时。广深高铁因此而变得一票难求，几乎趟趟都是满座。虽然说是高铁，但对通勤者而言就相当于公交车。

水乡片区崛起，城轨先行

地处穗深的中间地带，东莞成了轨道建设的重中之重。穗莞深、莞惠、莞佛等 3 条城际轨道及东莞地铁 1 号线四轨在东莞西站交会，无缝对接莞穗深惠佛五城。东莞西站将是继虎门高铁后的又一核心枢纽之一。而东莞西站正位于东莞的水乡片区。坐享东莞西站的轨道红利，水乡新城将打造"对外快捷、网络完善、系统协调、品质优越、富有特色"的综合交通系统。东莞西站是东莞目前最大的轨道枢纽站，穗莞深城轨高峰小时客流量、莞惠城轨高峰小时客流量均在万人左右。作为穗莞深城轨经停站点，东莞水乡片区可以获得更多的穗深两大核心城市产业外溢的红利。广州与东莞两市签署了深化重点领域合作协议，要在共建湾区"一小时通勤圈"、优质生活圈、全面深度合作先导区等领域深化合作。东莞水乡经济区也和广州开发区确定了战略合作，共同打造粤港澳大湾区的"全面深度合作先导区"，着力形成"总部经济＋新兴产业""现代新城＋特色名镇"的水乡新城片区统筹联动发展新格局。1 号线通车，出门即可搭乘地铁，去广州、深圳都很方便。未来，东莞还将有 6 条地铁线路接驳深圳。

深圳产业创新外溢的效果明显

深圳市政府注重以"一核一带一区"区域协调发展战略为牵引，坚持政府引导、市场主导，充分发挥龙头企业作用，以产业园区为载体，在河源等地以政府合作形式发展飞地经济，在中山、江门、珠海等地以市场化形式有序推动产业拓展转移，共建大湾区产业链，持续提升在粤港澳大湾区中的核心城市地位和辐射带动作用，与粤东、珠西等城市建立起更加紧密务实的合作关系，为深圳高质量发展提供更大的区域协同空间、打造新的增长极，也为全省协调发展提供支撑。

根据中国（深圳）综合开发研究院研究团队的调研和大数据分析，深圳产业转移的特点是跨区域协同发展，生产环节异地布局成为外迁主方向。相较于整体外迁，深圳越来越多的企业倾向于选择部分外迁，跨区域多地布局，特别是在东莞、惠州、中山、珠海、江门等临近城市。深圳迁出省内其他城市企业，以珠江三角洲吸引最多（80.1%），远超其他地区。其次是粤东地区，占比13%。粤北和粤西分别占比3.51%和2.28%。

2021年，总部设在深圳、分支机构分布在广东各城市的企业共有8.07万家，其中79.4%集中在深圳本市，省内市外占比20.6%，其中，分支机构分布主要集中在三个城市，东莞20.9%，广州19.8%，惠州14.7%，三者总和超过55%。

根据企业工商数据和专利数据的大数据分析，2022年从行业看，市外新兴战略性产业分支机构以新一代信息技术（57%）为主，其中新一代信息技术、生物医药分支机构主要分布在广州，新材料、高端装备、绿色低碳分支机构则主要分布在东莞。

从企业股权关系数据来看，深圳企业关联投资占全省半壁江山（54.2%），显示出深圳与周边城市极强的产业关联。具体来看，深圳与广州之间的总投资量最高（占比20.1%），其次是深圳与东莞（占比10.1%）、广州与佛山（占比7.2%）。

从专利合作来看，深圳是都市圈专利合作网络核心。大湾区发明专利联系网络以深圳为核心，广州为次核心。截至2020年，大湾区发明专利的主要合作网络为深圳—东莞、深圳—惠州、深圳—广州、广州—佛山等。

微观层面，调研发现，"深圳母工厂＋外地分工厂"模式正在形成，深圳较强的研发和高端制造能力以及运营管理资源，使得"母工厂"留在深圳，然后将一些部件生产布局在具备优势的珠江三角洲其他城市。典型的有比亚迪和景旺电子。

比亚迪母工厂在深圳，分工厂在中山。比亚迪电子有限公司成立于1995年，经过多年发展，主营业务涵盖 IT、汽车、新能源、轨道交通四大产业，包括各类 IT 终端设备机构件的研发、设计和制造。近年来，比亚迪积极与中山开展综合性合作。2018年，比亚迪在中山市民众镇建设智能终端及零部件制造基地、轨道交通设备及预制件生产基地，项目总投资 50 亿元。虽然分工厂在向外地拓展转移，但是比亚迪的母工厂仍然在深圳总部。

深圳坪山是比亚迪的总部所在地，也是母工厂所在地，为客户提供包括设计、制造、测试及装配等"一站式"服务。在国内，比亚迪拥有长沙、西安、中山等多个生产基地，母工厂向分工厂提供技术支援、开发测试、开拓市场等功能，推动母工厂与分工厂形成互补互动效应。此外，比亚迪在中山布局的跨座式单轨产业项目是比亚迪轨道交通业务的重要组成部分，项目建设内容包括车辆厂（含零部件机加工、焊装、涂装、总装、测试等全部生产工艺）、轨道梁厂等核心产品制造，其中车辆厂将成为珠江西岸和粤西及周边地区的区域总部，这些"西岸分工厂"未来更加离不开"东岸母工厂"的远程指导及各种创新要素资源配置的支持。

深圳市景旺电子股份有限公司（以下简称景旺电子）在珠海设立分工厂。景旺电子创立于1993年，是全球领先的印制电路板及高端电子材料研发、生产和销售的高新技术企业。在国内拥有广东深圳、广东龙川、江西吉水、广东珠海四大生产基地，在全球印制电路板行业排名第20位。在产业拓展转移中，2017年，景旺电子在珠海市高栏港区投资建设印制电路板生产基地，研发、生产和销售印制电路板、柔性电路板。位于深圳总部的母工厂，专注于印刷电路板及高端电子材料研发、生产和销售。对珠江西岸的分工厂（印制电路板生产基地）提供技术支援、开发试制、先进制造技术应用和满足高端市场需求功能的战略支撑功能，推动母工厂与分工厂在技术研发、管理经营等方面保持良性互动、深度融合。

长链产业和产业集群

复杂制造下"长链产业"需要产业链供应链深度协同，对产业组织和治理要求较高，是产业集群的高阶发展形式。因此，为应对当前深圳制造业面临的主要挑战和问题，深圳需要大力发展跨区域、网络化的产业集群，与周边城市共同打造具有世界竞争力的产业集群。协同引进企业总部与研发中心，构建集关键技术研发、生产制造和总部服务为一体的跨区域产业协同发展模式，推动产业业态加速向"智能产品＋增值服务"转变，加快产业链从中低端迈向高端环节。

深圳与东莞、惠州作为都市圈具有天然的协同效应。各市政府支持发挥东莞、惠州精密制造配套能力强大的作用，打造产业体系完备、核心技术自主可控的产业基地。以"深圳创新＋东莞、惠州转化"为模式，以"总部＋基地""研发＋转化""链主＋配套"等方式，促进产业链上下游深度合作，共同推动产业链供应链协调联动，促进产业链、供应链、创新链、价值链深度融合。政府支持、龙头企业牵头，在重点行业领域建立产业公共技术和服务平台，面向周边城市开放共享，共同提升行业技术水平。

复杂制造，是指对设备、知识、技术、人才等要素的要求较高，需要长时间的沉淀和积累，需要产业链上下游、企业与科研机构等开展深度的横向与纵向合作，共同完成工艺复杂、协同性极高的生产制造流程，同时在持续协同中强化专业分工，攻克"卡脖子"技术，完善整个产业生态。

"长链产业"是指产业链的研发、设计、小试、中试、规模制造、供应链、市场销售等环节较长，需要专业分工与上下游共同完成整个产业链流程。比如半导体与集成电路、高端医疗器械、工业母机等，都是典型的复杂制造和"长链产业"，产业链上下游企业分布在全国和全球。

网络化产业集群组织是一种革命性的枢纽型产业创新组织，能整合具有竞争关系的企业和大学、研究机构、金融机构、行会商会、政府部门等，通过战略融合、网络化活动、研发合作和商业开拓等打造产业技术创新的命运共同体，成为政府和市场都不能替代的组织。

例如，It's OWL（德国工业 4.0 旗舰集群）是德国联邦政府领先集群计划的典型代表，是德国工业 4.0 计划智能制造领域的引领者。该集群位于德国西部的几个中小型城市，拥有集群成员 196 个，其中包括 53 个大型企业、81 个中小型企业、31 个研究机构或大学、31 个其他组织。该集群采用联合会组织方式，下设董事会、执行局、科学咨询委员会。该集群旨在确保其是世界最有竞争力和吸引力的智能技术中心。再如法国图卢兹航空航天谷，通过全球范围内的产业链合作，打造成为世界最有竞争力的航空产业集群。

从长江三角洲地区经验看，应将集群政策作为区别于产业政策、区域政策的一项新型政策工具，用于解决集群市场失灵、产业治理能力欠缺和产业科技金融人才循环生态不健全等问题，引导集群可持续发展。因此，深圳同周边城市共同建立包含产业、创新、财政、金融、区域和公共服务等领域的集成式产业集群政策支持体系，以产业链部署创新链，配套资金链和人才链，合力打造集群网络协作生态。

从农业区到汽车城，深汕合作区的产业链延伸

深汕特别合作区（以下简称"深汕"）包括汕尾市海丰县的鹅埠、小漠、鲘门和赤石四个镇，总面积为 468.3 平方公里，海岸线 50.9 公里，海域管理面积为 1152 平方公里。深汕位于广东省的东南部，西北部与惠州市惠东县接壤，东部与汕尾市海丰县相连，南临红海湾，北部为莲花山脉。

汕尾是广东欠发达地区，深圳和汕尾两市发展水平存在较大差距。从经济规模和人均产出上，2021 年，深圳市的 GDP 达到 30665 亿元，人均GDP 达到了 17.4 万元；而同期，汕尾市的 GDP 为 1288 亿元，人均 GDP 为4.8 万元；深圳的 GDP 和人均 GDP 分别是汕尾的 23.8 倍和 3.6 倍。

深圳与汕尾两市的生产要素禀赋具有明显差异，深圳在资金、人力方面具有优势，而土地空间规模小，发展受到空间不足的约束；汕尾的资金、人力方面的规模小，而面积相对更大。2021 年，深圳市固定资产投资在7000 亿~8000 亿元，人口规模超过 1700 万人；汕尾市的固定投资为 970

多亿元，人口规模为 270 万人；深圳市的固定资产投资和人口规模分别是汕尾的 7～8 倍和 6.2 倍。深圳的面积为 1997 平方公里，汕尾市的面积为4865 平方公里，深圳市的面积不到汕尾市面积的一半。

粤委〔2017〕123 号文将深汕发展的主导权赋予深圳，2018 年新的党工委、管委会挂牌成立，深圳也正式开始了对深汕建设发展的主导。2018年以来，深汕的经济规模不仅获得了快速增长，而且项目技术也更先进、投资规模也更大。

2017—2021 年，深汕的 GDP 从 34.1 亿元增长到了 70.9 亿元，5 年增长了 1.08 倍，年均增长率超过了 15%。2021 年，深汕的人均 GDP 达到7.68 万元，同年汕尾市区的人均 GDP 为 7.28 万元，海丰县为 4.75 万元，深汕已经发展成为汕尾市人均经济产出最高的区域，深汕的人均 GDP 已经达到了海丰县的 1.62 倍。2020—2021 年，深汕三次产业的比例从 29∶33∶38调整为 22∶40∶38；第二产业所占比例大幅度提高，第二产业的增加值也从17.8 亿元增长到 28.3 亿元，增长了 59%。深汕从以农业为主的产业结构，快速演变成以工业为主的产业结构，进入工业化、城镇化快速发展的新阶段。

在产业选择上，深汕确定了新能源、智能网联汽车、超高清视频显示、智能终端、智能机器人等产业，完美对接了深圳市确定的"20＋8"的战略性新兴产业和未来产业集群。2021 年，深汕已经供地的项目达到 98 个，其中投产的项目达到 36 个，有 52 个项目在建，这些项目中的 95% 以上来自深圳。2021 年底，比亚迪汽车工业园项目落地深汕，初步计划年产 60万～100 万辆，达产后深汕的工业总产值将突破 1000 亿元，GDP 将突破300 亿元。深汕将成为汕尾市行政区域内新的经济重心。

比亚迪汽车工业园项目占地 4 平方公里。提供如此规模的连片工业用地，深汕发挥了自身的后发优势；深汕的小漠国际物流港不仅有广大的后方陆域，而且码头也能满足汽车的大规模出口需求。比亚迪汽车工业园项目代表了深圳下一阶段制造业发展的方向和重心，该项目落地深汕代表着深汕已经完全跳出了产业转移工业园的发展路径，深汕实现了与深圳在产业功能上的互补发展。

作为新能源汽车龙头企业，深圳比亚迪业务涵盖了汽车、轨道交通、新能源和电子四大领域，是全球唯一掌握包括电池、电机、电控及车规级半导体等的新能源车全产业链核心技术的企业。2022年在全球各地车企面临严峻的全球供应链挑战、芯片荒以及上游原材料短缺等一系列问题时，比亚迪是全球新能源汽车销量冠军（近180万辆），连续10年稳居中国新能源汽车销量第一，年度净利润规模首次突破百亿元。

技术研发方面，比亚迪持续大力投入，2022年累计研发投入202.23亿元（接近"蔚小理"三家研发总投入[1]），同比增长90.31%。截至2023年，比亚迪全球累计申请专利超过3.9万项，授权专利超过2.7万项，研发人员接近7万人。高研发投入下，比亚迪近年来技术成果丰硕。刀片电池、DM-i超级混动、e平台3.0、CTB电池车身一体化、易四方等行业颠覆性技术陆续推出，加固了公司技术底座，也帮助企业在新能源汽车中高端市场中攻城略地。

在政府支持下，深汕合作区正在着力构建以新能源汽车产业为主，以新型储能、新材料、智能制造机器人产业为辅的"一主三辅"现代产业体系，2023年9月28日，深汕高端电子化学品产业园正式授牌。深汕重点依托高端电子化学品产业园，近期规划面积1.84平方公里，远期规划面积4平方公里，聚焦光刻胶、电子特气、湿电子化学品、CMP（化学机械研磨）材料、先进封装材料等半导体产业关键原材料，建立"5+3+1"产业体系，着力打造深圳市半导体材料产业发展核心区、国内电子化学品园区标杆基地，加快破解半导体材料"卡脖子"问题。深汕将成为汕尾地区一个新的经济增长极。

---

[1] 2022年，蔚来总研发投入108.4亿元，同比增长136.0%；理想汽车研发投入67.8亿元，同比增长106.3%；小鹏汽车研发费用为52.1亿元，同比增长26.8%。三家企业研发投入总计超228亿元。

从光明农场到科学城

深圳人对光明区的了解是因为有一个光明农场，可以举家去吃光明乳鸽。光明区位于深圳市西北部，总面积156平方公里，2022年，光明区实现地区生产总值1427亿元，其中战略性新兴产业增加值764亿元，占地区生产总值比重达53.6%。如今，光明已经从昔日的农场一跃成为具有世界影响力的科学城。

光明科学城规划范围北起深莞边界，东部和南部以光明区辖区为界，西部以龙大高速和东长路为界，规划总面积99平方公里。光明科学城作为大湾区综合性国家科学中心先行启动区，立足全球视野，服务国家战略，聚焦产业需求和科学前沿，依托世界级重大科技基础设施集群，以信息、生命、新材料领域关键共性技术、前沿引领技术、现代工程技术、颠覆性技术创新为主攻方向，协同推进科技创新、产业创新、体制机制创新、运营模式创新和协同开放创新，打造大湾区综合性国家科学中心核心承载区、未来产业创新发展策源地。

光明区党委政府提出打造世界一流科学城的目标，明确世界级大型开放原始创新策源地、粤港澳大湾区国际科技创新中心核心枢纽、综合性国家科学中心核心承载区、引领高质量发展的中试验证和成果转化基地、深化科技创新体制机制改革前沿阵地的战略定位。光明科学城聚焦粤港澳大湾区经济高质量发展需求，依托世界级重大科技基础设施集群和前沿科学交叉研究平台，协同推进科技创新、产业创新、体制机制创新、运营模式创新和协同开放创新，汇聚国际一流创新资源，培育内生增长的原创型产业。

光明科学城致力于信息、生命科学、新材料等重点领域关键核心技术创新，通过布局重大科技基础设施、科研机构、前沿交叉研究平台、高水平大学等，最终形成大科学装置集群、科教融合集群和科技创新集群。尤其是重大科技基础设施将达到世界一流水平，包括中能同步辐射衍射极限光源、深圳超级计算中心二期等通用型重大科技基础设施和鹏城云脑Ⅲ、材料基因组大科学装置平台等专用型重大科技基础设施。此外还将加快建设以光子、电子、质子、中子、中微子等作为探测媒介或研究对象的标志性、稀缺性综合粒子设施。

2022 年，光明科学城已集中布局 9 个大科学装置、10 个前沿交叉研究平台、2 个广东省实验室、2 所研究型高校共 23 个重大科技创新载体，创新能级大幅跃升。全过程创新生态链初步形成，推动实现科研成果从"0－1－100"的突破。目前，光明科学城集聚合成所研究团队有 1000 多人，包括深圳湾实验室中山大学、深圳大学等专门的合成生物学院联合培养人才计划，国内新成立的落户深圳的合成生物企业，近 80% 集聚光明。

光明科学城改革科技基础设施"自建自用"的传统运行模式，吸引多样化投资、实施灵活管理制度，既对科研机构开放，也面向社会和企业开放；重大科学基础设施、科学数据等创新资源共享程度高。依托深圳市工程生物产业创新中心，光明构建全国首个"楼上楼下"创新创业综合体，该综合体是光明先行科研经济探索出的示范样本，聚焦合成生物领域，科研人员与企业人员在同一栋大楼的楼上楼下工作，发挥要素集聚优势，激发化学反应，构建"科研—转化—产业"的全链条培育模式。深圳市合成生物学创新研究院产业创新与转化中心为企业加速成长过程中常会面临的缺乏先进实验设备、科研资源，融资难、推广难、人才缺失等痛点问题，扮演助推企业发展的重要载体，提供科研技术服务及产业促进服务，构建创新企业服务体系，解决了企业系列痛点问题。

光明科学城的做法作为"建立科技成果'沿途下蛋'高效转化机制"案例列入清单，具体内容为：依托综合性国家科学中心先行启动区布局建设一批重大科技基础设施，设立工程和技术创新中心，构建"楼上楼下"创新创业综合体，"楼上"科研人员利用大设施开展原始创新活动，"楼下"创业人员对原始创新进行工程技术开发和中试转化，推动更多科技成果沿途转化，并通过孵化器帮助创业者创立企业，开展技术成果商业化应用，缩短原始创新到成果转化再到产业化的时间周期，形成"科研—转化—产业"的全链条企业培育模式。

　　光明科学城在打造科技产业深度融合创新生态链的发展经验下，将创新与转化深度融合。以生命健康领域的脑解析与脑模拟、合成生物研究两个重大科技基础设施为例，为满足生命健康领域企业可验证、可模拟、可开发的创新需求，开发了包括动物实验平台、测序平台、生物信息分析平台等十五个产学研一体化的专项平台，并建立面向设施使用企业的定制化服务中心。

　　光明科学城是科技创新要素资源高密度聚集、科技创新活动高强度活跃、科技创新平台高水平运营、科技创新资讯高频率流动的特殊区域。光明科学城是以深圳为主阵地建设大湾区综合性国家科学中心和粤港澳大湾区国际科技创新中心建设的核心承载和重要平台，致力于科技自立自强，着眼于增强原始创新能力、开展"卡脖子"技术攻关，解决发展瓶颈问题。科技创新是光明科学城的"根"和"魂"，营造有利于科技创新的良好环境，是打造世界一流科学城、实现高质量发展的关键。

第八章
一生二、二生三、三生万物

硅谷最引人入胜的故事是，肖克利半导体的 8 名员工集体辞职，成立了仙童半导体，而后不断裂变出一系列半导体创新企业，成为硅谷创新文化的开始。类似的故事在广东也层出不穷。当宏观形势、产业趋势、区域形势发生重大转变的时候，经济内生性动力极强的城市，在传统产业领域也会不断地裂变出新的企业、新的细分产业，不断延长产业链。一生二、二生三、三生万物，沿着产业链上下游去创业或就业，填充上下游产业链人力资本的不足，实现向产业高端的攀登，走向高质量发展。同时，有些区域依托生态禀赋和资源优势，构筑绿色产业链，打造粤港澳大湾区美丽的后花园。

佛山是一个谜

佛山是一个全国性新闻不多的城市。20 世纪 80 年代"广东四小虎"的两只，南海与顺德均出自佛山；著名的科龙股权争执出自佛山；美的与格兰仕之间长达十年的价格大战引起行业内部关注。除此之外，佛山似乎是静悄悄的存在。这是一座岭南文化浸润极深的城市，低头做事，只做不说，多做少说，简直是佛山城市的写照。直到佛山 GDP 跨越了万亿元，佛山成长为全国领先的工业重镇，五个区都进入了全国工业百强区后，有关佛山的研究仍然不够多。就我们所知，北京大学的两位著名经济学家周其仁和王缉慈教授长期在佛山进行深入的调查研究。

佛山的故事是耐人寻味的，最突出之处在于，佛山是国内最具代表性的传统产业集聚城市，与科学突破、基础研究、大规模创新似乎离得比较远。卷，曾经是中文中很普通的词汇，并没有特别深的含意，近年来成为高频词后，广泛用来指代多种经济与社会现象，一下子成为极富深意的汉字。"卷"的用法是"内卷"一词的再简化，提出这一概念的黄宗智教授恐怕决然想不到，一个高度学术化的概念竟然得到如此广泛的使用。话语之间，甩出一个"卷"字，往往是各自心领神会。但到底什么是"卷"？我们尽量在遵循黄宗智教授原意基础上，对"内卷"或是"卷"字做一点点规范标准的解读。想象一下，当供给大于需求时的市场状态，每个企业作为产品的供给者，为了获得更多一点的市场份额，会投入更大的精力，结果是付出与收获不成比例，付出的多，回报的少。真正的问题出在，明知得不偿失，却还是不得不去做。原因就在于，你不做，别人会做；你不做，就要退出。结果是大家都会拼命做，进入了一个"卷"的恶性循环中。如果企业，真的从红海走向蓝海，能"从 0 到 1"，而不是陷于传统产品市场的收缩之中，"卷"起来的概率就会大大降低。这就是说，创新，不断创新，持续向前沿的创新才是摆脱"卷"的最优解。

与深圳相比，佛山真的是个谜，深圳竞争极激烈，但始终不太"卷"，个中的道理是，深圳产业集中在近四十年持续爆发的信息技术产业，产业规模滚雪球般地持续扩大，不断裂变出细分化的产业，小企业因为占据了产业节点而生存，也可以因为占据了更多的节点而成长为大企业。佛山的谜就在于，在一座以传统产业为主的城市里，企业竞争激烈，为何"卷"得也不厉害？

了不起的"蓝海"

北京大学的周其仁教授说，有一句话叫"中国家，佛山造"。佛山的制造不仅仅是满足中国家庭的需求，它已经拓宽至海外市场。

在科达制造调研，董事长边程说，你不能老在国内这么"杀下去"，否则利润是为零的，所以要开拓出去。科达是做机器的，怎么往外头打？先是找合作伙伴——广州森大贸易公司。森大发现几年前非洲市场已经发展起来了，非洲有十三四亿人，一年进口瓷砖 10 亿美元。非洲不会生产，但是有需求。然后森大找到了科达，他们达成的合作模式是：科达提供设备，森大了解市场，双方合作在非洲建陶瓷厂，几年前布的一个局、落的一个子，今天有了收获。科达布的局是一个"有家就有佛山造"的局。"佛山造"不一定是"在佛山造"。美的是佛山最大的公司，3400 亿的营销，其中 1300 亿销到海外去。销到海外 1300 亿元的东西当中，有 250 亿元是在海外生产的。现在美的在 10 多个国家有 20 多个厂，2024 年再计划新增 5 个厂；在全球有 4 万工人。美的创始人何享健就说："不与同行争高低，走出国门闯世界。"

草、灌、乔：制造业的生态

20 世纪 80 年代西部开发当中的一个经验教训是，要逆转沙漠化，就要种植绿色植物。当时引进了很多树，但最后没有成功，是因为当地土壤里面涵养的水分太少，导致大树活不了，所以一定要从种草开始，一定要把种草作为改造底层生态的做法。乡镇企业和农村企业跟国家集中大力办起来的企业不一样，他们中很多都非常小，跟草类似。民营企业经过改革开放几十年的发展，水分涵养足了，在民企生态中就会长出草、灌木、乔木。这点在佛山非常明显。张槎是禅城区的一个街道。当地的企业通过与距离 40 分钟车程以外的广州中大布匹市场来互动。改革开放以来，中大布匹市场形成了一个全国性的布料、服装的交易市场。这个市场供应全国，所有的采购商都会跑到这个市场来。因为这个市场有了通往其他市场的通道以后，制造力就会靠近它做部署。当年机缘巧合，一批制造业企业就选择了张槎，一开始只有一两家企业在张槎，最后到了今天，张槎这么一个20多平方公里的地面上，集聚了约4000家针织相关企业，大大小小什么企业都有。张槎针织与中大布匹市场对接的方式是，80%产品供应给中大布匹市场，再通过中大布匹市场供应到全国品牌商、开发商，也包括供应给国际采购商，以此与全国和世界市场形成互动。全国棉纱平均每天有1万吨进入张槎。但是张槎已经开始长出来一些不通过传统市场跟全中国、世界相连的模式。张槎企业开始向世界上一些服装品牌商直供，不再经过中大市场供货。另一个办法是创造出一些升级所需的装备机械。张槎已经不是原来单一的以针织为主的业态，它的设备制造部分成长得也非常快。①

美的是活生生从当年一棵"小草"长成了世界500强企业。最近几年，在世界500强上的排名也在不断地往上走。制造业生态中的"草、灌、乔"和自然界的"草、灌、乔"是不同的。在自然界，一棵小草是很难长成一棵大树的，不能认为只有大树重要，小草也很重要，草、灌、乔是个生态体系。在现实经济中，谁也没有预见到美的从小草长成了大树。美国商业专利数据库（IFI CLAIMS）定期发布年度全球累计活跃的专利授权250强的名单，与当年授权的专利数不同，当年有效发明专利的总量，特别能反映出螺旋上升的变化。在250家名单上，中国企业和大学及研究机构已经是赫然存在。2021年，中国科学院排名第二，累计活跃的发明专利是78415件，美的集团紧随其后，是第三名，有58495件。2022年中国科学院是第四名，88573件；美的是第七名，64895件，是家电产业的世界第一。②

化解逐底竞争

顺德人不会忘记，邓小平同志1984年、1992年两次来顺德，尤其幸运

---

①　《周其仁谈大变局下制造业突围之道：细处求精益，宽处谋布局》，《南方日报》，2022年9月28日。

②　《美国商业专刊数据库》（IFIClaims，provides CLAIMS Direct，*a global patent database and web service for application developers，data scientists，and product managers. Our patent data is used in a variety of industries including investment services，life science companies，and intellectual property.*）（https：// www. ifi-claims. com/ product – who – we – serve. htm? keep_lang = ZH）。

的是，1992 年，既不是特区又非省会的顺德县竟成为邓小平南方谈话的最后一站，"发展才是硬道理""思想再解放一点，胆子再大一点，办法再多一点，步子再快一点"等时代最强音就是从这里响彻全国。邓小平 1992 年视察科龙的前身珠江冰箱厂，给顺德这座南方小城解放思想注入了巨大的活力。经济内生性活力极强的顺德，就是在传统产业领域也会与深圳一样不断地裂变出新的企业、新的细分产业，不断延长顺德的产业链。这是佛山不"卷"的秘密。① 改革开放以来，中国出现了不计其数的专业化产业区及中小微企业的分工网络，其中浙江专业化产业区和广东专业镇最早被学者们认知。例如珠江三角洲西部的专业镇，从 20 世纪 80 年代初期的"顺德一把扇（电风扇）""中山一部机（洗衣机）"，到 90 年代中期顺德容桂的家电、中山古镇的灯饰、南海西樵的纺织等，藏龙卧虎的本地企业家抓住国内外市场机遇，演绎着动人的产业故事。

　　经历了工业化原始积累之后，中国制造业集群开始了数字化转型，消除产业间的信息鸿沟和数据孤岛；电商也从销售端积累消费大数据，形成产品改进要求或创新需求的报告，推动着制造企业的产品创新。王缉慈教授发现，广东佛山家用电器产业发展得非常快。除了各种各样的产品创新，还有数字化平台与软件服务企业涌现，诞生了一批系统集成领域机器人企业与高校、科研院所等组建的创新联盟。20 世纪 80 年代末以来世界制造业的数字化变革在深入。2012 年美国通用电气提出工业互联网，2013 年德国提出工业 4.0，2013 年美国布鲁金斯学会提出创新街区（innovation district）。工业 4.0 计划最大项目之一位于德国的工业腹地，北莱茵—威斯特法伦州（北威州）的东威斯特法伦—利普地区（OstWestfalenLippe，简称 OWL）约 200 家公司、16 个科研机构和 6 所大学联合开发中小企业数字化转型的解决方案，构建智能技术系统，成为产业界和学术界合作的创新集群典范。传统的创新生态系统正在与数字生态系统融合。

---

　　① 《顺德：一份特殊的怀念（纪念邓小平诞辰 100 周年特别报道）》，人民网－华南新闻，2004 年 8 月 25 日。

离职潮与供应链体系

硅谷最引人入胜的故事是，肖克利半导体的 8 名员工集体辞职，成立了仙童半导体，他们被"晶体管之父"威廉·肖克利称为"八叛徒"，而后不断裂变出一系列半导体创新企业，成为硅谷创新文化的开始。类似的故事在顺德也是层出不穷。李少魁，老科龙人、顺德本土经济研究者，熟谙顺德的产业发展史。李少魁认为，科龙曾经的三轮离职潮催生了一批如今赫赫有名的顺德企业。稍后崛起的美的和格兰仕的创业系则显得更为百花齐放。2011—2014 年，顺德最大的上市公司美的集团主动瘦身裁员 10 万，其中各种层次、各种类型管理与技术人才 5000 人。那几年，美的集团每年离职白领、职业经理人、科技人才有 1000～15000 人，年离职率达到了 10%～12%。而另一白色家电巨头，格兰仕集团每年离职白领、职业经理人也有 800 人，离职率达 9%～10%。除少数已完成原始资本积累的高管，离职之后创业转向做投资外，大部分 30～40 岁的职业经理人和中层骨干，离开大本营之后继续留在制造业的轨道，也有不少人转行去做家电行业的代理商、供应商。还有一些从管理岗位出走的高级员工，凭借在大企业丰富的积累，开办公司从事企业管理咨询服务。而随着大企业人才结构的年轻化，越来越多离职的"小鲜肉"大胆跨界切入电商等新兴产业。尽管离开了强大的母体庇护，但这些离职的员工在自立门户时，或多或少都保留着与老东家千丝万缕的联系，或有业务往来，或直接嵌入其供应链体系。①

---

① 硅谷创新文化一大特征是，放松所谓竞业禁止条款。这一被广泛采用的条款有利于激励企业加大员工的培训投入，但同时会扼杀知识创意和员工流动，妨碍员工与企业的最佳匹配。保持知识与人员在企业内部流动，鼓励分拆企业和放松员工跳槽，对于形成创新文化和激励创业是有益的制度建设。阿罗（1962）最早提出了知识与知识产业化之间鸿沟的概念。奥德兹（2007）将欧洲与美国在创新领域的差距概括为欧洲悖论。相对于美国，欧洲在知识创造与教育方面的投入更高，但创新绩效更低。其中的原因就是存在着过于强大的制度性障碍，阻碍了知识走向产业化，在企业内部，往往是一线科技人员清楚一项创新的市场价值，过强的行政化决策会过滤掉创新信息，对员工离职创业或是跳槽的严格限制，会使一项创新成果被湮没等，这被称为知识过滤器。一般说来，制度性的知识过滤器被定义为，过多的微观管制，僵化的劳动力市场，创新气氛缺乏以及企业家精神的缺失，新知识缺乏足够的市场化投资实现产业化和创造就业机会等。

李少魁本人从科龙出来之后，不但另创一番事业，还一头扎进了顺德产业的研究当中。他发现，顺德的企业谱系中隐含着产业人力资本延伸的经济学规律。"在国外，人力资本是需要诱导的，但在以民营经济为主的顺德，裂变的速度非常快，很早就登上了历史舞台。""以潘宁、何享健、梁庆德为代表的顺德第一代创业家，向全国招募了一大批优秀的人才，从而助推几个大企业发展壮大。但后来出现了人力资源过剩的问题，自然要产生分流。"李少魁说，很多人从大公司离开之后，沿着产业链上下游去创业或就业，从而填充了上下游产业链人力资本的不足，推动了顺德经济的整体腾飞。相比之下，深圳南山区是创新的后起之秀，与顺德相同的现象是，华为、中兴、比亚迪甚至是大疆等新兴创新巨头离职的人才，占该区创业者的比例高达 70%。[1]

两家企业与一座城：格兰仕与美的

回眸顺德数十年的发展历程，其不仅孕育了美的、格兰仕，还诞生了科龙、华宝、容声、小熊等诸多家电品牌。有些虽然已经倒下，但曾经辉煌耀眼，比如华宝。我国空调界曾经是北春兰与南华宝的竞争格局，华宝是 20 世纪中国空调双雄之一，在我国家电行业发展史上，华宝空调留下了浓墨重彩，也为顺德家电产业的发展作出了极大贡献。可以说，顺德家电从"蛮荒时代"走来，一路竞争激烈，一路坎坷波折。竞争，不仅是顺德家电企业之间的竞争，还是顺德家电企业与中国其他企业的竞争，与全球家电企业的竞争。[2]

1993 年，从事羽绒服生产的格兰仕转向微波炉业务，短短数年就称霸国内市场，成为全球微波炉生产的霸主。20 世纪 90 年代初，当时的微波炉属于高档电器，售价高过 3000 元。经过格兰仕每年一次的降价洗礼，最终

---

① 《顺德新生代"创业家谱"调查》，《南方日报》，2015 年 11 月 4 日。
② 《中国家电重镇顺德是怎样炼成的?》，澎湃网，2022 年 8 月 25 日。

跌至最低 300 元一台，降幅高达九成。许多国际大牌不堪其扰，节节败退，最后直接退场。美的在与格兰仕微波炉的竞争中，先后推出了"紫微光消毒技术微波炉"，2007 年推出微波炉"蒸功能"标准，[①] 微波炉市场由此进入了产品功能持续提升的新时期，也逐渐形成了稳定的双寡头垄断竞争格局，从拼价格转向拼质量。美的在竞争中获取了研究开发升级的优势，问题是格兰仕输了吗？

数字智能化走向产业链高端

一个企业要不断开发新产品，价格还要低，关键在于提高生产的数字化和智能化水平。"我们团队的工作就是研制数字化智能化设备，让员工像使用智能手机一样，在屏幕上动动手指就能完成生产。"格兰仕元器件专配车间工装技改员于天祥入职 7 年，已参与 30 多个数字化智能化设备开发，数智化充分解放了人力，提高了生产效率，降低了生产成本。[②] 格兰仕为每一个品类都制定了一个完整的数字化方案。格兰仕在 10 多年前就组建设备研发技改队伍，自主研发数字化智能化生产线。例如，只对微动开关的生产，在过去 10 年就投入自动化设备 38 台，人均效率从 10 年前的 265 只/人/小时提升至 1061 只/人/小时，提升了 4.01 倍。如今的格兰仕生产的包括微波炉在内的家用电器，已经不仅仅是最终消费的概念，还向全产业链高端转型。格兰仕不只是拥有装配生产线，还从关键设备制造、磁控管、变压器到压缩机、电路板等方面都具备了白色家电产业链的核心技术和完备的生产体系。格兰仕赢了，历经十年价格大战而不"卷"。

美的从内向外的全产业链

20 世纪 60 年代，26 岁的何享健带着村民建了一个小厂，称作塑料生产组，专门生产塑胶瓶盖。在后续的发展中，小小的生产组不断拓展新的

---

① 美的与中国标准化协会联合推出了由美的主导的《家用微波炉蒸功能要求及试验方法》，通过央视广告高调推广"蒸功能"。

② 《数智化赋能 助推佛山制造业高质量发展》，《羊城晚报》，2023 年 3 月 28 日。

产品，从瓶盖到塑料胶管、汽车配件，再到金属电风扇。1980年，做了十几年塑料瓶盖的何享健，接到了一单代工电风扇的机会。他敏锐地感知了含苞待放的中国家电产业的春天，1985年做大了风扇产业，生产组也随之更名为电器厂，美的开始了在白色家电产业的翱翔，由此走上了成为世界家电巨头之路。

电风扇之后，美的选择了空调。一开始美的空调月产量只有200台。1993年美的成立电机公司和电饭煲公司，2001年美的微波炉、饮水机、洗碗机、燃气具等相继投产，2002年，美的冰箱公司成立，从此，大白电又有了新成员。2007年经过三大冰箱制造基地的整合，美的冰箱成为中国冰箱市场成长最快品牌。2008年，美的控股小天鹅，成功拥有洗衣机三大品牌，即小天鹅、美的、荣事达。"空冰洗"（即空调、冰箱、洗衣机）布局全面完成后，美的由产品串联起来的上下游构成了完整的空调产业链、冰箱产业链、洗衣机产业链、微波炉产业链和洗碗机产业链。

现在，美芝的压缩机是全球最大的，威灵电机是亚洲最大的，形成了贯穿纵向产业链的生产体系。威灵上海研发中心为美的集团电机产业的战略发展提供技术驱动力。美的掌握了产业链上游的变频压缩机、直流无刷电机、芯片模组等核心部件的话语权，确立了自身的变频空调市场的领先地位，打破了长期以来中国空调产业核心技术缺失的困局。在变频芯片模块方面，美的拥有美的—IR变频芯片联合研发实验室、美的三洋变频模块联合开发实验室等先进的研发中心。在整个中国空调行业，目前只有美的建立起了一条完全自主知识产权的变频空调技术产业链。美芝直流变频压缩机、威灵直流无刷电机成为美的变频空调"全产业链"竞争体系的重要一环。自2002年开始，美的冰箱先后与东芝开利合作，收购荣事达、华凌，拥有了冰箱压缩机+冰箱整体制造业链，以洗涤电机+洗衣机整机制造为核心，形成滚筒等战略产品产业链。1998年底，美的集团收购东芝万家乐制冷设备有限公司40%的股权，进入被誉为空调"心脏"的压缩机领域，是国内当时唯一拥有空调核心制造能力的空调厂商。如今，美的已经是高度国际化公司。2017年4月27日，美的未来科技中心在其位于硅谷圣何塞市的办公区举行开业仪式。2022 年 9 月，美的集团日本研发中心的新办公室在日本大阪正式投入运营。

从产品链走向产业链，让互联网数字化覆盖全产业

美的是高度数字化的公司。2022 年 5 月 27 日，美的集团数字科技产业园项目签约仪式在佛山市举行，这标志着"数字美的"发展进入一个崭新阶段。该园区计划投资 100 亿元，吸纳全球高端科技人才超 2000 名，围绕美的集团最核心、最前沿、最具潜力的业务板块，打造全国工业 4.0 智能制造示范基地和低碳绿色园。为了使工业互联网平台更加可视化，美的集团除了发布 M. IoT2.0 内容架构以外，还带来了美的工业互联网品牌"美擎"以及 M. IoT 美擎官方交互平台。美的工业互联网官网中可以看到，美的与比亚迪、广汽集团、万科、恒大集团的合作案例，当中既有用户数据管理，也涉及数字化市场营销的内容，这些属性都是包含在美的工业互联网 2.0 体系之下的。

美的工业互联网 2.0 想要实现落地，要处理好两方面问题：一个是完善的功能组件，包括库卡中国、美云智数、安得智联等；另一个则是要有刚性需求作为血液，盘活整个链条。以合康新能为例，这是一家成立于2003 年，一直从事工业自动化控制和新能源装备的企业，2020 年 4 月并入了美的机电事业群。美的集团每年的总体采购额在 1600 亿元左右，这笔资金本身就可以带动很多的产业链合作，合康新能在并入美的集团后，就迅速展开企业降本工作。同时通过美的集团此前在自动化生产上的经验积累，合康新能还对部分工厂的一些生产线进行改造，以北京工厂为例，改造前，原生产线产能为 2000 套/年左右，改造后的生产线产能理论上能达到 5000套/年，日生产效率至少提升了 1 倍。作为整个美的工业互联网物流底座的安得智联，目前已经拥有了超过 500 万平方米仓储管理面积和 138 个区域配送中心，仓配网络已覆盖全国 2875 个区县、3.9 万个乡镇，全网配送覆盖率98%，管理超过 20 万条配送线路，实现了全国区县乡镇无盲点的全程可视化全网直配。

世界的美的与北滘的美的

龙头企业拉动上下游产业链，是制造业的重要根基。美的集团在全国有 33 个生产基地，在安徽打造起了有 1000 家上下游企业的产业生态链。在顺德拥有 40 余家核心供应商，450 家供应商。在北滘，以美的家电板块为龙头，已经形成了涉及数千家企业的庞大产业链。美的正在加快转型为科技集团，布局包括机器人和自动化、楼宇科技、新能源汽车零部件、储能与能源管理、医疗、智慧物流、工业互联网等在内的多个新兴业务板块。凭借庞大体量和科技积累，每一项业务都可能成为行业龙头。2022 年 5 月，美的集团数字科技产业园落户北滘镇，将集聚美的最核心、最前沿、最具潜力的业务板块，包括楼宇科技、高端电子等。① 当年 8 月，在北滘博智林机器人总部，举行了一场建筑机器人创新赛，来自清华大学的学子们围绕应用场景各显身手。美的北滘基地完成了机器人产业集群"从 0 到 1"的突破。在北滘，库卡机器人二期园区结合企业发展需求与地方政策，引进华东乃至海外的上下游企业进驻；大族机器人领衔打造的海创大族机器人智造城，已落户约 90 家上下游相关企业。

招商招出产业链

"走！智能汽车，到肇庆去！"在大型系列直播节目《飞越广东》中，小鹏汽车创始人何小鹏向观众如此介绍肇庆。2017 年，肇庆出台《肇庆市实施工业发展"366"工程五年（2017—2021 年）行动方案》。2016 年底，肇庆市在一次招商会上获悉小鹏新能源汽车项目，立刻成立专门招商小组主动对接。随后，小鹏汽车高层 6 次到肇庆洽谈、2 次实地考察，肇庆市委、市政府和肇庆高新区主要领导 7 次到企业商讨工作。双方几乎以每 10

---

① 《打造新兴产业集群，美的全球"指挥部"背后的小镇如何出招？丨科创美的创领全国⑩》，《南方日报》，2022 年 9 月 1 日。

天一次的频率密集讨论。抢占新能源汽车产业新赛道，依托肇庆大旺新能源智能汽车产业城（位于肇庆高新区）和肇庆（高要）汽车零部件产业园等主阵地，着力打造立足粤港澳大湾区、面向全国的新能源汽车产业基地，建设粤港澳大湾区西部制造新城。①

搭好葡萄架

招商好比是种葡萄，土地好，长出了葡萄藤，要想结出好葡萄来，还是要搭好葡萄架。清代萧雄的葡萄词极有意境："苍藤蔓，架覆前檐，满缀明珠络索园。"葡萄藤上了架，随心所欲、恣意蔓延，舒展成盖，满园翠绿，也覆盖了搭架葡萄架的艰辛。大湾区新能源汽车产业的潜力大，肇庆交通便利了，产业用地多，价格还低。2016 年的肇庆还只是勾画新能源汽车产业蓝图，谈不上新能源汽车产业区位优势。随着小鹏汽车和宁德时代的成功引进，肇庆搭起了产业发展的葡萄架，从无到有快速兴起了新能源汽车和储能产业集群。

小鹏汽车项目初成，直接带动了上游电池项目的招商落地。2022 年 5 月 30 日，肇庆市举行宁德时代肇庆新能源科技有限公司投产仪式和小鹏智能汽车配套零部件产业园奠基仪式。宁德时代项目，2021 年 3 月 28 日开工之后，项目以 7 天 ×24 小时全天候之势高效建设，仅用 1 个月时间就完成近 2 万根桩施工，6 个月完成 50 万平方米厂房封顶，8 个月首批设备进场安装，10 个月首批电池 PACK（即锂电池组的加工组装）样品下线，14 个月实现投产。宁德时代董事长曾毓群表示，该项目顺利投产标志着宁德时代正式成为粤港澳大湾区中的一员，"我们全力将其打造成为全球灯塔工厂，助力广东制造向智能制造转型"。在该产业园投产当日，东莞虹日、太仓意诚、广州艾诺利、腾龙汽配等 6 宗小鹏汽车配套项目现场签约落户。葡萄架搭起来了，产业开始寻迹而至。

---

① 《肇庆市实施工业发展"366"工程五年（2017—2021 年）行动方案》提出构建三大超千亿产业集群。重点培育打造新能源汽车、先进装备制造业、节能环保产业三大千亿产业集群，作为建设珠江三角洲枢纽门户城市的核心支撑。

向细分工蔓延的产业

近几年通过招商重点龙头企业带动,越来越多的产业链上游零配件企业也随之来到肇庆,新能源汽车与智能网联、汽车零部件产业集群逐步形成。在新能源汽车的产业藤上,肇庆先后迎来璞泰来、常州巨石新能源、合林立业动力电池、天铭新能源等新能源项目,新能源的产业链不断蔓延;在电驱电控领域,合普动力、爱龙威机电、四会实力连杆生产驱动电机等企业的进入深化了新能源汽车体系的核心能力;鸿图科技、鸿特精密、鸿泰科技、动力金属产品涵盖各类汽车电机壳、副车架等铝合金精密压铸件,亚太新材料、东洋铝业专注汽车车用新材料,嘉利车灯生产的车灯,向安道拓汽车座椅大大延伸了新能源汽车整车制造的分工体系。全市形成了覆盖整车,囊括电池、电机、电控、电线、轮胎、底盘、中控、传感、照明等关键零部件的产业生态。当小鹏汽车成为引领肇庆进军新能源智能网联汽车产业的一面旗帜时,会出现新一轮的智能网联相关的域控制器、芯片、计算平台等相关企业落户。①

肇庆产业集群滚雪球

台铃电动车是行业前三的两轮电动车生产企业,也被肇庆逐渐成熟的产业集群吸引前来落户。主要原因是新能源汽车产业集聚了——众多五金制造、汽车零部件制造、金属制品加工等企业,如台铃电动车的一家供应企业就位于 E-bike 产业园内。肇庆铭利达科技股份有限公司投资 10 亿元打造新能源关键零部件智能制造一期项目,其上游供应商亚铝、中亚等大型铝材企业均落户肇庆,下游合作伙伴宁德时代、小鹏等企业供应商也投资肇庆。从上下游供应链看,只要是产业集聚的地方,这个地方的发展就指日可待,而肇庆正是这样的地方。深圳好博窗控技术股份有限公司则看中肇庆丰富的土地资源和相对较低的生产成本,为企业进一步发展壮大提

---

① 《龙头企业"增持"肇庆》,《南方日报》,2022 年 6 月 10 日。

供优质基础。他们将落地扎根肇庆，致力于门窗智能控制系统的研制与创新，同时布局未来智能化技术和产品。[①]

跨产业的集聚

新能源汽车是智能化时代能够走进千家万户的替代性产品，也会是智能化时代的新产业，数字革命正在改变能源产业，分布式智能化电力体系打开了储能产业的巨大空间。新能源汽车的重要功能是储能，新能源汽车电池技术会打造更高质量、更广泛运用的储能产业。各类储能电站正在肇庆加快落地。从电源侧、电网侧、用户侧三个维度探索储能应用，丰富应用场景。用户侧方面，宁德时代肇庆项目一期总投资 120 亿元，主要生产动力及储能锂电池，规划年产能 25GWh，年产值 200 亿元。电源侧方面，肇庆高新区国能热电、高要大唐热电两家企业已建设储能电站，装机规模均为 1 万千瓦。电网侧方面，总投资 5 亿元的万里扬端州独立储能电站项目已于 2023 年 3 月进场施工，该项目计划接入 220kV 端州大冲变电站，采用磷酸铁锂电池进行储能调频。南网储能公司计划投资 8 亿元在广宁县 220kV 翠竹变电站周围 1 公里附近建设 1 座储能电站。在化学储能方向，在未来两三年，南网储能公司、宁德时代等行业领军企业预计建设共享储能电站 4~5 座，到"十五五"期间规划建设共享储能电站 6~10 座，满足绿色能源发展需求。新能源汽车和新能源产业与电子信息产业、材料科学的结合会促进更多的产业技术突破，与交通通信等领域融合会产生出更多的应用场景。进入跨界扩张的肇庆产业，就近与广佛产业融合，再远一点会与深圳和东莞的电子信息产业融合。

剪刀与味精演化出产业链

阳江是著名的刀剪之都，生产历史悠久、工艺独特、品质上乘，产品畅销国内外，享誉全球。阳江制刀历史可追溯至 1400 多年前。20 世纪 40 年代，

[①] 《打造大平台！肇庆大型产业集聚区加快建设》，《南方日报》，2023 年 4 月 14 日。

阳江生产的"季芙小刀"，以其"锋利、美观、耐用"在全国小刀评比中获奖，并送世界博览会参展。从此阳江小刀闻名海内外。阳江是中国小刀中心、中国菜刀中心、中国剪刀中心，五金刀剪企业1500多家，占全国总数的一半以上，日用五金刀剪产量占全国的60%，出口占全国的80%。产品远销欧洲、美洲等100多个国家和地区。阳江加快打造"世界刀剪之都"，五金刀剪产业年产值超500亿元，两年来引进张小泉、王麻子等中华老字号。

在阳江合金材料实验室，瞄准合金材料和五金刀剪开展关键技术研究和成果转化，运用新材料工艺生产各类刀剪制品。阳江合金材料产业从不锈钢冶炼向热轧、冷轧、精加工等产业链下游以及铝合金、球墨铸铁等多门类发展，无论是产业规模，还是产业链完整度，都有了质的飞跃。千亿级合金材料产业集群实现串珠成链。在高新区合金材料产业基地，通过招商引资、产业集聚，已有广青热轧、宏旺冷轧、甬金冷轧、开宝精加工、强力铝合金带板和复合材料等上下游龙头企业投产，形成从冶炼、热轧、冷轧到精加工的合金材料产业链。

剪刀能演化出全新的合金材料产业链，味精也可以演化出阳江新一代的调味品产业集聚——有卡夫亨氏、厨邦、美味鲜、味事达等国内外知名调味品企业生产项目，全部项目投产后调味品年产量将达250万吨，成为全国最大的调味品生产基地。

阳江坚持以"比较优势＋龙头企业"孵化新产业集群的做法极具实践引领意义，也具有很强的理论意义。深入挖掘阳江的故事可以发现，比较优势是比较成本，低成本的地方做低技术，经济发展水平提高后走向中技术，经济发达了要做高技术。阳江的"比较优势＋龙头企业"的探索大不相同，靠低成本的比较优势吸引企业，高能量的优势创新企业聚集多了就跨越了低成本的思维陷阱。阳江刀剪曾经是个比较优势，引入了张小泉、王麻子等中华老字号还是比较优势。但优质刀剪制作需要有优质合金材料，向上游扩展有球墨铸铁、不锈钢冶炼、热轧、冷轧，向产业链下游扩展就是各类合金材料的精加工，企业要素成本相差不大，但产业链深化细化的程度不同，决定了完全不同的竞争力与发展潜力。

构筑绿色产业链

《广东省制造业高质量发展"十四五"规划》（以下简称《规划》），到 2025 年，形成世界一流的绿色石化产业集群。实现粤东、粤西两翼产业链上游原材料向珠江三角洲产业链下游精深加工供给，珠江三角洲精细化工产品和化工新材料向粤东、粤西两翼先进制造业供给的循环体系。中海油惠州石化有限公司、中海壳牌石油化工有限公司、恒力（惠州）PTA 项目，正在积极谋划引进一批高水平配套项目，加快打造世界级绿色石化产业高地。绿色钢铁、绿色石化、绿色能源成为湛江支柱产业。宝钢湛江钢铁实施了 2728 项超低排放改造，大气污染排放水平低于欧盟水平，并且在厂内设置 8 大固废处置中心，实现变废为宝。在废水处理方面，宝钢湛江钢铁使用相关技术将达标排海的废水制成工业盐，实现从"三滴水"到"一粒盐"的转变，实现全流程废水零排放，用实际行动守卫了湛江这座"中国海鲜美食之都"。

宝钢湛江钢铁 3 号高炉系统达产达效，100 万吨氢基竖炉项目开工建设；中科炼化一期项目达产达效，二期项目有序推进，成为湛江首个年产值超千亿元企业，一期的环保投资约 37 亿元，占总投资近 10%，包含废水、废气、挥发性有机物、固体废物、噪声、环境风险防控、地下水污染预防等 40 余项治理设施和措施；廉江核电一期项目、乌石油田群开发项目开工建设……湛江大型产业集聚区加快建设。

在广东（阳江）海上风电装备制造基地，已有叶片、塔筒、导管架等零部件项目，明阳、金风两大主机制造项目投产。在阳江沿海海域，已核准 1000 万千瓦海上风电项目中，350 万千瓦海上风电场项目正全面建设，中广核南鹏岛 40 万千瓦已全容量并网发电。成功举办 2019 全球海上风电发展大会，打造风电产业"一港四中心"同步推进，总规模 120 亿元的广东（阳江）海上风电产业发展基金顺利运作，阳江建设世界级风电产业基地取得显著成效。

粤东的绿色产业链

昔日未开发的揭阳惠来海岸线，正在孕育着万亿级绿色石化、海上风电产业集群。中海油 LNG 项目、国电投风电项目、明阳新能源综合基地、GE 海上风电机组总装基地、泛亚等重大项目高度集聚。揭阳滨海新区初步形成以炼油、石化、天然气、风电为主导的能源产业格局。广东石化项目位于广东沿海经济带的关键位置，项目年加工原油能力 2000 万吨，乙烯产品 120 万吨、芳烃产品 260 万吨，带动更多的下游企业入驻，发展成为配套完善、绿色安全、高质量发展的大型石油化工一体化产业基地。龙头装置——120 万吨/年乙烯装置投料试车一次成功，打通全流程，进入全面试产阶段，还促成吉林石化 ABS 投产达效；推动广物巨正源新材料、伊斯科高端新材料、嘉翎丙烯酸及酯一体化、广东纳塔腈纶碳纤维、大南海天然气热电联产等项目开工建设；聚焦中石油下游产业集聚、下游产品就地消化，再精准引进一批基础化工材料、高性能聚酯材料、精细化工等中下游产业链项目，全力打造世界级绿色石化产业基地。揭阳市依托大南海石化工业区、揭阳产业转移工业园、揭东经济开发区、普宁产业转移工业园、惠来县临港产业园等 10 个重点产业园区，建成国家电投神泉一海上风电项目、国家电投神泉二海上风电场、揭阳明阳海上风电装备制造基地等 8 个产业项目；蓝水深远海装备科技制造项目（一期）、国家电投神泉一（二期）海上风电场等 8 个产业项目正在紧锣密鼓建设当中。①

干净的稀土开发

梅州稀土新材料产业走向绿色发展。20 年多前，稀土开采被老百姓称作"搬山运动"，因为会把山体破坏得面目全非。在广东广晟集团位于平远县仁居镇的华企稀土矿核心区，已经听不见轰隆的机械作业声，也没有了漫天的尘泥黄土，只感受到绿意与平静。在平静的地面下，价值极高的战略物资稀

---

① 《揭阳惠来海上风电，风光无限！》，《揭阳日报》，2022 年 10 月 13 日。

土矿采用洞采等方式实现了科学精细化和清洁低碳开采。梅州的稀土开采因为引入人工智能、5G 通信等前沿技术而成为智能化管理的新矿区。① 随着广晟富远公司在平远县省级高新技术产业园落地，梅州在稀土分离技术领域的创新研发能力不断提高，已获得 10 余项专利，达到全国领先水平。

粤菜也是产业链

自 2019 年以来，梅州大力实施"粤菜师傅"工程，加强"粤菜师傅"培训体系、就业体系、产业体系、标准体系、文化体系和交流体系建设，以小切口推动大变化，高质量推进"粤菜师傅"工程向纵深发展。② "粤菜师傅"工程实施的 5 年里，累计培训"粤菜师傅"1.55 万人次，带动就业创业 1.41 万人次，创建了"印象大埔""新嘉园""话梅"等粤菜餐饮品牌走出围龙、走进珠江三角洲。成功开发了"粤菜师傅"区块链应用系统，对"粤菜师傅"学员身份和食材质量安全进行信息认证、溯源管理，成为全省首个"粤菜师傅"人才链和食材链创新示范场景。

绿色生态发展吹响冲锋号

广东支持打造对接粤港澳大湾区市场的"米袋子""菜篮子""果盘子""水缸子""茶罐子""油瓶子"，实现脱贫攻坚和乡村振兴战略交汇，产业扶贫拔穷根。中共广东省委、广东省人民政府印发《关于推动产业有序转移促进区域协调发展的若干措施》，引导珠江三角洲地区农业龙头企业到粤东粤西粤北地区建设农产品深加工、精细加工基地，健全生产、加工、仓储保鲜、冷链物流等产业链。持续推进农产品市场体系建设。提升粤东粤西粤北地区林下经济规模化、集约化、专业化生产水平。支持培育粤东粤西粤北地区农产品地理标志商标品牌，大力培育"粤字号"品牌，提升

---

① 《东电化广晟稀土高新材料有限公司（二期）奠基建设钕铁硼永磁材料项目》，梅州电台，2023 年 10 月 14 日；《从制造到智造！广东梅州：先进制造业不断高质量发展》，《梅州日报》，2021 年 4 月 27 日。

② 《广东梅州：擦亮"粤菜师傅"金字招牌》，《梅州日报》，2023 年 3 月 27 日。

农产品价值链。强化粤东粤西粤北农产品稳产保供能力，支持在粤东粤西粤北地区建设一批农副产品物流集散中心、商贸综合体，鼓励大型连锁零售商超企业参与农产品销售渠道以及流通基础设施建设。培育发展若干个主承销粤东粤西粤北地区特色农产品的社区零售以及电商品牌。①

汕尾红海湾经济开发区以田寮湖片区为重点，联动遮浪奇观、浅水湾、金屿滩等景区景点，着力打造国家全域旅游示范区；持续跟进洽谈金岭糖业、中储粮等行业领军企业，引导签订入区协议，以遮浪角西国家级海洋牧场示范区建设为契机，推动遮浪国家一级渔港和海产品交易中心等配套项目加快开工建设，布局海产品加工、仓储冷链、海鲜餐饮、休闲渔业等功能组团，打造一二三产融合发展的渔港经济示范区。

华侨管理区打造农旅融合示范区。坚持"农户＋基地＋食品加工＋冷链企业＋物流配送＋产业园"发展模式，全面推进特色农产品附加值提升，加快加工业发展，做大做强特色农业产业。加快推进一二三产业深度融合，依托生态禀赋和资源优势，依托省市现代农业产业园、"一村一品、一镇一业"等载体，创新模式因地制宜发展扶贫产业，促进贫困户稳定增收，充分利用红色资源和生态特色资源，积极推广"红色＋""绿色＋"等产业扶贫模式，让海丰县新山村、陆河县螺洞村等一批"空心村"蝶变为"网红村"。脱贫摘帽不是终点，而是新奋斗的起点。积极推进脱贫攻坚战与乡村振兴战略有效衔接，让脱贫成效可持续，把老区人民对美好生活的向往变成现实。②

揭阳是蕉柑之乡、青梅之乡、青榄之乡、竹笋之乡、荔枝之乡。埔田竹笋、普宁蕉柑、惠来荔枝、普宁青梅、吴厝淮山获得国家地理标志产品

---

① 中共广东省委、广东省人民政府印发《关于推动产业有序转移促进区域协调发展的若干措施》提出，做实做强新发展格局战略支点，统筹资源环境、要素禀赋、产业基础及碳达峰碳中和目标，创新体制机制，完善政策体系，支持粤东粤西粤北地区更好承接国内外特别是珠江三角洲地区产业有序转移，促进区域产业融合、协同发展，加快形成主体功能明显、优势互补、高质量发展的区域经济布局，在服务和融入新发展格局中实现更高水平的区域协调发展。（来源：《南方日报》，2023年3月24日）

② 《打造农旅融合发展示范区》，《南方日报》，2023年3月2日。

保护。拥有普宁青梅、惠来南药、揭东竹笋、揭西茶叶等 4 个省级现代农业产业园，创建揭东茶叶、揭西蔬菜、普宁蕉柑、惠来凤梨等 10 个现代农业产业园，建设"一村一品、一镇一业"项目 153 个。中国惠来鲍鱼国际网络节暨惠来名特优新农产品云展会唱响惠来县全国优质鲍鱼著名产地的牌子。揭阳市农业产业链"链长制"合作平台框架协议签约仪式，携手 6 个省级单位共建现代农科服务、数字农业赋能、土地综合利用、产业投资服务、农业保险服务、金融信贷服务"六大平台"，并为广东省农科院揭阳分院、广东（揭阳）农业产业链研究院揭牌，省地合作、院地合作共同探索推进农业高质量发展的新路径。①

向绿而生，逐绿而行

生态，是云浮突出优势，也是云浮作为粤北生态功能区的重大责任所在。云浮加快推进以西江生态经济走廊为主干，南江、新兴江、南山河相贯通的"一廊三带"碧道网格等重大生态项目建设，将全市河道打造成为碧道、绿道、古水道、古驿道"道道相通"，水脉、文脉、地脉"多脉共续"的生态格局；全面发起创建国家森林城市攻坚行动，坚定不移走生态优先、绿色发展的新路子。云浮市空气质量优良率达97%，较"十三五"提高幅度全省最大；臭氧浓度排名全省第二好，全年无重度污染以上天数。西江六都水厂上游、都骑、新兴江松云、罗定江南江口 4 个国考断面水质优良（达到或优于Ⅲ类水质）比例100%，全省排名第4，其中西江都骑、六都水厂上游和罗定江南江口水质均值达到Ⅱ类。渚清沙白、白鹭蹁跹、鱼翔浅底，推窗就是"云浮绿"，抬头可见"云浮蓝"，绿水青山就是金山银山，良好的生态，是宝贵的财富。②

---

① 《揭阳：迈出高质量发展坚实步伐》，《羊城晚报》，2023 年 2 月 15 日；《揭阳：经济结构持续优化，高质量发展迈出坚实步伐》，《揭阳日报》，2021 年 6 月 1 日。
② 《持续厚植高质量发展美丽云浮的生态底色——去年以来云浮市推动生态文明建设纪实》，《云浮日报》，2023 年 6 月 6 日；《奋力书写高质量发展的美丽云浮新篇章》，《南方日报》，2022 年 10 月 13 日。

绿色是韶关的底色，也是韶关的最大优势。韶关坚持生态优先、绿色发展。2022 年，韶关完成造林和生态修复 21.9 万亩、森林抚育 46 万亩、水源林建设 12.6 万亩，反映森林总体质量的森林覆盖率、森林蓄积量、林地面积三项指标稳居全省前列，荣获"国家森林城市"称号，入选国家林业碳汇试点市。[①]

河源紧紧抓住"绿富"双赢这个"结合点"，大力推进绿美生态建设，大力推进发展方式绿色转型，大力推进全域旅游，集中力量打造大湾区旅游及康养基地。发展水经济产业，做好水文章，则是河源深入践行"绿水青山就是金山银山"理念的必由路径。乡村振兴之路越走越宽。目前，河源正加强农业品牌建设，深入实施"百县千镇万村高质量发展工程"，激活县域振兴"潜力板"，成为大湾区的"米袋子""菜篮子""果盘子""水缸子""茶罐子"，提供越来越多河源产品。河源一手持续推进清洁生产，减污降碳；一手严把项目准入关，遏制"两高"项目发展，着力打造粤港澳大湾区美丽的后花园。[②]

---

① 《全市全面吹响高质量发展冲锋号》，南方+，2023 年 3 月月 7 日。推动高质量发展，韶关有不少好势头，南方日报、南方+记者奔赴韶关各地，实地采写、拍摄了《韶关高质量发展探访》等系列文图视。韶关市高质量发展招商大会，集中签约 75 个项目，金额达 736.2 亿；集中开竣工 196 个项目、总投资 266 亿元；全面加快推进"百县千镇万村高质量发展工程"；践行"绿美广东"行动，坚持生态优先、绿色发展，实施生态立市、工业强市、县域富市"三大战略"，开展"绿美韶关、产业攻坚、科教人才、营商环境优化、要素保障、资源盘活"六大行动。

② 《全市高质量发展现场会召开》，《河源日报》，2023 年 1 月 30；《河源加快打造千亿级电子信息产业》，新华网，2023 年 1 月 31 日；《河源出台若干》，《南方日报》，2023 年 3 月 13 日。为积极抢抓经济恢复重要窗口期，全力拼经济促发展，日前，河源市政府印发了《河源市 2023 年促进经济高质量发展若干措施》（以下简称《措施》）。南方+记者梳理发现，该《措施》包括以制造业当家推动工业高质量发展、加快发展现代高效农业、推动建筑业和房地产业平稳健康发展。

第九章
平凡中有创新

广东高质量发展最艰巨最繁重的任务在农村，平凡中有创新是最了不起的，把村镇打造成为生产生活生态融合的高质量发展有机结合体，就是平凡中创造的奇迹。广东企业创新的特点是，不怕水平低，十分善于爬梯子，能够专注一个领域，从低水平快速攀登到高处。利用成熟技术进行新产品和新模式的创新，创造出与众不同的新产品，抓住创新速度，领先一步，再领先一步，不断地领先创新，步步登高爬梯子，一步一步达到很高的水平。平凡中有创新，不平凡中也有创新，从村镇到企业，从农田到高科技，"从 0 到 1"和"从 100 到 10000"都是创新。

爱迪生说，于平凡中创造奇迹是智慧的标志

清远英德市连江口镇连樟村曾是个老贫困村，如今是"网红村"，是全国首个 5G 村，村民当起了主播；种

西瓜栽草莓，农业带来致富新机会；玩具车间开到村口，村民在家门口就业。在佳美达玩具公司连樟加工点，几条生产线各司其职，有做贴图的，有做组装的。走出扶贫车间，连片的温室大棚映入眼帘。村里建起了现代化农业产业园。棚外骄阳似火，棚内却是一片清凉，植物在绿色海洋中恣意飞扬。采用了现代种植技术，这里的西瓜是挂在枝头的。麻竹笋加工厂、红薯干和花生油深加工、农家乐、民宿、现代农业产业园、乡村振兴学院、观光采摘园等农村农业的创新项目在一茬茬地交替兴起。①

种柚的创新

千年古镇，梅州市松口镇的大黄村，以前是个贫瘠的山村，打造了种柚的创新模式。如今变成了"金柚村"，各项产值累计已超亿元。村党委牵头注册成立梅州市梅县区大黄实业发展有限公司和金柚专业合作社联合社，2015 年大黄村建起了梅县金柚产业园，从金柚"大村"逐步发展成为梅县柚果流转的"重镇"，28 家来自本地、珠江三角洲的合作社进驻大黄村。33 户金柚种植大户和 28 家金柚专业合作社参与，入股资金超过了1000 万元。大黄村 90% 的村民都在种植柚子，村内柚子种植面积达 5000亩，年产量 3000 多万斤，解决了 1500 多人就业问题，有 9 家合作社实现了全自动化。连续四年村民人均收入 2.8 万元以上。大黄村为农户提供技术和市场信息等帮助，示范带动 200 多户种植户加入合作社，全村 98% 的村民种植 5000 多亩柚果，金柚种植、销售走上了企业化、产业化的轨道。2021 年，梅州市印发《梅州柚产业发展工作实施方案（2021—2025 年)》，要求加快打造梅州柚优势产业带，进一步推动梅州柚扩面积、优品质、延链条、强品牌、增效益，计划到 2025 年底实现梅州柚种植面积达到 100 万亩、总产量达 100 万吨、总产值达 100 亿元的"3 个一百"目标。"5 年前，我开始做水果出口生意时，就有海外客户点名要梅州金柚，经过多方实地

---

① 《清远连樟村：青山不改焕新颜　从贫困村变身"网红村"》，央广网，2020 年 10 月 24 日；《科技致富　贫困村变身"网红村"》，《科技日报》，2020 年 7 月 15 日。

考察，我决定跟兴缘农业合作。"专营水果出口的李照环说，起初他只订了10万斤柚果，后来客户反馈好，便逐渐加大柚果采购量，这些柚果主要销往欧洲以及澳大利亚等国家和地区。近年来，梅州金柚持续拓展国际市场，产品畅销海外。[①]

松口千年古镇有保存完好的两百多年古码头、古驿站，恢复生态与人文景观的古镇再开发，与大黄村构成了完美的乡村旅游热。整洁的村庄，丰收的喜庆，琳琅满目的特色农副产品展馆里，金柚树下回荡着游客们的欢声笑语。现代农业与旅游的结合，映射了新农村发展的图画。

广东下功夫解决城乡二元结构问题。2023 年是广东"百县千镇万村高质量发展工程"（以下简称"百千万工程"）开局之年。[②] 广东高质量发展最艰巨最繁重的任务在农村，从根源上看，农村地区底子薄、基础差、资源弱小而分散。全省有 2.65 万个行政村（社区），在"百千万工程"落地实施过程中，各地抓住构建现代乡村产业体系、稳步实施乡村建设行动、加强和完善乡村治理等重点，一批符合地情实际的发展新思路、新模式陆续涌现。多个地市在"树标杆、立示范"的基础上，走出既有共性又具差异的探索之路。

清远因地制宜，厚植绿色生态底色。发展林下种植、新型竹业、中草药材、森林康养等产业，推动中草药与生物医药创新的融合。培育创建国家级、省级林下经济示范基地和龙头企业。以"五大提升"作为绿色创新的抓手，森林质量精准提升、城乡一体绿美提升、绿美保护地提升、绿色通道品质提升、古树名木保护提升。县、镇、村是我国行政区划的基础单元，也是区域经济发展中最活跃的"细胞"。自然资源丰富是云浮一大特

---

① 《柚子熟时访梅州》，《人民日报（海外版）》，2022 年 9 月 28 日；《凭什么那么火？松口大黄村柚子创造出的"亿元"村!》，搜狐网，2018 年 10 月 3 日 。

② 《推进"头号工程"，广东21 地市如何实现新突破?》中梳理发现，广东县域综合实力较弱，2023 年 7 月发布的"2023 赛迪百强县"榜单中，仅有惠州博罗县入围，无一县域进入"GDP 千亿俱乐部"。要在推进中国式现代化建设中走在前列，广东必须啃下县域这块"硬骨头"。从各地"百千万工程"施工图来看，冲刺"全国百强县"、打造一批经济强县、工业强县，已成为多地瞄准的明确目标。（来源：南方＋，2023 年 9 月 13 日）

色。云浮市委立足特色优势大力发展资源经济，一体推进绿色矿山、清洁能源、林下经济、土地资源和水资源等"五大资源经济"，全力打造高质量发展的新增长极。矿山环境治理、中小河流整治等一个个攻坚战纵深推进。镇域经济是云浮发展的短板，也是潜力板。借力广东省"驻镇帮镇扶村"的政策红利，云浮担负全省"美丽圩镇"建设专项改革试点，激活经济发展"细胞"，不断推动县域、镇域经济"两个轮子"一起，一幅高颜值的"西江明珠"图景正在徐徐展开，高质量发展的美丽云浮正成为粤北一道亮丽风景线。

镇，不仅是串联县城和农村的关键节点，也是实施"百千万工程"的重要一环。要把镇级打造成为生产生活生态融合的高质量发展有机结合体。韶关推广设立强镇富村公司，打造韶关武江的高标准城乡融合发展示范区。江门在乡村振兴上迈出高质量发展新步伐。2023 年上半年，全市陈皮、大米等六大特色优势农业实现全链条总产值约 333.1 亿元，同比增长30.73%。江门海洋牧场首个半潜桁架式养殖平台正式开工，计划投放于川岛乌猪洲高冠海域；做好"土特产"大文章，打造更多百亿级现代农业产业集群；大力实施江门"广东第一田"三年提升工程，打造高产高效、绿色生态、智能智慧、三产融合的全国种粮示范田。江门将分类建强中心镇、专业镇、特色镇，高标准打造双水、共和、赤坎 3 个省级样板中心镇，高品质建设杜阮等 6 个"美丽圩镇"省级示范样板。湛江提出了建设县（市、区）乡村振兴示范村的要求及找痛点、疏堵点的配套方法。乡村振兴，核心是人才振兴。广州市开设了"百千万工程"乡村 CEO 学堂，有志于乡村建设的创业青年、优秀村镇干部等纷纷走进学堂，学习从实践出发，提升乡村产业创新管理的能力。[1]

专注于步步登高爬梯子

广东企业创新的特点是，不怕水平低，十分善于爬梯子，能够专注一

---

[1] 《争先，争先，激活发展"一池春水"》，人民政协网云浮，2023 年 8 月 11 日；《江门：全力奋战"百千万工程"！在推动城乡区域协调发展上实现新突破》，《江门日报》，2023 年 8 月 24 日。

个领域，从低水平快速攀登到高处。"三来一补"的加工装配生产方式，当年被称作"血汗工厂"，却训练了广东企业耐得住寂寞的品质，专注于细分化领域分工，做隐形冠军。对比 20 世纪初福特汽车的装配生产车间与 21 世纪初广东家电和耐用消费品生产线，两者间相似度很高。从简单的工业化开始，在简单生产上获得知识，逐渐走向复杂产品。很多企业家创业从低水平起步，步步登高爬梯子，一步一步达到很高的水平。

广东中科安齿生物科技有限公司创始人兼总工程师陈贤帅，十余年来专注于在牙种植领域做中华民族的自主品牌，让更多人用上国产种植牙，三年多来已有数万件产品"飞入寻常百姓家"。[1] 陈贤帅和他的团队为了实现创新目标，从搭建实验室开始，经过设备、材料和生产工业的自主研发，历经上万次试验、数不清的方案选择，大大降低了种植牙脱落的概率，国产种植牙终于经受住了市场的检验，得到了市场的认可。陈贤帅关于"牙齿"的研发之路还在不断向上攀登、向外拓展，美容整形、创伤救治，在世界首创 3D 打印个性化牙种植体技术，更把技术延伸到了更多新型个性化颅颌面修复领域。在"第四季高成长企业论——2023 粤港澳大湾区瞪羚企业深调研全媒体报道"启动暨南方财经全媒体集团佛山记者站揭牌仪式上，陈贤帅作为高成长企业代表发言。他表示，作为专注高端口腔医疗器械的独角兽企业，中科安齿近年来得到了政府、媒体、投融资机构等的多方赋能，成长发展速度不断加快。作为佛山高成长企业的代表，立足南海及佛山丰富的医疗和人口资源，中科安齿在南海建立世界顶尖的生物医药生产基地，2023 年底启用，致力不断提高广东乃至全国口腔修复、创伤救治医疗服务水平，带动材料、制造、医学等多个领域上下游产业链的发展。

专精特新是指具备专业化、精细化、特色化、新颖化优势的中小企业，是产业链重要节点支撑，专精特新企业是各层级中小企业的发力方向。截至 2023 年，深圳累计培育的专精特新中小企业有 5000 家以上。在深圳宝

---

[1] 《中科安齿董事长陈贤帅："高成长企业论"是湾区科技展示的极佳窗口》，《21 世纪经济报道》，2023 年 9 月 23 日。

安，1200 多家国家级、省级与市级专精特新企业增加值占全区工业比重约四分之一，带动了 3400 多家中小创新企业发展。国家级专精特新中小企业 135 家，省级 189 家，市级 894 家。专精特新企业有以下几个特点：第一是专业化程度高，产业配套能力强，从事特定细分市场 10 年以上的企业占比 76.9%；第二是主导产品竞争力强，大部分企业国内市场占有率处于 10%～30% 区间；第三是占据了重要的产业节点，国家级专精特新企业至少为一家国内外知名大企业配套的比例超过了 90%；第四，持续高强度的研究开发活动是专精特新企业的基本特点，平均研发强度是中小企业平均水平的三倍。①

"从 0 到 1" 和 "从 100 到 10000" 都是创新

走入蓝海、追求 "从 0 到 1" 和在红海中发现蓝海都是企业可以选择的创新策略。在彼得·蒂尔《从 0 到 1》面世之前，蓝海战略概念也产生过广泛影响，欧洲工商管理学院的 W. 钱·金（W. Chan Kim）教授和勒妮·莫博涅（Renée Mauborgne）教授在他们合著的《蓝海战略》一书中提出，传统的竞争极端激烈的市场是 "红海"，而 "蓝海" 是一个未知的市场空间，没有竞争的领域。蓝海战略与 "从 0 到 1" 战略一致的思路是，企业创新要尽力避免过度竞争的内卷。保罗·格雷厄姆（Paul Graham）是硅谷的另一位著名投资家，则认为很少有创业公司是被竞争对手干掉的。即便在一个竞争激烈的市场，创新者也能够发现新的被忽略的领域，细分化的市场可能小，但也是蓝海，还可以享受成熟产业有庞大的市场需求的红利。

利用成熟创新能带动高效创新。要驶出红海，在没有内卷竞争的蓝海

---

① 《4826 家，新一批市级专精特新中小企业定了！》，深圳卫视深视新闻栏目，2023 年 4 月 10 日。数据分析显示，顺利通过公示的 4826 家市级专精特新中小企业中，宝安区以 1260 家企业位居榜首，成为连续两年成为市专精特新企业数最多的区；南山区的 1087 家企业紧追其后，居于季军则是龙华区的 767 家。近几年深圳先后出台一系列政策，其中包括《深圳市为专精特新中小企业办实事清单（第一批）》《深圳市工业和信息化优质中小企业梯度培育管理实施细则》《深圳银行业保险业支持专精特新中小企业高质量发展的实施意见》等。

游弋，进行"从 0 到 1"的创新，需要研发和资金积累，往往会有望洋兴叹之感。大多数广东企业更乐于利用成熟技术进行新产品和新模式的创新。采用成熟技术创造出与众不同的新产品，创新的收益可能不很高，但抓住创新速度，领先一步，再领先一步，不断地领先创新，创新收益的积累就会越来越多，就可以从低向高不断地爬梯子。短平快看起来肤浅，n 次方的短平快就不肤浅！

潮州三环（集团）股份有限公司（以下简称三环）成立于 1970 年，致力于研发、生产及销售电子基础材料、电子元件、通信器件等产品，覆盖光通信、电子、电工、机械、节能环保、新能源和时尚等众多应用领域，其中光纤连接器陶瓷插芯、氧化铝陶瓷基板、电阻器用陶瓷基体等产销量均居全球前列，是国家级高新技术企业、中国制造业"单项冠军"示范企业，连续多年名列中国电子元件百强前十名。三环的材料研究院和装备设计院，形成了院士、学科专家主顾问，博士为带头人的创新攻关团队，多次承担并完成国家级、省级重点科研项目，持续在新材料、新产品、新装备、新技术方面进行研究与创新，多项产品先后荣获国家优质产品金奖，产品专利覆盖多个国家与地区。

三环的前身可追溯至 1970 年创建的潮州市无线电元件一厂。那时的三环，还是一家"蜗居"于小庙老君堂的小工厂。80 年代通过引进国外先进设备，电阻及瓷体实现自动化生产。到了 90 年代，虽然依靠成本低的优势做代工还能挣钱，但利润率在逐渐走低，三环在单一细分化市场扩产能提效的潜力不大，开始由代工制造转向创新。

1998 年，三环建立了广东省电子陶瓷工程技术研究中心。2005 年在光通信领域研发自制出高自动化、高精度的专用设备，传统陶瓷电子产品升级为连接光纤线路的陶瓷插芯，产量和质量都迅速提高。三环捕捉到了全球电子行业的不断扩张和技术创新，对电子陶瓷材料的需求不断增加机会，逐步建立手机、计算机、通信设备、半导体制造等领域电子陶瓷元器件的优势，不断缩小与日本、美国、欧洲的差距。2007 年，公司自主研发并量产陶瓷封装基板（PKG），为晶振器件提供核心材料。2013 年成立了三环研究院，2015 年成为中国电子元件行业综合实力百强第七名；2016 年，公司被授予国家级企业技术中心。2017 年收购威米斯，2022 年成立成都三环科技有限公司和苏州三环研究院。潮州三环集团的光通信用陶瓷插芯、电阻器用陶瓷基体、氧化铝陶瓷基板产销量分别占全球 70%、55%、50% 以上，均居全球首位，成为名副其实的细分市场的世界冠军。2022 年建成的智能通信终端用新型陶瓷背板生产系统，集成了 2000 多台套机床设备和多条生产线，用于手机陶瓷结构件、智能穿戴陶瓷结构件生产，是国内领先的智能化、自动化生产基地。①

　　近年来，潮州引导企业加快生产工艺革新和技术装备现代化，推动企业"机器换人、设备换芯、生产换线"，打造一批"数字车间""智慧工厂"。以 5G、人工智能、虚拟现实等为代表的新一代信息技术与制造业深度融合，正成为推动潮州产业转型发展的重要动力。在潮安区，皓强瓷业有限公司是传统日用陶瓷生产企业：通过采用全自动日用瓷生产线、无纸化转移印花机等设备，让陶瓷生产实现智能化、标准化、规模化。无须石膏砌块模具，5 条全自动陶瓷生产线将一块块瓷泥"变身"成一个个碗碟；40 多台"机械手"直接在陶瓷坯体印上各式花纹……省去人工贴花的烦琐流程。皓明陶瓷科技有限公司的"5G + 边缘云 VR 智慧工厂"，客户远离生产车间，戴上 VR 眼镜就可以身临其境。翔华科技 100 多台现代化生产设备，3 条全自动电脑隧道窑等自动化生产设备，每个产品都贴有一个"身份证"条形码，成为数字化的"可追溯性"产品质量档案。潮州三环公司、皓强瓷业、皓明陶瓷科技和翔华科技公司等的共同特点都是短平快爬梯子，不仅是从下向上的，也可以快速地横向移动，横着爬梯子的意义就在于有利于实现科学技术跨领域的整合，构成新赛道上的新创新。②

---

① 刘启强：《潮州三环：坚持自主创新　筑梦制造强国》，《广东科技》，2022 年第 1 期。

② 《黄坤明到潮州调研　在高质量发展赛道上奋勇争先　努力把潮州建设得更加繁荣美丽》，南方日报，2023 年 4 月 6 日；《潮州市打造千亿陶瓷产业集群行动方案》：力争到 2025 年底陶瓷工业总产值达千亿元级，推动潮州陶瓷产业规模、质量双提升，着力打造世界级的陶瓷先进制造业产业集群，进一步擦亮"中国瓷都"品牌。（来源：潮州发布 2020 年 8 月 10 日）

创新的梯子也可以横着爬

我们再来想一下，两位交际舞高手共同发挥出高水平的故事。在现实的经济活动中，我们可以看到，两家企业、两位创业者因为采用通用的产业技术，能够用相互听懂的语言沟通，用相差不多的技术创新，双方的合作余地就大，就可能成为相互依赖的上下游供应商，从两家到多家，到成千上万家企业的分工合作就是产业群，这就是知识相关性的作用。一座城市和一个大的城市群中，相关知识会构成一个创新网络，会不断地提高新知识的创造能力。企业爬梯子的速度就会快起来。

2022 年 4 月，国家发展改革委正式批复同意深圳科诺医学检验实验室在深圳组建我国细胞产业领域唯一新序列国家工程中心——细胞产业关键共性技术国家工程研究中心，实现细胞与基因治疗技术 + 智能智造 + 质量检测创新成果的集成。其中明确，先进智造平台建设任务由赛动智造承担，推动细胞制备由当前的劳动密集型、手动操作向全自动、密闭式、连续性无人智造转型。赛动智造是我国最早实现细胞制剂数字化智能化产线研发量产的国家高新技术企业，在细胞自动化生产制备方面实现了关键技术突破。国家细胞产业工程中心首席科学家刘沐芸，是生物学博士，也是赛动智造的董事长。一位生物学博士、细胞科学家是如何领导团队研制出我国首台（套）干细胞自动化生产设备的？刘沐芸博士的讲述，让我们对广东企业如何横向爬梯子有了更多的理解。

刘沐芸博士从事干细胞领域的研究开发近二十年，研发在实验室从点滴开始逐渐展开走向复杂，整个流程虽然是手工的，但是逐渐形成严格的清晰的流程标准。研究越是深入，流程化的内容会大大增加，对规范化流程的要求就越高，相应的标准就会越细致，只有这样才能保证做到实验室产生的科学成果是可以复制的。生物学家与自动控制专家的合作，就是将已经形成的手工操作的标准流程转换为自动化过程。这是生物学家提供技术标准和生产需求，自动化专家以数字化技术满足生物技术要求的合作过程，赛动智造成功完成我国甚至是全球首台（套）干细胞自动化生产设备的研发制造,是深圳市北科生物科技有限公司近二十年在干细胞领域研发和生产实践形成的流程标准的结晶,与计算机和自动化工程领域的科学家在神经网络边缘计算、数字孪生与机器学习领域创新积累的完美结合。赛动智造的开创性创新中,引入了反向传播神经网络(BPNN)边缘计算识别分割细胞、应用数字孪生结合轻量深度学习追踪干细胞等技术,实现全自动,智能控制干细胞产品的无人生产,全过程的数字化可视追踪。

专业化创新汇聚成多样化产业

汤臣倍健公司是赛道专注的代表。2002 年,董事长梁允超偶然在美国超市发现,膳食营养剂产品很受消费者青睐,广州佰健公司由此而面世,"倍健"成为日后具有很高知名度的营养辅助剂品牌,这是今日的汤臣倍健公司的开始。2012 年,监管部门检出国内生产的螺旋藻产品的重金属铅含量严重超标,螺旋藻行业陷入信任危机。但经过严苛检验,佰健公司产品的铅含量,非常符合国家标准,用户口碑迅速攀升。汤臣倍健先是面对严峻考验,而后获得了空前的发展机遇。好的产品离不开好的原料,佰健公司在全球范围内选择优质原料,在同质化的市场竞争之中,形成了品质差异化的核心竞争力。目前,公司在全球 23 个国家和地区建立了优质原料采购基地。公司旗下鱼油产品原料自挪威、冰岛进口,稳定性高;新西兰乳清蛋白甄选自澳洲优质牧场奶源,从中提取的乳清蛋白更加营养健康;北欧野生越橘是欧洲越橘提取物的原料。

佰健公司早早嗅到数字化转型的意义,意识到离开了数字化就会在专业化赛道上迷失。该公司全力构建了全球原料追溯系统,通过实时采集相关数据,全程记录产品制造的所有环节信息,并构建了完善的产品查询系统。不断完善深化全链数字化,不从管理的 B 端发动,而是以消费者 C 端为中心推进全链数字化,通过搭建 to C 的数据营销和用户服务,实现会员数字化、媒介投放数字化、电商数字化和全营销链数字化项目,称为汤臣倍健的"新基建"。

佰健公司"科学营养"战略将以精准营养相关的新型检测技术、评价方法、人群数据库、功能产品、知识图谱、智能算法等为技术研发要点。多年来，已经取得多项成果。历时十多年，成功研究出全球第一个个性化维生素微粒产品和第一台对接了核心算法的个性化维生素生产设备；自主开发并建立国内第一个全自动干血斑检测中心等；新功能方面，维持正常血小板聚集、降低体内糖基化终产物等；新原料方面，自有专利新菌株研发等；新剂型方面，成功研发并注册全球首个口含微泡片、个性化维生素微粒、国内首个等渗透压胶体等。

公司与中国科学院上海生命科学研究院、荷兰应用科学研究院和德国巴斯夫共同成立"精准营养科研转化产业联盟"，与中国科学院上海营养与健康研究所成立"营养与抗衰老研究中心"。坚持协同创新研发合作机制，将众多科学营养技术运用在汤臣倍健产品上，包括与法国罗赛洛合作定制的胶原蛋白、与新西兰恒天然共同开发的乳品蛋白新产品、与杜邦营养围绕肠道微生态相关技术联合开发等。目前，该公司研发的类似天然植物阿司匹林效果的新功能保健食品，已完成了临床验证。降低糖基化终产物水平的新功能产品，已完成具有自主知识产权的产品开发工作，并建立了相应的检测评价体系和数据库。该公司专注于多元的专业化，创新的藤蔓在功能性营养品的赛道上不断蔓延，创新成果的复合程度越来越高，创新深度不断加深，当年简单的螺旋藻类产品已经成为富含多学科知识的复杂产品。

金龙鱼的故事也有典型意义。益海嘉里金龙鱼是世界 500 强——丰益国际集团在中国投资的控股公司，是中国知名农产品和食品加工企业，生产基地遍布全国，员工超 3 万人。益海嘉里金龙鱼以厨房食品为核心，产业链逐渐向大米、面粉、食品原辅料、油脂科技、饲料原料、调味品等各个领域延伸；旗下品牌金龙鱼、欧丽薇兰、胡姬花、香满园、乳玉皇妃、洁劲等，已成为各个细分领域的头部产品。阳西金龙鱼金厨项目是益海嘉里集团在国内投资建设的第二个综合型调味品生产基地，将加快科技创新，继续增资扩产做大做强阳西生产基地，为阳江高质量发展贡献一份力量。

创新既要自下而上，也要从上而下

隧道掘进机是"舶来品"，中铁装备 20 年不断创新突破，成为当之无愧的行业"世界冠军"，产销量连续 10 年中国第一，连续 5 年世界第一，安全掘进里程 3600 多万公里，产品遍布 30 多个国家和地区。① "上天有神舟，下海有蛟龙，入地有盾构"，作为"入地"利器，隧道掘进机可穿山越海，是集机械、电气、液压、传感、信息、力学、导向研究等技术于一体的高端装备，盾构机是公认的衡量一个国家装备制造水平和能力的重大关键装备。铁路、公路、水利、城市地铁、海底隧道等大量基础设施的建设都离不开它，中国对盾构机的需求占到了全球 60% 以上。很长一段时间内，盾构机全靠进口，维修也需要德国专家。

2001 年 2 月中铁工程装备集团成立盾构研发机构，2002 年 8 月在河南新乡建成以盾构研发、组装调试、制造维修为主的盾构产业化基地，2008 年中铁装备成功研制下线了我国第一台具有自主知识产权的复合式土压平衡盾构机。中铁装备持续加大研发投入、加强关键技术攻关，抢占世界隧道掘进机技术制高点，推动一批具有开创性、奠基性、里程碑式的产品和项目落地。2014 年到 2022 年，企业新签合同额增长了 5 倍、订单数增长 3.8 倍、盾构产量增长 5.3 倍。中铁装备的盾构机也成了畅销的高端出口产品。2019 年 12 月，应用于巴黎地铁 16 号线的两台大直径土压平衡盾构机在中铁工程装备集团郑州基地正式下线。2015 年与洛阳 LYC 轴承有限公司和郑州机械研究所成功申报国家工业强基工程项目——"盾构/TBM 主轴承、减速机工业试验平台"。2020 年首批国产化常规盾构 3 米直径主轴承、减速机通过了试验检测。2022 年 4 月设计制造了我国首台使用国产 3 米级主轴承盾构机，在苏州地铁 6 号线顺利完成掘进任务，验证了国产盾构机核心部件的稳定性和可靠性。面向产业技术发展前沿，中铁装备积极布局

---

① 《从追赶者到领跑者，中铁装备为中国打造"大国重器"》，《河南商报》，2022 年 11 月 15 日。

智能盾构机和未来掘进机，开展激光、水射流等新型破岩技术、换刀机器人和无人值守智能掘进技术的储备研究。从引进消化吸收再到自主创新，中铁装备完成了追赶、并跑到部分领跑的转变。

2021年10月7日13时58分，伴随着盾构机的轰鸣声，南亚第一个水下隧道——孟加拉国卡纳普里河底隧道工程顺利实现双线贯通。这是中国企业在海外承建的首个大型水下隧道项目。① 隧道的如期贯通，离不开一家江门企业的关键助力。CCTV老故事频道"中国品牌档案"栏目讲述了这段鲜为人知的故事。2018年9月，中交天和机械设备制造有限公司生产的中国出口最大盾构机运抵孟加拉国吉大港。这是一个直径达12.12米的庞然大物，重2200吨，用于3500米长的卡纳普里河底隧道项目建设。这一隧道是中孟印缅经济走廊的重要一环，是我国"一带一路"倡议中的重要项目。作为铁建重工、中交天和、中铁装备等国内顶尖盾构机制造商的合作伙伴，江门欣龙公司也参与了这一大型海外基建项目，主要负责装机调试等工作。在隧道即将贯通河东岸时，盾构机部分刀盘出现破损，欣龙公司的技术团队飞抵孟加拉国，完成了维修任务。隧道单向贯通后，下一个任务就是将盾构机掉头，开挖另一侧隧道。盾构机像一条长龙，以往转体掉头需要拆卸后再次组装调试，耗时往往长达数月，极有可能影响项目交付。欣龙公司提出了大盾构转体平移的方案，即安装转体工装后通过液压油缸将盾构机主体下降，然后通过转体工装将盾构机主体平移后再进行原地转向180度。最终，这一方案顺利实施。

一般直径6米的国产地铁盾构机造价约为4000万元，直径10米的造价达1.3亿元。目前全国约有盾构机5000台，大湾区约有1500台。每台盾构机掘进里程1~2公里需要小修，5公里需要中修，8公里需要再制造或者大修，盾构机修造是顺利施工的重要保障。欣龙公司早期是做隧道管片螺栓配件生意的，2015年6月落户于鹤山时受江门高端装备制造产业政

---

① 《一家江门企业的国际驰援——"大国重器"盾构机背后的江企身影》，江门新闻网，2021年12月14日。

策支持力度大，土地、人工等保障力度充足，成本也相对较低，距离广州、深圳、东莞等大湾区主要城市又近。欣龙公司很快成长为一家集盾构物资、盾构装备研发、掘进装备设计和制造及再制造等核心优势于一体的高新技术企业。从小小的螺栓生意做起，到组建上门服务的"游击队"，再到运营一家年产值近1亿元的盾构机大型"4S店"，从对盾构装备产业的"梦想、热爱"，埋头前行，到意外发现了创业的"新蓝海"。2020年，欣龙公司完成了再制造隧道掘进机申报工作，其研发的新型走道板及走道板支架也在各大城市的重大工程中广泛使用，并申请成立了国家级实验室——CNAS实验室资质。

飞机与农机都离不开轴承。轴承水平的高低，是制约国家机械工业发展水平的关键。中山市盈科轴承制造有限公司，制造出40余种专精特新轴承，用于国产军用直升机、欧美精密数控机床和全球多个国际机场。王冰1982年毕业进入了洛阳轴承所，这是当时中国轴承行业唯一一所国家级研究所，并因此加入了研制卫星姿态控制动量轮的课题研究。课题组研发的姿态控制动量轮随"风云一号"气象卫星升空入轨，并获得机械电子工业部科技进步一等奖。1990年，王冰南下进入中山市轴承总厂，研究对象从"天上掉到了地下"。他在轴承的高精密、高刚度、高可靠、长寿命等"卡脖子"方面下功夫。[①] "以前都是跟卫星、导弹、火箭发射这些课题打交道。而中山轴承厂当时做得最多的产品却是农机配套的普通零件"，20年的打磨，一朝迸发。2011年，王冰领衔的企业技术创新工作室成立，其中"功能化专用轴承单元组合设计与制造技术研究"项目，创新了轴承及其关联应用部件功能一体化组合设计方法，研制出40余种功能集合型自主知识产权产品，填补了多项国内外技术空白。

轴承的微观世界

盾构机是轴承的宏观世界，是巨无霸式的存在。毫米级以下就是轴承

---

① 《高质量发展故事｜王冰"旋转的轴承 紧迫的责任"》，广东卫视，2023年4月8日；《中山盈科轴承公司王冰用"小轴承"成就"大梦想"》，《深圳特区报》，2019年1月21日。

的微观世界，其加工之精细，有如吹影镂尘。摩擦是一个普遍而重要的问题，它对物理、化学、生物、工程等领域具有十分重要的意义。在当代工业化社会，摩擦和其伴随的磨损消耗了发达国家约四分之一的能源，引起约80%的机械部件失效，并使得许多关键技术遇到发展瓶颈，直接制约了人类走进轴承的微观世界。轴承微型化面对的关键难题是，轴承越小，相对的摩擦力越大，传统上通过提高润滑油品质和机械加工精度来降低摩擦力的办法，无法跨越轴承微观世界的门槛。

清华大学郑泉水院士的研究团队，创造性地利用"石墨岛"体系实现了结构超滑，为打破门槛的限制带来了难得机遇。深圳市政府和坪山区政府资助建立了深圳清华大学研究院超滑技术研究所，力求领先全球跨越轴承微观世界的门槛。在坪山的超滑实验室，我们直观地感受到了轴承的微观世界。郑泉水院士讲述道，工业革命以来，人类充分利用摩擦力，又一直在追求通过各种方法降低摩擦系数，下降到千分之一量级时，称之为极低摩擦或超滑。过去20年，团队开创的结构超滑技术意义是，两个固体表面接触滑移时，磨损为零、摩擦系数近乎为零的状态。结构超滑技术最终实现，将使毫米以下的轴承、电动机、发电机、机器人等机械和机电设备成为可能，且有极长（"无限"）的寿命。

郑泉水院士认为，结构超滑是典型的由基础研究引领，逐级向产业技术过渡的创新活动。加速结构超滑应用场景化的研究开发，在未来3～5年有可能支撑我国在有刷电机、导电滑环、射频产品、超微发电机等领域形成结构超滑产业集群，形成我国自主创新，也是国际科技创新的新赛道。当然，结构超滑的研究在走向产业化过程中，还会面对多次死亡谷的考验，在拿出产品化样机、实现规模化生产，发现更多的应用领域，解决更多的应用难题方面，可以说是处处有死亡谷。[1] 最终跨越死亡谷，需要的不仅是郑泉水团队的努力，还需要组织多产业门类的配合，需要有工程师能力

---

[1] 《清华大学微纳米力学与多学科交叉创新研究中心郑泉水院士研究组在结构超滑技术的应用领域取得重要突破》，清华新闻网，2021年4月19日。

的科学家与有科学情怀的工程师之间密切配合，需要有更多更优秀也更年轻的更理解科技的创新企业家们的参与，尽快实现从一个团队走向一个庞大的创新群体。

从知其然到知其所以然

"手把青秧插满田，低头便见水中天"，春天种韭菜，一茬茬地割一年。同是农业生产最常见的情景，若是可以将两种种植方式统一起来，春插一次秧，茬茬割稻子、年年割稻子，就能省去每年插秧、抢收再抢种，一定是一个大大减少农业劳动量，提高农业生产效率的办法——这曾经是一个幻想。幻想能够成为现实吗？每年，《科学》杂志的编辑团队都会评选出一项年度科学突破冠军以及九项年度科学突破入围奖，它们代表着这一年里最重要的科学发现、科学进展和趋势。2022年度突破榜单上榜的唯一一项中国科学家的科学突破是多年生稻。云南大学胡凤益教授团队原创性培育出的水稻品种，利用多年生非洲长雄野生稻与一年生亚洲栽培水稻进行种间远缘杂交培育而成，可实现"一次种植，多次收割"。《科学》杂志认为："世界上主要的粮食作物——水稻、小麦、玉米——每次收获后都必须重新种植。这对农民来说是一项繁重的劳作，并可能导致土壤侵蚀等环境问题。中国的研究人员培育出的'多年生稻23'（PR23）可以达到广适、高产稳产、多年生性强的标准，并为农民节省了数周的繁重劳动。这是中国近年来唯一入选的科学创新项目，也是全球唯一入选的年度农业科技项目。"

这种方式颠覆了传统农业的生产模式，与一年生稻相比，多年生稻可以减少生产成本投入达50%。以云南地区为例，从第二季开始每季能大约减少每亩500～600元的直接投入，且连续多年不需要对田块进行翻耕，实行免耕后减少了劳动力、肥料、农药的投入。多年生稻不仅耕作方式更加精简化，可收获的稻谷产量和当地常规水稻品种持平，应用前景广阔。此前多年生稻已入选联合国粮农组织"国际农业技术创新技术"。2022年11

月，题为《多年生稻的可持续生产力与生产潜力》的研究论文登上了国际学术期刊《自然—可持续性》。

为了快速推进多年生稻后期研发和产业推广，2022 年 5 月，华大集团的华大万物与云南大学共同成立深圳华大云谷科技有限公司（以下简称华大云谷），作为可商业化的多年生稻的全球唯一转化平台，合作推动多年生稻技术的推广和产业发展。多年生稻在国内的试种推广地点已达 117 个，种植面积为 2543 亩，覆盖云南、海南、广东、广西、湖北、湖南、江西等 13 个主要水稻种植省份。通过地下无性繁殖特性，多年生稻实现了免耕栽培。再生季，稻桩地下茎上休眠芽萌发的新苗与种子实生苗田间表现一致，且产量在年度间表现稳定。现有的多年生稻品种可在我国北纬 28°以南区域种植，在"一带一路"沿线一些国家，尤其是东南亚和非洲有超过 10 亿亩适宜种植区域。华大云谷合作的达成，当然与 2002 年华大基因与袁隆平先生合作完成的水稻全基因组图谱研究有着内在联系。这一研究成果划时代的科学意义在于，使当年生稻的育种建立在强有力的基因科学基础之上，为科学育种打开了新的更高效的窗户。

多年生稻是利用现代生物技术培育出的原创性水稻品种。经过近 20 年努力，目前正在解析多年生稻地下茎长生分子机制，为培育其他多年生作物奠定基础；同时通过全球多地试种，明确多年生稻适宜推广的范围，在此基础上，持续培育出适合不同地区种植的多年生稻新品种。多年生稻既是我国粮食安全和种业翻身仗的科技成果，也是我国种业走向世界的战略性成果。

"天地人和，万物共生"是中华文明的传承。进入基因革命、时空基因组学时代，天地人和与万物共生具有了全新的科学意义。华大万物依托华大基因集团多组学大数据平台优势，创新全基因组设计育种、基因编辑、合成生物学等技术，快速精准培育超级农业新品种，不断探索古代智慧与现代科学的融合，达到新时代天地共生的协同发展。华大基因集团脱胎于 1990 年人类基因组计划的中国团队。华大再次登上 2023 年度自然指数排行榜，自然指数中国生物科学机构 TOP 50 名单中排在第 42 位，在这个排名中，中国科学院、北京大学和浙江大学位列前三，南方科技大学和深圳大学分别位列第 25 名和第 40 名。在生命科学的产业机构中，华大科研实力与成果则持续位列中国第一、世界前十，连续 8 年蝉联亚太地区生命科学产业机构第一。截至 2023 年初，华大集团共申请专利 4741 件，其中 PCT（专利合作协定）申请 746 件，涉及中、美、日和欧洲等 43 个国家和地区；累计已获得 1701 项专利权，其中中国专利 1295 项，海外专利 406 项。同时，华大集团参与/牵头 242 项标准发布，包括国际标准 3 项，"一带一路"区域国际标准 3 项、国家标准 32 项，行业标准 10 项，地方标准 26 项，团体标准 77 项，企业标准 91 项。基于丰富的标准化工作经验，华大承建了国家级标准化试点 1 个、省级示范点 1 个、省级试点 2 个。

尹烨，华大集团 CEO，毕业于哥本哈根大学，是管理者、科学家，也是媒体圈、财经圈、科研圈深受欢迎的生物界"名嘴"，在回答华大如何保持旺盛创新力的问题时，他侃侃而谈道，华大基因浓厚的科学基因源自于中国科学院，来自 24 年前代表国家参与了人类基因组计划，与其他五国科学家共同努力，测绘出了第一个人类基因图谱。这是一种科学的熏陶与浸润，也是科学工作者使命感的不可磨灭的烙印。在重大科学研究探索中，华大始终清醒地把握着科学第一性核心地位。所谓科学第一性问题，简单理解就是，不能满足于知其然，还要知其所以然；不能只是知道这是什么，还要知道为什么是什么。这样才能产生突破性创新。

对于华大基因而言，创新从单一技术走向多技术融合，形成多样性创新，会出现微妙的有时候难以很准确描述的情况，突破性创新往往是解决了有还是没有的问题，真正能够形成产业还需要在创新阶梯上，解决价格阶梯问题。简单一句话，太贵的创新就不会有市场，就形不成产业。尹烨继续举例，2003 年完成的人类基因组计划，是举全球之力的生命科学大科学工程，这个和曼哈顿原子弹计划、阿波罗登月计划齐名的项目，是上千位科学家花了 38 亿美元，用了 13 年，才完成了一个人的基因组测序。这样的科学发现，如果不能从科学走向工业化就会被束之高阁。过去二十几年，基因测序技术取得的一系列重大突破，都是让测序变得便宜，能够使科学惠及大众，提升人类的健康水平。基因测序在算法、在测序材料与技术、在高通量智能测序仪制造等多个领域取得突破，如今，基于华大智造的 T20 超级测序系统，全基因组测序的试剂价格已经降到 99 美金，远远超过了摩尔定律描述的半导体的成本下降速度，基因测序因此走进了千家万户。华大基因也因生物科技 + 信息技术 + 人工智能（BT + IT + AI），进入了与基因有关的多个新的科学及产业领域，华大与相关企业的合作，也就构成了深圳甚至是周边城市生命科学与材料科学及智能制造产业群的崛起。

创新的使命

2023 年 8 月即将结束的一天，华为 Mate 60 Pro 隆重推出，震撼了世界。世人看到，美国倾尽全力打压制裁的四年，华为硬生生地活了下来，不仅活了下来，还在极端困难下取得了系统性突破。Mate 60 系列手机不是可以销售 2000 万台这么简单，而是包括了底层硬件芯片、操作系统、开发工具、云底座等方方面面的基础创新突破。这在中国的企业中，几乎是唯一的，在世界上也罕见。任正非在与 ICPC 基金会（International Collegiate Programming Contest，即国际大学生程序设计竞赛）及教练和作为金牌获得者的学生的谈话中说，"我们即将进入第四次工业革命，基础就是大算力"，"第四次工业革命波澜壮阔，其规模之大不可想象。今天的年轻人是未来大算力时代的领袖，人类社会对你们具有很大的期望，二三十年之内的人工智能革命，一定会看到你们星光闪耀"。这都彰显出华为的非同寻常不仅仅在于技术创新的能力，还在于拥有强大的使命感。使命感驱使的公司是伟大的公司。

1987 年的深圳，华为偶然降生在深圳湾畔两间穷酸的简易房里，随后就搬到了南山区南油工业区里一栋七层高的破旧大楼的五楼。后面是一栋名叫亿利达的大厦，一家名为深意压电的中意合资公司占用了整栋大楼。再后来又搬到了龙岗的坂田。由此，华为一路风驰电掣般地走出深圳，走出广东，走出中国，走向世界，曾经的"深圳华为"成为如今的"华为深圳"。一个胸怀世界的公司贯彻使命型文化。华为的创新文化有什么特点？

第一个特点，就是重视研究前沿科技的科学家。十几年来，如果华为公司没有对基础科学和研究的重视，没有与世界前沿科学家的深入合作，没有对基础研究人员的重视，就不可能有今天这么雄厚的理论技术与工程积淀，那么面对美国的打压和封锁，存在的难题可能就无法化解。

第二个特点，用基础理论来解决实际商业问题。由好奇心驱动的基础研究和商业价值驱动的应用研究也可能结合起来，既创造科学知识，又能创造商业价值。这是 20 世纪 90 年代普林斯顿大学的斯托克斯教授倡导的"巴斯德象限"创新。

第三个特点，华为公司敞开胸怀，解放思想，敢于吸引全世界最优秀的人才。该公司正在一个一个地解决难题，一批一批的有扎实理论基础的人进入华为公司，他们"又瘦又胖"，像冯·诺依曼那样，既能解决理论问题，又能解决实际问题。华为在心声社区开辟一个"科学与工程史"专栏，把"胖"的、"瘦"的、国际的、国内的科学家和工程师成长的关键时刻的故事讲出来，以启发华为公司 20 万人的思想，"炸"开年轻人的大脑。

第四编

政府作用与规划

政府将不同地区拥有不同知识的组织机构联系与组织起来至关重要。城市创新系统转型带动城市产业转型。转型成功既需要企业个体层面的能动性，又需要从单一政策走向创新政策体系。城市之间客观存在的制度厚度差异既会构成相互间竞争与学习的关系，也演化为发展路径的差异。全球生产网络与区域经济主体形成复杂的、相互嵌入的社会组织结构，产生了创新生产要素的空间黏性。制度厚度增强了地方创新能力，是创新知识的全球扩散和创新网络链接的基础，驱动区域创新系统累积演进与报酬递增的反馈。空间规划、大学以及产业政策都是政府促进创新的公共产品。

第十章
天时、地利与人和

新产业在城市集聚、成长为产业链，是天时、地利
与人和的产物。过去四十年，广东企业从低水平起步，
爬梯子的速度快得惊人。政府的产业规划和产业政策，
为企业发展搭了更大的梯子。政府高位统筹、改革创新
解决痛点，推动成政策体系解决企业的问题。政府与市
场手拉手，产业链在不断延长，项目得以落实，新的产
业集群可以快速形成并不断放大。走向高质量发展，既
要保住绿水青山，又要解决产业转型升级面临的人才缺
乏问题。广东加快建设世界一流大学和一流学科，支持
广州、深圳打造全国高等教育高地，积极引进世界知名
大学和特色学院来粤办学，源源不断为高质量发展培养
各种人才。

搭个梯子不容易

企业创新是爬梯子，当然也需要政府搭个梯子。肇

庆市招商招出了以小鹏和宁德时代为标志的新能源汽车产业链，是搭梯子的成功案例。时间短、速度快、效率高，肇庆产业升级的高质量发展进程因此而大大加速。新产业在城市集聚、成长为产业链，是天时、地利与人和的产物。肇庆的天时是，2017 年中国新能源汽车产业的探索，类似山洞探险在漆黑中看到了出口的亮光；地利是不断加密的高铁和城轨网络，让肇庆实现 20 分钟到佛山、40 分钟到广州、1 小时到深圳，是西南地区高铁进入大湾区的首站，全面激活了丰富的土地资源；人和是比亚迪强势崛起，埃安创新增长，东莞和佛山汽车电子产业基础雄厚。这当然丝毫不能低估肇庆市的决断力和执行力，在合适的时间、合适的地点，做合适的事，形成了合力。肇庆成功了，其他城市也一定成功吗？肇庆可以做到其他城市应当也可以做到，但做到"三合＋一合"又是不容易的。

深圳市政府在 2005 年底制定了平面显示产业发展规划，要落实规划，需要搭个梯子，这就是深圳有名的"聚龙计划"。2005 年下半年，深圳市政府推动和支持 TCL、创维、康佳、长虹 4 家彩电整机企业组成联盟（称聚龙联盟），通过合资在深圳建设液晶面板生产线，构建新一代显示面板生产＋彩色电视机产业链。聚龙联盟最初的目标是建设 6 代以上的生产线，但境外企业或是不转让技术，或是技术转让费太高。聚龙联盟先是把目光转向京东方——当时中国大陆唯一的具有建线能力和知识产权的企业，由此似乎可以聚起一条产业大龙。聚龙计划的消息流传出来后，日本夏普于 2006 年 6 月抛出在深圳建设 7.5 代线的方案。由于当时京东方还没有成熟的 6 代线建设经验，聚龙计划相应调整为，夏普与四大家彩电企业合作聚龙。一谈就是三年，待到准备签约时，虚晃一枪的夏普却放弃了与深圳的合作，聚龙计划面临胎死腹中的结局。

TCL 董事长李东生向深圳市领导提出了组建团队自主建 8.5 代线的建议。当时的 TCL 刚刚经历了国际并购失败的重创，产业经验不足，技术、人才极度短缺，业界普遍的看法是，自建 8.5 代线的风险太大，成功率不到 50%。① 时间不会白白付出，经历了 4 年聚龙计划的摸索，深圳市政府和 TCL 对显示产业技术变化的认识都有了大大深化。深圳在对 TCL 方案进行了详细评估后，在非常短的时间内，从最初的 6 代线方案、夏普的 7.5 线方案，升级到自主建设 8.5 代线方案。峰回路转地以聚龙计划孵化出了华星光电项目，深圳市政府与 TCL 总投资 250 亿元的合作方案迅速落地。2010 年，华星项目开工建设，说来也是幸运，恰逢中国台湾市场衰退，华星光电最终招到了 200 多名台湾工程师，20 名韩国工程师，还有一些日本工程师。华星光电同时从全国排名前 20 的大学招人，并且明确培养新人，建立起完整的科研技术团队。17 个月后，国内第一条自主建设的 8.5 代线在深圳竣工投产，当年达产、当年盈利。

华星光电项目获得了巨大成功，产品供不应求，项目提前满产。到 2013 年扣除了深圳市政府各种补贴后，华星光电已经进入盈利期，取得了超乎预期的经营业绩。在无建线经验、无运营经验的情况下，自主创新、自组团队、独立建设高世代面板线，带动了我国显示产业跨越式发展，带动了深圳及广东新一代显示产业链的形成。2013 年，与华星光电配套的旭硝子玻璃、LG 化学偏光片等配套项目也相继投产。梯子搭成了，按照合同约定，深圳市政府以股权回购方式实现了从华星光电的退出。②

李东生回忆道，当年即使是深圳市政府与 TCL 占股各为 50%，深圳市政府提供了土地和代建厂房的支持，TCL 依然面对巨大风险，但华星项目不是赌，而是搏，是计算了风险之后的拼搏。最难的不是选择，而是选择了之后的坚持。在随后的 10 年间，TCL 华星又以深圳、武汉、惠州、苏

---

① 1981 年，作为中国第一批中外合资企业之一——TCL 的前身，TTK 家庭电器有限公司成立，从加工制造起步。从电子消费类制造企业转型为高科技企业，TCL 跨出的最关键一步就是建立 TCL 华星光电，进入半导体面板产业。《彩电企业加快转型，智能化成"破局"关键》，《广州日报》，2018 年 5 月 22 日；《斥资近千亿聚龙计划"浮出水面"》，《深圳晚报》，2006 年 10 月 16 日；《"聚龙计划"涅槃：夏普深圳 7.5 代液晶项目落定深圳》，《21 世纪经济报道》，2007 年 8 月 14 日；《10 年，1800 亿，一段关于"中国屏"的辛酸史！深度阅读》，知乎，2020 年 6 月 8 日。
② 《深圳市政府功成身退　TCL 或 31.8 亿回购华星光电 30% 股权》，《第一财经日报》，2013 年 3 月 6 日。

州、广州以及印度为基地，共建设了 8 条面板生产线、4 座模组厂，投资金额超 2400 亿元。如今的华星已成长为全球半导体显示领军企业。①

大家一起爬梯子

芯片产业是当今全球竞争的战略制高点，芯片制造能力决定了一国的算力，是数字化经济时代国际竞争能力的基础。广东的芯片设计能力和芯片设计企业家数位居全国前列，华为海思、中兴微电子、比亚迪微电子、汇顶科技、国民技术、国微电子等知名芯片设计公司都在广东。从省份分布来看，芯片设计公司数量，广东、福建、江苏、四川分列第二至第四位。不过，广东的芯片制造能力明显落后于长江三角洲和京津冀地区。

芯片制造成为广东的短板与短平快爬梯子的经历有关。芯片制造是高端制造的代表，既是知识技术密集型也是资本密集型，一条月产 5 万片的 28 纳米的产线投资额会是 40 亿美元，同样产能的 7 纳米产线要花 115 亿美元。这相当于美国"福特"号航空母舰的造价，航母的使用寿命可是要比芯片生产线长多了。不仅如此，芯片制造业是面向企业端（to B）的，见效比较慢，行业周期性明显，三年可能高盈利，两年可能会亏损，甚至是巨额亏损。在摩尔定律的驱使下，技术进步速度极快，投资要跟上科技步伐，就要连续持续快速投资新的产线。连续十几年二十年的投入可能都赚不到钱。这对于习惯了从低端草根起步，赚快钱爬梯子的广东企业而言，面对投资巨大的长周期产业往往会望而却步。

广东芯片使用量称得上是世界之最，包括智能手机、电视、物联网应用和 5G 芯片在内，下游产业的需求巨大，以至于常有的说法是，中国大陆进口芯片占世界产量 60%，广东占中国大陆 60%。不过正如 TCL 董事长兼

---

① 2017 年发布的《李东生谈 TCL 转型升级与全球化经营经验：坚守主业、产业升级、全球布局、不断锤炼核心竞争力》中提到，TCL 开启新一轮变革转型，进入长周期的战略性新兴产业，向泛半导体产业链进行战略布局。2020 年 8 月，TCL 科技收购中环股份和天津普林两家上市公司，进入半导体光伏及半导体材料领域，随后注册了 TCL 微芯半导体公司，围绕集成电路芯片设计、半导体功率器件等领域进行投资研发。TCL 已经形成了智能终端、半导体显示及材料、半导体硅片与新能源材料三大业务领域。（来源：中国经营网，2021 年 9 月 20 日）

CEO 李东生观察到的，终端需求支持对半导体集成电路产业的制造很重要，但（终端支持的）好处没有大家想象的那么大，因为芯片是一个体积很小的东西，空运很方便、运输成本也低，所以无论是在中国的其他地方生产或者在国外生产的，都不会对厂家的使用造成太大影响。① 一家芯片制造企业一旦形成了规模化生产能力，终端企业又会习惯采用成熟生产厂家的芯片，后来者就会被占位者在价格和质量方面锁定。广东经济高度开放，习惯了采购外面生产的价格低、质量稳定、技术进步快的芯片厂家的产品。

任正非说，创立华为以后，华为提出一个口号"要用世界上最好的零部件和工具造世界上最好的产品"，华为实现了。后来突然受到美国制裁，幸亏华为过去用了近 20 年时间，在基础理论上做了准备，投了几千亿，培养了一批研究基础理论的科学家、技术诀窍的专家，他们一直在爬科学的"喜马拉雅山"。华为用三年时间完成 13000＋颗器件的替代开发、4000＋电路板的反复换板开发……2023 年华为电路板才稳定下来，因为华为有国产的零部件供应了。② 李东生比较早地提出，广东需要制定芯片发展专项规划和政策，抓住制造业高质量发展的关键，突破基础技术、基础工艺和新型材料这三方面瓶颈。

好的规划搭更大的梯子

政府的顶层设计极为重要。2020 年 2 月，《广东省加快半导体及集成电路产业发展若干意见》发布，2021 年 8 月，《广东省制造业高质量发展"十四五"规划》（以下简称《规划》）发布。芯片制造被摆在了一个前所未有的高度上。《规划》提到，要推动成体系解决问题，构建完善全省制造业协同创新体系，建成具有国际影响力的半导体及集成电路产业集聚区。

---

① 李东生：《科技制造的路，要自己蹚出来》，《21 世纪经济报道》，2022 年 4 月 15 日；李东生：国产芯片迎来发展机遇，广东要优先发展高端制造业，《南方都市报》，2021 年 3 月 3 日。
② 3 月 17 日，上海交通大学先进产业技术研究院发布了任正非《擦亮花火、共创未来——在"难题揭榜"花火奖座谈会上的讲话》。（来源：深圳卫视直新闻，2023 年 3 月 18 日）

要系统提升与强化芯片设计能力。推进集成电路 EDA（电子设计自动化）底层工具软件国产化，支持开展 EDA 云上架构、应用 AI 技术、TCAD（计算机辅助设计）、封装 EDA 工具等研发。扩大集成电路设计优势，突破边缘计算芯片、储存芯片、处理器等高端通用芯片设计，支持射频、传感器、基带、交换、光通信、显示驱动、RISC – V（基于精简指令集原则的开源指令集架构）等专用芯片开发设计，前瞻布局化合物半导体、毫米波芯片、太赫兹芯片等专用芯片设计。

要统筹构建芯片制造体系。布局建设较大规模特色工艺制程和先进工艺制程生产线，重点推进模拟及数模混合芯片生产制造，加快 FDSOI（全耗尽型绝缘层上硅）核心技术攻关，支持氮化镓、碳化硅等化合物半导体器件和模块的研发制造。支持先进封装测试技术研发及产业化，重点突破氟聚酰亚胺、光刻胶等关键原材料以及高性能电子电路基材、高端电子元器件，发展光刻机、缺陷检测设备、激光加工设备等整机设备以及精密陶瓷零部件、射频电源等设备关键零部件研制。

1 + 1 > 2，跨城市的产业创新协同

以广州、深圳、珠海、江门等市为核心，建设具有全球竞争力的芯片设计和软件开发集聚区。广州重点发展智能传感器、射频滤波器、第三代半导体，建设综合性集成电路产业集聚区。深圳集中突破 CPU（中央处理器）/GPU（图形处理器）/FPGA（现场可编程逻辑门阵列）等高端通用芯片设计、人工智能专用芯片设计、高端电源管理芯片设计。珠海聚焦办公打印、电网、工业等行业安全领域提升芯片设计技术水平。江门重点推进工业数字光场芯片、硅基液晶芯片、光电耦合器芯片等研发制造。

在芯片制造领域，广州、深圳、珠海、佛山等城市相互配合，分别在晶圆代工、28 纳米及以下先进制造工艺、第三代半导体等方面分工合作。广州以硅基特色工艺晶圆代工线为核心，布局建设 12 英寸集成电路制造生产线；深圳定位 28 纳米及以下先进制造工艺和射频、功率、传感器、显示驱动等高端特色工艺，推动现有生产线产能和技术水平提升。珠海重点建

设第三代半导体生产线，推动 8 英寸硅基氮化镓晶圆线及电子元器件等扩产建设。佛山依托季华实验室推动建设 12 英寸全国产半导体装备芯片试验验证生产线。

以广州、深圳、东莞为依托，做大做强半导体与集成电路封装测试。广州发展器件级、晶圆级 MEMS（微机电）封装和系统级测试技术，鼓励封装测试企业向产业链的设计环节延伸。深圳集中优势力量，增强封测、设备和材料环节配套能力。东莞重点发展先进封测平台及工艺。依托广州、深圳、珠海、东莞、江门等市大力发展氮化等第三代半导体材料，推动化合物半导体产品的推广应用。

高度重视材料与关键元器件及特种装备及零部件配套。依托广州、深圳、珠海、东莞等市加快氟聚酰亚胺、光刻胶、高纯度化学试剂等材料研发生产，大力支持纳米级陶瓷粉等元器件关键材料的研发及产业化。支持深圳加大集成电路用的刻蚀设备、离子注入设备、沉积设备、检测设备以及可靠性和鲁棒性校验平台等高端设备研发和产业化，形成与广深珠联动发展格局。

增强产业链黏性

广东已经取得了芯片制造的阶段性突破，将陆续迎来 4 座 12 英寸晶圆厂，分别为广州的粤芯、增芯，深圳的润鹏和中芯深圳。增芯项目由广州湾区智能传感器产业集团有限公司发起，位于增城经济技术开发区，仅用 9 个月时间，就实现 20 万平方米建筑的全面封顶。位于广州市南沙自贸区的粤芯半导体建成了目前广东唯一进入量产的 12 英寸芯片生产，主要产品应用于新能源汽车、工业电源、智能电网以及光伏发电等领域。目前全球碳化硅市场主要是国外巨头垄断，位于南沙的芯粤能等国内企业是缩小差距的中坚力量。三大项目建成标志着广州以黄埔为核心，南沙、增城为两极的"一核两极多点"的半导体产业布局基本形成。①

---

① 《广州：推动集成电路产业规模尽快突破一千亿元》，科闻社，2023 年 4 月 21 日。

　　华润微电子深圳 12 英寸集成电路生产线建设项目于 2022 年 10 月开工，深圳与华润集团合作成立润鹏半导体（深圳）有限公司，选址深圳宝安区。产品主要应用于汽车电子、新能源、工业控制、消费电子等领域。中芯国际 12 英寸晶圆厂，聚焦 28 纳米以下先进制造工艺和射频、功率、传感器、显示驱动等高端生产能力，推动现有生产线产能和技术水平提升。加上已有的方正微电子的两条 6 英寸线和深爱半导体的三条 5 英寸线和一条 6 英寸线，深圳在芯片制造领域站在了有利的起跑位置。深圳第三代半导体在广东和全国也已经形成特色，比亚迪半导体在 IGBT（绝缘栅双极型晶体管）芯片，英诺赛科在氮化镓产线，与紧邻的东莞天域半导体在碳化硅外延片，安世半导体等企业遥相呼应，在汽车电子和通信领域芯片制造方面正在形成优势。

　　广州还在加快粤港澳大湾区国家技术创新中心大湾区集成电路与系统应用研究院、大湾区国家纳米科技创新研究院、广州第三代半导体创新中心等机构的建设，构建芯片＋整机的联动发展平台，高水平的科技创新集群。深圳国家第三代半导体技术创新中心、国家示范性微电子学院、深圳先进电子材料国际创新研究院等重大创新平台和国家集成电路设计产业化基地、国家"芯火"双创基地等公共服务平台等，有利于广东半导体产业生态不断完善，产业集聚放大，上游设计能力突出，下游应用场景丰富，继续增强产业协作优势和产业链黏性。

产业与城市网络强化创新驱动

　　习近平总书记指出，我国经济发展的空间结构正在发生深刻变化，中心城市和城市群正在成为承载发展要素的主要空间形式。要以城市群为主体构建大中小城市和小城镇协调联动，形成疏密有致、分工协作、功能完善的发展格局。优化提升超大特大城市功能，合理降低开发强度和人口密度，增强全球资源配置、科技创新策源、高端产业引领功能，率先形成以现代服务业为主体、先进制造业为支撑的产业结构；大力推动主要城市群的产业协调布局、产业分工协作，形成多中心、多层级、多节点的网络型城市群。①

中山大学地理科学与规划学院李郇教授长期关注并深入研究了广东城市与产业网络的发展，他发现，粤港澳大湾区已经从传统的土地、劳动力成本优势转向供应链优势。庞大产业链和制造业从业人员形成的规模化生产、吞吐量巨大的国际港口和国际机场，构成了大湾区强大的制造业生态系统优势。网络化产业链布局分布在珠江三角洲的各个城市，打破了传统的行政边界隔阂，如手机整机厂需要数千家供应商，集中在了珠江三角洲地区的各个分散的、专业的集镇，在这种格局下，产品之间形成了稳定的产业链网络。从近年来灯光图片的演变中可以看出，边界地区是珠江三角洲近年来发展的核心地区，边界的镇街往来频繁。去边界化的过程是分散化的过程，是企业寻找更大的腹地和区域空间的过程。大湾区规划轨道网以高速铁路为核心，由城际轨道/市域快线交通、城市内部铁路（地铁）共同组成，其线网密度不断提高，呈现出以人的通勤为主体的公交化发展。轨道线网密度的非均质分配导致新的集聚点的出现，边缘地区的通达性得到提高。

创新驱动下大湾区空间一体新趋势在联合创新上珠江三角洲各市有相对专注的创新方向。人才流动，成为实现人力资源合理配置的重要方式，城市的比较优势由传统的以劳动力以及土地资本的比较优势转为技能的比较优势，劳动力按照技能的比较优势进行流动，产业按照城市的技能优势进行转移。粤港澳大湾区将形成新空间分布原则：更集聚、更分散、更网络。创新将更加集聚。②

李郇的发现与加州伯克利学院恩里科·莫雷蒂（Enrico Moretti）教授的观点高度一致。美国高科技领域越来越集中在少数城市，计算机科学、半导体和生物与化学，这三个领域排名前十的城市中，发明人的比例分别

---

① 习近平总书记重要文章《推动形成优势互补高质量发展的区域经济布局》，来源：《求是》，2019 年第 24 期。

② 李郇，中山大学中国区域协调发展与乡村建设研究院院长，2021 年 12 月 12 日在"新阶段下的现代化都市圈发展论坛"主题演讲（来源：城 PLUS，2022 年 1 月 19 日）。

为 70% 、79% 和 59% 。创新者高度集中于成本更高的核心城市的原因在于，核心城市存在着更高效的创新人才集聚和产业集群优势。突出的例子包括由亚马逊和微软在西雅图建立的互联网和软件集群，波士顿的医学研究和生物技术集群，奥斯汀的软件和电信集群，制药公司高度集中的罗利—达勒姆研究三角，匹兹堡的自动驾驶汽车集群，圣地亚哥的生物技术集群和医疗设备集群。旧金山—硅谷地区是美国最大的创新企业聚集区，在大多数研究领域拥有重要的集群。[1]

广东企业爬梯子速度太快了

美国商业专利数据库（IFI Claims）定期发布年度全球 250 强专利授权总量的榜单。与当年授权的专利数不同，授权专利总量是日积月累的创新能力总和。企业和机构在一个国家一个省一座城市累积的专利就成为创新能力总量的空间差别。2021—2022 年在 250 强的前 100 名中，广东企业活跃专利总量的占比为 11.2% ，相当于德国、韩国和法国三国的合计（占前一百名企业的 12.6% ），是美国（占前一百名企业的 17.2% ）的三分之二，是日本（占前一百名企业的 31.4% ）的三分之一以上。在中国各省市中，北京列第一（17.6% ）[2]、广东位列第二、浙江位列第三（2% ）。过去四十年，广东企业从低水平起步，爬梯子的速度实在是快得惊人。

在中美比较的背景下，再来看广东企业快速积累起来的创新能力可能更有意义。进入全球前一百名的广东企业分别是，深圳华为、腾讯、中兴与比亚迪，佛山美的，东莞步步高，珠海格力，惠州 TCL。它们分别是中

---

① 恩里科·莫雷蒂和唐纳德·戴维斯、乔纳森·丁格尔：Enrico Moretti. *The Effect of High - Tech Clusters on the Productivity of Top Inventors*（来源：http: // www. nber. org/ papers/ w26270 ）；Donald R. Davis，Jonathan I. Dingel. 发现大城市吸引更多高技能人才，认知能力更强，高技术密集型产业更为聚集，创新产业规模更大。*The Comparative Advantage of Cities*，Journal of International Economics，vol 123，2020. 3.

② 北京所占比例中包括有中国科学院、清华大学及中央企业占全球 100 的专利比例（11.5% ）。在合理考虑到中国科学院与清华大学以及中央企业因素后，广东企业总体综合创新能力高于北京市的企业和机构。

国数字经济和耐用消费品产业在世界范围内创新竞争力的代表。这是令人骄傲的成绩，也是百尺竿头更进一步的起点。从这个起点向创新的更高端迈进。欧盟执委会发布的《2023 年欧盟工业研发投资记分牌》对全球研发投入排名前 2500 名的企业进行了统计，其中，美国有 827 家企业进入榜单，总研发投资 5265 亿欧元；中国有 679 家公司进入榜，总研发投资高达 2220 亿欧元；美国上榜企业占比 33.08%，总研发投资额占比 42.1%；中国上榜企业占比 27.16%，研发投资额占比为 17.8%；欧盟为 17.5%（其中德国占比 8.3%），日本占比 9.3%。在 TOP 50 企业中，中国华为公司位居第五。[1]

"深圳北五环"，放大"朋友圈"

江西省赣州市定南县走赣深高铁到深圳的车程 1 小时 40 分左右。在定南南站高铁站进站口的左侧山坡上，一个醒目的"定南——深圳北五环"的标志牌在风云流转中伫立，"下一站是大湾区"定义了赣州与大湾区日益紧密的关联。往昔，定南县以稀土、钨矿等矿产资源及生猪、脐橙、油茶等传统农业为主要产业。借助赣深高铁一路东风对接大湾区，高新科技和生态农业＋文旅成为定南新的发展动力。广东卫视的一支摄影队来到定南采访，[2] 将目光对准了定南县女子 U13 足球队，从中寻找一个见微知著的"双城"故事。13 岁小学生郭子墨是定南 U13 女子足球队的主力左后卫。为了照顾她和弟弟，爸爸郭训亮在 2015 年从深圳回到家乡，妈妈依然留在深圳工作，一家人聚少离多，这种情况在当地很普遍。大多数少年的父母亲，或一人或两人在大湾区的城市里打工。赣深高铁拉近了大湾区和赣南老区的时空距离，为普通家庭的日常生活增添了变化，有了更多"走出去"的希望，有了更多"走回来"的可能，也有了更多来回走的机会。

① 《The 2023 EU Industrial R&D Investment Scoreboard》，芯智讯，2023 年 12 月 20 日。
② 马志丹工作室：《你知道赣南有个"深圳北五环"吗?》，广东卫视，2022 年 11 月 17 日。

张新颖是中国汽车轮毂行业内的专家，他带领的团队在定南县创立了一个以中国人自主研发的轻量化减噪轮毂为核心的产业园。追梦于"深圳北五环"的他，期待用大湾区技术研发，在定南县进行规模化生产，将中国智造销往全球。"我去过东京湾区、旧金山湾区和纽约湾区，基本上湾区制造业最合适的地段都是在离中心城市周边两三百公里的区域，所以定南县有着很好的优势，有时候一张白纸才能画最新最美的图画。"张新颖说。

粤北四市，清远、河源、梅州、韶关与湖南郴州和江西赣州的地理位置很相似，可以进行一些比较研究。从经济总量上看，2000 年时，韶关 GDP 过了 200 亿，清远和梅州过了 150 亿，河源不到 100 亿，当时的郴州和赣州分别是 230 亿和 270 亿。到 2010 年，清远过了 1000 亿，梅州与韶关过了 600 亿，河源接近了 500 亿，发展很快。此时，郴州过了 1000 亿，赣州过了 1200 亿。粤北与赣州和郴州的差距拉大了。此后 10 年的差距拉开的速度在加快。2020 年赣州 GDP 超过了 3600 亿，郴州过了 2500 亿，清远接近 1800 亿，韶关不到 1400 亿，梅州 1200 亿，河源 1100 亿，差距大得很明显。从人均 GDP 看，粤北四市除河源外，20 年前略高于赣州与郴州，目前也被明显超越。

这个结果是令人费解的。在地图上做作业，粤北四市在和郴州、赣州之间，距离大湾区更近。为何大湾区产业从内向外的扩散会跳过近邻城市？我们尝试找一个解释：湖南与江西两省实现经济均衡发展推动了资源向郴州与赣州扩散，这就是说，相对于粤北四市，郴州与赣州具有资源双向汇聚的优势。看起来关键问题是，粤北四市要能够获得更多的从大湾区向外扩散的产业资源，这又取决于，粤北四市是否具备了承接大湾区产业转移的能力。走向高质量发展，发展先进制造业、现代服务业、战略性新兴产业，既要保住粤北的绿水青山，又要解决产业转型升级面临的技能人才缺乏问题。要让劳动力素质跟得上产业转型的需求，首先需要的是教育。

打开一扇窗，开启一扇门

《关于新时代广东高质量发展的若干意见》提出，促进产业优化布局和有序转移，坚持政府推动、企业主体、市场运作、合作共赢，支持粤东粤西粤北地区更好承接国内外特别是珠江三角洲地区产业有序转移。完善重点群体就业支持体系和终身职业技能培训制度，实施产业技能根基工程，促进高质量充分就业。推动基础教育强基创优、职业教育提质培优，引导规范民办教育健康发展，促进教育公平与质量提升。广东省教育发展"十四五"规划提出，加快推进"一核一带一区"教育协调发展。加快提升东西两翼和北部生态发展区教育发展品质。整合东西两翼和北部生态发展区县域职业教育资源，提高县域中等职业教育持续健康发展能力。创新发展面向北部生态发展区农村的职业教育与成人教育，加大新型职业农民培育力度。加快补齐东西两翼和北部生态发展区技工教育发展的短板。支持北部生态发展区建设韶关学院等符合区域经济社会转型发展的应用型高校，增加优质学位供给，着力培养基础教育、旅游文化、医疗健康、生态产业等方面的高素质人才。创新教育结对帮扶机制，完善粤东粤西粤北地区城乡之间相互结对的 7 种全口径结对关系。

清远崛起职教城

清远将广东省职业教育城作为城市高质量转型的主战场，着力打造一座可容纳 25 万高素质人口的新城，以人才优势提升城市核心竞争力。① 据 2010 年统计，广东每万人中的高技能人才比例在全国排名 24 位，珠江三角洲地区产业转型升级需要高技能人才，职业教育办学规模必须扩大。在这一时期，广东形成"1＋9"的职业教育发展思路（即 1 个省级职教基地和

① 《省职教城如何成为清远未来的"软实力"？重磅规划这样说》，《南方日报》，2022 年 10 月 10 日。

珠江三角洲 9 个市级职教基地），并鼓励粤东粤西粤北有条件的地级市因地制宜开展职教基地建设探索工作。2011 年 6 月，省政府同意在清远规划建设省级职业技术教育示范基地，与珠江三角洲地区 9 市职教基地共同形成全省职业教育"1＋9"的发展布局。2014 年，省教育厅安排广东建设职业技术学院、广东交通职业技术学院、广东科贸职业学院、广东工程职业技术学院以及广东财贸职业学院 5 所公办高职院校进驻省职教城。彼时，省职教城内已经有清远职业技术学院、广东南华工商职业学院、广东岭南职业技术学院和广东碧桂园职业学院进驻办学。省职教城首期工程于 2016 年启动建设。省政府一次性安排划拨了 5 所省属高职院校的征地拆迁资金和首期工程建设资金，并将 9 项涉及省职教城的审批权限委托清远实施。随着清远首所本科院校——广东金融学院清远校区启用，省职教城加快了探索"中高职对接、专本衔接"的职业技术教育发展路子。

筚路蓝缕以启山林

曾经很荒凉的片区被省职教城带旺了。热气腾腾、日新月异的省职教城正在成为清远跨过"老少山边穷"，实现高质量发展蝶变的缩影。一栋栋崭新的教学大楼还将拔地而起，广清城际列车将呼啸而过，大大便利了省职教城师生与广州中心城区的对接。清远如何才能激发这个巨大人才"蓄水池"的原动力？《广东省清远职教城城市设计》提出，省职教城有山水绿城、多元智城、畅达康城、美丽校城四大愿景。省职教城也给清远带来丰富的想象，依托省职教城片区高标准建设有望打造出清远版的"松山湖"。《广东省职教城概念规划》显示，省职教城占地面积 50 平方公里，未来总共可容纳 24 所院校，常住人口将达 55 万～60 万人，其中在校生 25 万～26 万人，省职教城按照先行组团、中期组团、远景组团三步建设。随着高校的落地，产生最大的效应，比如人口增加、消费力增加、人口整体素质提高，真正推动地方经济和社会发展。省职教城的建设，提升了清远城市的活力和能级。珠江三角洲产业对外扩散渐次展开的时候，抢抓人才红利，完善配套设施，优化公共服务是清远最大的先手棋。推动省职教城实现从"基地"向"新城"的跨越发展。清远高质量发展的"底气"越来越足、"底牌"更加丰富。这也是清远在粤北四市中有一枝独秀之感的重要因素。

当年服务珠江三角洲为主的省级职教基地，能够落在非珠江三角洲的清远，是清远建市数十年竞争优势不断凸显的结果。距离珠江三角洲核心城市近，广清两地联动深化，谋定而后动成就了后发追赶与跨越式发展。早在2003年建设清远职院新校园时，清远市党委和政府就极富前瞻性地在东城片区预留了近2万亩土地，用来发展教育和文化事业。充足的土地空间，使省级职教基地与清远一拍即合。随着粤港澳大湾区战略以及《广清一体化"十四五"发展规划》等实施，省职业教育基地顺理成章地升格为省职教城。打造一流的"中国职业教育高地"，成为全国现代职业技术教育改革创新的示范、全省高技能人才培养的摇篮和清远市新型城市化建设的样板，提升广东职业教育办学水平和高等教育毛入学率，都会是清远版"松山湖"的题中之义。

企业未动，人才先行

清远省职教城致力于打造高技能人才培养的摇篮，从建设伊始就肩负"组团"服务产业发展的重任，以本科院校为引领，高职院校为主体，带动中职院校，为产业转型升级输送人才。省职教城已经是清远产业发展的底气和动力。依托省职教城的技能人才优势，清远市委、市政府谋划配套发展"呼叫产业"，建设呼叫中心产业园，如今的清远互联网＋创新产业园（华南声谷），已进驻众多企业，拥有过千个座席。

清远市清新区石潭镇的蒲坑茶园里，茶叶采摘、分拣、炒茶、烘焙、包装全流程正有序进行；百余公里外的连州市保安镇，富硒水稻成了带动村民增收的"金色产业"……在这些农业一线，活跃着广东岭南职业技术学院乡村振兴教育学院专家团队的身影。不仅如此，在科技兴农方面，广东岭南职业技术学院还派出两支农村科技特派员队伍，分别对口帮扶连州市连州镇和保安镇，助力连州镇沙坊粉产业和保安镇富硒水稻种植产业发展。

省职教城内各院校立足区域产业发展需求加快人才培养，将课堂搬到工厂车间、田间地头等生产一线，不断深化产教融合、校企合作，深度调研产业发展需求，清晰产业发展走向，专业建在产业链上，才能把教的环节做好。广东科贸职业学院作为涉农高职院校，通过建设省级高水平专业群来带动校级专业群发展，建设适应乡村振兴覆盖农业全产业链的专业链，围绕"食为天"及"大商贸"两条主线，与乡村产业深入对接，服务于乡村振兴的需要，形成产业链建设与专业集群的反馈机制，推动与城市发展紧密联系的行业需求。全校开设了44个专业，主干涉农专业已基本迁至清远校区，瞄准乡村振兴全产业链需求，制（修）订各专业人才培养方案。

功以才成、业由才广，当前各地"人才争夺战"越发激烈，省职教城落地清远，将带来20多万高职高校学生进驻，进一步拉动消费、创造就业、带动产业。省职教城是清远壮筋骨、树形象、强素质，彰显城市特色的战略选择。壮大城市发展的"骨架"，打造广州北产业新城，抢抓纳入广州都市圈等机遇。清远是中国优秀旅游城市，省职教城的建设将有助于打造北江生态旅游产业经济带，重塑城市形象，融入湾区打造大湾区工匠之城。按照国际教育通行标准，在校大学生人数占城市人口10%是现代城市的标志，依托省职教城，清远中心城区的这一比例将大大超过这一指标，省职教城将成为清远推动产城融合、产教融合、校企融合的强大软实力。

发展高端产业靠人才

有业内专家用厨师做菜来形象地比喻半导体制造人才的需求，"一个不懂食材的厨师如何能够做出美味的饭菜呢？"半导体与集成电路产业发展要补高端制造的短板，需要成体系的人才配套建设。在半导体的制造方面，更需要的是懂材料、懂设计、懂制造生产的复合型人才。目前我国关于半导体与集成电路产业的人才培养主要集中在集成电路方向，侧重于强调集成电路设计。深圳在培养集成电路复合型人才上拥有不小的优势。例如，包括南方科技大学、深圳大学在内的一批出色的本地高校，都设有集成电路相关专业，增加半导体材料创新型人才的培养。深圳政府重视高端人才的培养，《深圳市培育发展半导体与集成电路产业集群行动计划（2022—2025 年)》中，提出加快建设半导体与集成电路产业发展的高质量人才保障体系，包括高端人才引进、政产学研联合培养高层次、复合型人才。①

火热的高校建设

过去几年，全国各省市在招商引资、招商引智的同时，加入吸引名校、与名校合作的竞争中。广东尤为突出，粤东、粤西在发力，大湾区更是当仁不让。汕头提出要汇集高校、科研院所的科学研究和人才资源优势，成为汕头乃至粤东的科技创新策源地、成果转化地、人才集聚地。揭阳提出强化科教人才支撑，全面加强与华南师范大学的合作。阳江提出以办好教育作为推动产业升级抓手。佛山狮山镇建立了大学城，聚集了若干所高校，正在不断深化与中国工程院、中国科学院、清华大学等合作，加速推动创新资源集聚。

目前，在大湾区，有 30 所大学、学院、研究生院、新校区正在建设推进。广东正在展开一场声势浩大的建大学行动。背景是，广东的大学数量不算少，但高水平的研究型大学还不多，大学的地理分布又非常不均衡；在校大学生总量高，但平摊到人均就不算高。广东省"十四五"规划纲要指出，建设教育强省。加快建设世界一流大学和一流学科，支持广州、深圳打造全国高等教育高地，积极引进世界知名大学和特色学院来粤办学。作为万亿城市和准万亿城市，佛山、东莞也将高起点规划建设大学作为发展战略的重中之重。未来，在佛山会有香港理工大学（佛山）、佛山城市大学。在东莞，香港城市大学（东莞）已于 2021 年 4 月正式奠基。大湾区大学正在松山湖紧锣密鼓地筹建之中，这所首个以大湾区命名的大学，高起点推进科教融合、产教融合、湾区融合，突出办学体制机制创新，广泛

---

① 《深圳做大做强集成电路产业》，《深圳特区报》，2023 年 10 月 2 日。

吸纳粤港澳内大科学装置、深入实施"学校＋大科学装置（科研机构）＋龙头科技企业合作"，打造一个融汇各方面资源要素的创新创业实践、科技企业孵化、投资融资便利、科技成果转化的高经济产出综合体。珠海已经兴办了 10 所高校，其中不乏一流名校。

教育要公平

广东省教育发展"十四五"规划中明确，加快推进"一核一带一区"教育协调发展，着力提升教育发展水平，服务乡村振兴，促进区域协调发展。加快提升东西两翼和北部生态发展区教育发展品质。整合东西两翼和北部生态发展区县域职业教育资源。加快补齐东西两翼和北部生态发展区技工教育发展的短板，推动潮州、揭阳、汕尾各建成至少 1 所技师学院。支持汕头加快打造区域教育高地。支持汕头、湛江两个省域副中心城市打造特色鲜明的高校集群，推进汕头大学、广东海洋大学、广东石油化工学院等相关高校重点围绕海洋科学、生物学、化学工程与技术、石油与天然气工程、食品科学与工程、纺织科学与工程、生物医药等学科专业领域引进和培育高层次人才，服务沿海经济带地区承接重大产业。支持北部生态发展区建设韶关学院等符合区域经济社会转型发展的应用型高校，增加优质学位供给。完善市与市、县与县、师范院校与市、非师范类院校与县、教研机构与教研机构、中小学校与中小学校、粤东粤西粤北地区城乡之间相互结对的 7 种全口径结对关系。

经济发展靠科技、科技发展靠人才，培养人才要办好大学

深圳市政府重视发展高等教育，为人才培养、产业振兴夯实基础。香港中文大学（深圳）很低调，但跃升的速度很快。建校 10 年，在全国高考招生中，考生录取分数已经与清华、北大相当。大学占地约1.3平方公里的校园，已建有 6 个学院、7 个书院、1 个研究生院。600 余名国际知名的优秀学者和研究人员，带着10000 多名学子从事着 26 个本科专业、39 个硕士博士研究生专业的教学和研究。其中，近百名教授入选全球前 2% 顶尖科

学家，数十位教授荣膺各国院士、顶尖学会会士。超过 70% 的本科毕业生选择海外名校继续攻读硕士或博士学位，其中超过 70% 的学生攻读世界大学排名前 50 大学的硕士或博士学位。该校的应用经济学和金融学专业已经享誉各著名大企业和金融机构。数学与人工智能方面的研究已经居于国内大学前列。2023 年，全球领先学术研究门户网站 Research.com 发布多个学科领域顶尖科学家排名，香港中文大学（深圳）数据科学学院共有 14 位教授入选，占学院全职教授五分之一。最佳计算机科学领域科学家 10 位，最佳数学领域科学家 7 位，最佳工程与技术领域科学家 3 位，最佳电子与电子工程领域科学家 1 位，最佳社会科学与人文科学领域科学家 2 位，其中，中国排名前 80 位/世界排名前 800 位的教授有 8 位。[1]

徐扬生是香港中文大学（深圳）校长，曾任香港中文大学副校长。他是机器人与人工智能专家，中国工程院院士、美国国家工程院院士、国际宇航科学院院士、国际欧亚科学院院士、电气与电子工程师协会（IEEE）院士及香港工程科学院院士。国际小行星命名委员会将国际永久编号第 59425 号小行星 1999GJ5 命名为"徐扬生星"，以表彰他为科学与教育作出的突出贡献。

"旧时的龙岗，与今天看到的完全不同。"刊载于"徐扬生"公众号的散文《黄昏的神仙湖》中写道："我这里指的旧时，其实也不过十年还不到的光景，那时大学刚刚开始筹建，我几乎每天都要从香港，或者我暂住的南山开车过来。那时的龙岗，既不像南山、福田那样是一派高楼耸立的大都市的样子，更不消说与香港的中环、尖沙咀比了，也不是一片鸟语花香的田园乡村。龙岗有的是一簇簇的城中村，中间夹着一处处的建筑工地，夜晚一群群的农民工，打着赤膊，穿着拖鞋，讲着谁也听不懂的家乡话，

---

[1] Research.com 是全球领先的学术研究门户网站之一，提供自 2014 年以来有关科学贡献的可靠数据，其前身为 Guide2Research，自 2022 年 2 月起改版为 Research.com，每年发布最佳科学家排名。排名为 Research.com 于 2023 年公布的第 9 版。排名基于各种数据源的数据整合，包括 OpenAlex 和 CrossRef，其评估基于 2022 年 12 月 21 日收集的被引用文献计量学数据。（信息来源：Research.com、新智元、香港中文大学（深圳）数据科学学院官网）

走在昏黄的人行道上……"如今置身在美丽、雅致、绿色、充满生机而又安静有序的香港中文大学（深圳）校园，驱车在行政楼前时，下车之后映入眼帘的是一幅"风景画"，楼体形成的"画框"中，一条小路自右下角蜿蜒而上，在数十步缓缓而上的宽宽台阶的顶左侧，绿瓦红柱之亭搭配着右侧的高低错杂树林，后面是丛林掩映的山丘，远方是云卷云舒、与时变幻的天空。一幅传统的中国山水与现代建筑合璧，景色简洁自然又极富韵味，蕴含了这所大学的哲学观。

2005 年，徐扬生做了一个比较研究，对比了珠江三角洲、长江三角洲和渤海湾三大城市群。当时，三大城市群经济总量占到全国的百分之七八十，"如果比较一下三地的大学力量与科研力量，会有什么结果呢？拿到数据后，我大吃一惊"。以他自己所定义的"比较好的大学"而论，北京有36 家，上海有 17 家，把标准放低点看，珠江三角洲不过六七家，而深圳只有深圳大学一家。再以"国家级研究院"的数量而言，北京是 251 家，上海是 67 家，广东勉强算有 7 家，而深圳一家也没有。

经济发展的背后是科技，科技创新的背后是人才，人才的背后是教育，尤其是高等教育。深圳需要好的大学，需要国家级研究院。徐扬生和时任香港中文大学校长、世界著名经济学家刘遵义教授找广东省谈、找深圳市谈，建议靠自己的力量在深圳办一所一流的国际化大学，把香港中文大学的办学模式引入深圳河这边。建议很快就得到了深圳的反馈，2010 年 12 月中旬，深圳和香港中文大学就合作办学问题达成共识。2012 年 3 月 12 日，深圳市政府与香港中文大学关于在深圳办学框架协议在北京钓鱼台国宾馆签约。

校区最终选址是龙岗在建的大运会主场馆边上的一片荒地。选址的最大吸引力是未来。在徐扬生的笔下，龙岗有着勃勃生机，这里的街头每天都在变化，这里匆匆行走的都是清一色的年轻人，他们来自全国各地，乃至世界各地。这里有一大批欣欣向荣的高科技企业，灯火彻夜通明。徐扬生回忆说这块大学用地前身是一座废弃的电子厂，周围既不是乡下，也不是城市，荒凉得很。"我们中午不知去哪里吃饭，可是那些工人们有饭吃。

我问他们，饭是哪里买的，他们说，自己从宿舍带来的。那时外卖也不发达，没有人会往龙岗那个地方送外卖。我们很多老师只好自带饼干当中午饭。"徐扬生就去找龙岗的领导，希望帮着解决老师们的午餐问题。领导问，需要什么水平的午餐？徐校长说，你们区里食堂的水平就很好了。第二天，区委食堂的两个师傅，挑着饭菜和餐具，来工地办起了食堂。两个星期后，这个简易食堂迎来了一批尊贵的客人——二十几位香港中文大学的校董们。他们是一批著名实业家和银行家，身价确实很"贵"。当时的汇丰银行行长是校董之一，他说："我最喜欢吃这样的饭，这是创业者的饭，是做事的饭。内地的朋友请我吃过至少100多次饭了，今天我吃的是最好的一顿。"

2014 年 9 月 2 日，香港中文大学（深圳）举行首届开学典礼，第一批313 名本科生迈进了一所前所未见的大学之门。现在回忆起创校岁月，徐校长说有个场景他至今难忘。学生们在厂房改建的教室里上课，但是宿舍楼还没有建好，怎么办？市领导说，我帮你们在对面的信息学院借一栋楼先用着（最后实际只借到了三层）。这间以"百年大学、千载品牌"为目标的大学，它的首届学生，于开学之年的秋天，在晚上结束简易教室里的自修后，需要穿过宽宽的龙翔大道，到对面借来的宿舍去休息。

梅贻琦是清华大学历史上任期最长的校长，流传最广的金句是：所谓大学者，非谓有大楼之谓也，有大师之谓也。徐扬生对此极其认同，他写文章说："教书育人就是神仙的活，办大学要有大神、大仙，才能培养出大神、大仙。"徐扬生说，"2017 年吧，我去了一趟斯坦福大学。大学门前是块大草坪，我在那里躺了整整半天时间，脑子里就想一个问题：当年斯坦福夫妇创办这所大学时，会不会想到50 年之后这所大学会成为美国和世界上最好的大学之一？中国现在发展这么快，那我们这里会不会出现一所世界前五名的大学？什么时候？我深深地相信：这样的学校最有可能出现在广东，广东最有可能出现在大湾区，大湾区最可能出现在深圳。按市场化、法治化、国际化的路子去做，三五十年之后，是有可能成为全世界顶尖大学的。我非常期待着这一天。现在我们跟全球 120 所大学有合作，和最著名的大学都有深度合作。大学如果做不到国际化，培养的人才不可能成为国际化人才。我们的七大学院全方位全球招聘教师。深圳有今天，靠的就是市场化、法治化、国际化。办大学更要这样"。"香港中文大学（深圳）已深深地扎根于深圳这片热土，创校历程中有艰辛，有喜悦，有孤独，有憧憬，然而，就像这座城市中无数的创业者和奋斗者一样，勇于求索的创新精神和百折不挠的奋斗精神，都已汇入这座城市交响共鸣的篇章。"面对2018年首届港中深本科生毕业时，徐校长说，"是这所大学将你们推向世界，但也可以说，是你们把这所大学推向了世界"。这一届毕业生有80%选择到世界各地最好的大学去攻读硕士、博士学位。[①]

创新是大学的灵魂

创建于1983年的深圳大学是一所年轻的、新型的大学，与深圳特区几乎同步诞生、共同成长，走的每一步都留下了创新的烙印。毛军发，中国科学院院士，深圳大学校长，电磁场与微波技术专家。毛军发表示，工科是应用数学、物理学、化学、力学等基础科学的原理，结合生产实践所积累的技术经验而发展起来的学科。"判天地之美，析万物之理"，工科研究的是"万物之理"，研究尺度远到宇宙深处，大到广袤苍穹，近至咫尺之间，小至微观粒子，都与人们的生活息息相关。"知者创物，巧者述之守之，世谓之工。百工之事，皆圣人之作也。"中国自古就将"百工之事"上升至"圣人之作"的高度，是对工程技术的重视保护与崇高敬意。当前，科学研究范式正在发生深刻变革，学科交叉融合不断发展，科学技术和经济社会发展加速渗透融合，为建设新工科带来了重大机遇。加快建设和发展新工科，培养引领未来技术和产业发展的人才，成为社会各界需要共同解决的命题。

深圳大学将学科建设推到前沿，与华为、中兴、腾讯、大疆、深投控等领军企业深度合作，推动光学工程、土木工程、计算机科学与技术、信

---

① 胡洪侠：《归来——访香港中文大学（深圳）校长徐扬生》，深圳发布，2022年7月1日。

息与通信工程等优势学科实力进入国内一流水平行列。深圳大学工程科学、材料科学、生物学与生物化学、计算机科学、化学、物理学、环境科学/生态学等 14 个学科进入 ESI（Essential Science Indicators，基本科学指标数据库）全球前 1%，上榜学科数位列广东省内高校第二，其中，深圳大学"工程科学"也是深圳本土高校第一个 ESI 全球前 1% 学科。

现代科学既高度分化又高度综合。学科交叉往往产生新的学科生长点、新的研究前沿，有助于解决复杂科学问题、工程技术问题，产生重大科学突破和颠覆性的新技术。深圳大学发挥多学科综合优势，瞄准当前重大科技前沿问题和国家重大战略需求，积极探索学科交叉融合与发展的有效实现路径，重点建设一批国家急需、前景广阔的新兴、边缘和交叉学科；以推进多学科深度交叉融合为突破点，带动学科建设整体水平的高质量跃升；重点推进"信息＋"、集成电路、"人工智能＋"、智能建造、金融科技等学科交叉会聚平台，推动交叉融合和特色发展，在多交叉会聚探索方面走在前列。

秉承改革创新基因，作为中国高等教育改革的先行者、探路者，深圳大学以闯的精神、创的劲头，站在更高的高度，在满足国家战略需求的基础上，在立足深圳的同时跳出深圳来办学，拓宽地方性高校的办学路径。围绕粤港澳大湾区高水平人才高地和深圳综合性国家科学中心建设，依托深圳一流高新技术企业、一流科技产业和一流创新生态，打造一批在国内具有领先地位、在国际上具有较高影响力的品牌学科，紧密对接大湾区新一代信息技术、新材料、绿色低碳、数字经济、高端装备制造、可穿戴设备、人工智能、大数据等战略性新兴产业、未来产业和前沿性颠覆性先进技术在相关领域的应用需求。2021 年 12 月 10 日，深圳大学"腾讯云人工智能学院"入选教育部首批现代产业学院，该学院由深圳大学与腾讯云计算（北京）有限责任公司联合建设，以"产、学、研、创"四位一体为核心要素，形成产业协同、创新人才培养的新型校企合作模式，构建"面向科学前沿、行业产业、区域发展"的协同创新模式，培养适应国家人工智能产业及其相关领域高素质产业领军人才。世界科学前沿领域的研究表明，在学科的交叉点上往往会产生新的前沿和方向，比如，物理学、化学以及生物学和医学之间的边界会越来越模糊，它们之间相互交叉和渗透，产生了大量新的科学生长点。学科交叉已成为科技创新的主要源泉。在 2021 年国际基因工程机器大赛（iGEM）全球总决赛中，深圳大学在众多参赛队伍中脱颖而出，进入全球前十。①

发展要听到雷声、见到雨点，让企业"感觉对了"

作为深耕梅州的本土企业家，李阳春带领广东鸿荣重工股份有限公司（以下简称鸿荣重工）扭亏为盈。历经岁月的沉淀，鸿荣重工已经成为梅州先进制造业的旗帜，广东省高新技术企业，获批创建梅州市工程技术研究中心。打造了"鸿荣""HW"行业知名品牌，制定了一整套工程机械工装、属具设计的制造标准，推出 20 多个产品系列，3000 多个品种规格。在面对《南方日报》记者提问时，李阳春说道：对于企业来说，发展都是要听到雷声、见到雨点。政府相关部门要既打雷又下雨，把支持企业发展的政策落到实处，帮助企业要帮到点子上，让政策、土地、资金、技术、人才等资源要素不断向实体经济倾斜。一是服务对接，真正了解企业发展的难点堵点，站在企业的角度帮企业解决实际问题，如用工难题、政策申请等；二是拿出实实在在的支持政策，落地有声。让企业感受到当地政府对企业的重视，对企业家的重视，享受到政策给企业生产带来的红利，政企形成合力，推动企业的发展。②

深圳市新亚电子制程股份有限公司（以下简称"新亚制程"）成立于 2003 年，从事电子制程方案研发、推广和产品系统供应服务，覆盖手机通信、半导体等领域。2010 在中小板上市，市值约 30 亿元。新亚制程已正式

---

① 邢晓凤：《深圳大学校长毛军发：我国"卡脖子"技术正是在一些传统工程技术领域》，光明社教育家，2022 年 6 月 11 日。

② 《激发企业活力，赋能实体经济丨梅州企业家代表畅谈经济发展》，《南方日报》，2022 年 7 月 22 日。

将上市企业总部注册地变更为珠海高新区，并更名为"新亚电子制程（广东）股份有限公司"。之所以选择在珠海高新区落户，打动企业的点有很多，"其中，最重要的一点是，产业契合度高"，"向我们抛掷'橄榄枝'的地方很多，但与珠海高新区的部门打交道能感觉到，珠海营商环境更符合预期，互动过程中感觉他们能更多地为企业考虑。感觉对了，我们就来了。"新亚总经理胡大富笑着说。企业一句"感觉对了"，背后是珠海高新区的不断努力，提升珠海高新区的"高新速度"和"高新效能"。珠海高新区在深圳、北京、苏州设立 3 个招商办公室，与广东省制造业协会、深圳市商业联合会等区域性、行业性商协会达成战略合作。深入开展产业分析，编制"产业链图谱"，绘制"产业招商地图"，制定"产业招商手册"，全面梳理龙头企业及重点企业产业链、供应链、上下游关联企业，开展固链、补链、强链、拓链"四链"，实施项目洽谈、签约、动工、投产全流程闭环推进，严格落实"六盘账"审批机制，力促产业项目"快速研判、快速签约、快速落地、快速开工、快速投产"。

影石创新创立于 2015 年，用了 6 年时间逐步打破国外影像巨头的垄断地位，在全球全景相机市场占有率位列第一。在 CEO 刘亮看来，珠海的营商环境和深圳几乎没有差别。"之前也考察过东莞、中山以及内地其他城市，最终还是选择珠海高新区。这里的政府部门跟深圳的办事风格很像，办事便利，我们也不会'水土不服'。珠海市政府提出，全面推进政府流程再造、规则再造，全面提升珠海的政府服务水平，把珠海政府服务打造成为与珠海情侣路、港珠澳大桥、中国航展一样声名远播的珠海品牌。发挥基层政府'上接天线、下接地气'作用，将顶层设计和基层实践有机结合，将有效市场和有为政府有机结合，努力在更大范围、更宽领域、更深层次上将改革开放推向纵深。"①

---

① 《沿着高质量发展之路阔步前行》，《珠海特区报》，2023 年 3 月 29 日；阿力米热：《新一轮高质量发展全面起势　属于珠海的时代来了!》，《时代周报》，2022 年 12 月 19 日。

高位统筹、改革创新解决痛点

2020 年，东莞市政府一号文《东莞市人民政府关于坚持和完善民生保障机制　建设高水平小康社会的实施意见》印发（以下简称"一号文"）。"一号文"确定了集中解决两大民生问题的工作目标。"一号文两攻坚"精准破题的内容是，在大湾区世界级城市群和优质生活圈的建设的背景下，加大民生投入和保障，提升城市教育、医疗、交通等基本公共服务水平，突出解决人口增长带来的交通拥堵、住房困难等"城市病"，加快轨道等公共交通建设，加快安居工程建设。粗略统计，纳入"一号文两攻坚"2020 年启动实施的项目 268 个，总投资额超过 2500 亿元。在教育领域，推动新建改扩建 227 所公办中小学，增加学位 33.99 万个，2022 年完成学校建设项目 126 个，增加学位 15.68 万个；在交通领域，力争用 3 年时间，全力打造以全市"二主六辅"（"二主"即广深第二高铁始发站、东莞东站，"六辅"即虎门高铁站、东莞站、东莞西站、东莞南站、滨海湾站、松山湖站）综合交通枢纽为锚固点，以通勤、客运、货运交通廊道为支撑轴的综合交通体系。

"一号文两攻坚"体现了东莞市政府在民生新政、民生实事、民生项目等方面的积极作为。以往的民生实事都是以部门为单位进行推进，镇街往往是囿于资源有限，而动力不足，在教育与公交领域十分明显。"一号文"中规定，对教育用地不足导致公办学位供给缺口的镇街（园区），东莞市通过按规定暂停其商住用地出让，来倒逼镇街（园区）保障公办教育用地。"一号文两攻坚"重点在体制机制改革创新。改变了以往民生事业由财政大包大揽的做法，有利于实现政府有形之手、市场无形之手、群众勤劳之手同向发力，最大限度汇集资源。一边是东莞拥有庞大的民间资金，另一边是高水平小康社会建设需要大量的资金投入。针对 80 个品质交通千日攻坚项目总投资超过了 1700 亿元，东莞建立健全民生工程资金投入多元化体制机制，充分吸收包括农村集体资本在内的社会各界的民间资金，参与轨道交通、水污染治理等投资周期长的项目，也大力支持与鼓励民办教育、民办医疗、民办体育等，吸引更多优质要素资源在东莞落地，带动城市高质量发展，实现更多改革成果由群众共享。①

---

① 《东莞启动"一号文两攻坚"！着重推进品质交通与教育扩容提质》，南方 PLUS，2020 年 3 月 11 日。

第十一章
独乐乐不如众乐乐

全体人民共同富裕是中国式现代化的本质特征，区域协调发展是实现共同富裕的必然要求。广东在推进高质量发展过程中，要解决区域发展不平衡问题，推进共同富裕，独乐乐不如众乐乐。高质量发展不仅需要发达地区的持续发展，也需要欠发达地区的加快发展，不仅包括城市的发展，也包括乡村的振兴，并最终实现区域的协调发展、城乡的协调发展。要把短板变"潜力板"，发挥广州、深圳超大城市的核心引擎作用，以及珠江三角洲特大城市的带动作用，通过产业链扩链、创新链外溢，走出一条从"输血机制"向"造血机制"转型的高质量发展之路。

把短板变"潜力板"

高质量发展的基本逻辑，发展是基础和前提，没有发展就谈不上高质量发展；高质量发展的目标是共同发展，并实现全体人民的共同富裕，实现人民福祉的全面提高。从发展到高质量发展的路径是协调，既包括区域之间的协调，也包括城乡之间的协调。

广东是我国经济最发达的沿海省份之一，同时也面临着发展不平衡、不充分、不协调的问题。2021年广东省的地区生产总值达到了12.4万亿元，全国排名第一；人均地区生产总值达到了9.8万元，按当年的平均汇率计算达到了1.5万美元，已经达到了发达国家的收入标准。[①]

在广东省内，按照经济发展水平可以划分为四个经济区域，分别是珠江三角洲、粤东、粤西和粤北。改革开放以来，珠江三角洲与粤东、粤西和粤北的发展差距经历了从扩大到缩小的变化过程，但目前仍存在着较大的差距。1978年珠江三角洲与粤东、粤西、粤北的人均收入之比在2.0~2.3之间，2000年扩大到4.1~5.6，2020年再次缩小到2.3~2.9，但仍高于1978年改革开放之初的差距水平。从绝对值上看收入的差距也更大，2020年珠江三角洲与粤东、粤西、粤北的人均国内生产总值分别为11.5万元、4.3万元、4.9万元和4.0万元，收入差距达到了6.6万元~7.5万元。按照当前的发展基础和发展速度（6%），珠江三角洲外围区域至少需要15年才能达到珠江三角洲当前的发展水平。2015—2020年，珠江三角洲与粤东、粤西、粤北的经济平均增长率分别为6.7%、6.0%、5.8%和5.5%，珠江三角洲的经济增长仍然保持着领先。

广东各级政府正积极转变观念，努力把短板变成"潜力板"，提高发展平衡性和协调性。区域协调发展，不是整齐划一发展，平衡是相对的，解决不平衡主要要把"短板"往上提，而不是把"长板"拉下来。区域协调发展，政治动员扶贫，这是一条快捷有效的路径，我们已经做得很成功。从长远来看，需要把"输血"转变为"造血"，增强欠发达地区增长的内生动力，用产业链"扩链"、创新链外溢来带动区域协调，走共同富裕的高质量发展之路。

---

① 数据来源：《2021年广东省国民经济和社会发展统计公报》。

广州的马产业链

广州从化区地处广东省中部，广州市东北面，为珠江三角洲到粤北山区的过渡带。东面与龙门县、增城区接壤，南面跟花都区、黄埔区、白云区接壤，东面与清远市接壤，北面与佛冈县、新丰县接壤。从化临近白云机场，105 国道、京珠高速、街北高速纵横贯穿太平镇。从化区以珍稀温泉闻名于世，有"中国温泉之都"之美称，区内森林密布，水流充沛，是广州的"后花园"。

从化区在广州是面积最大、人口最少的一个区，经济发展水平也相对落后，主要靠旅游业和农业。从 2022 年人均 GDP 来看，广州市各区差异较大，人均 GDP 最低的为 5.73 万元的从化区，人均 GDP 最高的为 35.14 万元的越秀区。第一名的越秀区和最后一名的从化区，人均 GDP 大约相差 6 倍。从化是广州的度假旅游胜地，也是全市自然资源最富饶的区，曾获评"中国十佳绿色城市"。如何将绿水青山转化为金山银山？广州一直在探索走一条通过产业链为乡村振兴增添发展新动力的道路。

从化区的生态环境、空气和水质都非常优良，是训练马匹最理想的地方。从化无疫区于 2009 年 11 月 23 日正式建成，是我国内地首个无马病区，也是我国第一个获得国际认可的无马病区。2010 年广州亚运会结束后，香港赛马会获得了从化马场 50 年租用权，建成马匹和骑师的训练基地，打造世界级的马术训练中心。从化马场是粤港澳大湾区重点发展项目，也是目前内地最大规模、最高标准、最为完善的纯血马饲养训练中心。该马场占地 150 多公顷，拥有跑道、马房、马医院、马泳池等设施，可容纳 660 匹赛马同时驯养。从化马场是内地首个拥有 50 多项专利的大型项目，填补了内地在国际标准马场建设等方面的空白。

赛马是历史悠久的运动项目之一，最早可追溯至公元前 1500 年的《荷马史诗》。现代马术起源于英国，随着阿拉伯马传入欧洲大陆，现代意义的赛马运动开始兴盛。随着经济社会发展水平不断提升，赛马运动成为人类重要的休闲娱乐和消费项目，特别是在英国、美国、日本、阿联酋等发达国家，赛马运动在资本、技术等助推下，成为支撑经济增长以及满足人们高品质生活需求的一个重要产业。在我国，农业农村部和国家体育总局于2020年联合发布《全国马产业发展规划（2020—2025年)》，正是基于内地经济发展和居民对高品质消费的巨大需求。

一个完整的赛马产业链主要以马匹及赛事为核心，衍生出多个细分的产业，涉及上游的畜牧业、中下游的服务业及博彩业。上游产业链以"马匹"为主，主要包括马匹育种、马匹培育、马匹训练，马饲料的供应，专业人士的培养（如兽医）以及马匹所有权和马匹交易等产业。上游的存在为赛马运动提供了强大的支撑，各国以培育优质的本土马种，交易国外优质的马匹为重心，加以培养及训练，为日后的赛事做充分的准备。中下游产业链主要围绕"马业服务"，包括赛事运营、表演娱乐、媒体杂志、专业服务、金融支持、博彩竞技等产业，旨在发展与赛马运动相关的直接服务产业及周边的关联服务产业。此部分中的马彩，不仅是赛马运动重要的融资工具，也是各国赛马运动主要的盈利支柱。

根据2022年3月底发布的《中国马文化产业蓝皮书（2021)》，全国马文化旅游消费每年已经超过3000万人次，文旅马产业及关联消费产值可达600亿元，全国马术俱乐部超过2800家，会员超过119.5万人。马文化产业对于拉动内需和消费具有重大价值。所以，现代马产业的发展越来越受到重视，海南、新疆以及武汉、成都等国内多个省份、城市先后制订了赛马产业相关发展规划或行动计划，积极引进国际大型马术赛事，着力提升赛马产业在当地的影响力，推动赛马产业成为当地经济转型发展的新引擎。

马产业是粤港澳大湾区重点发展产业之一。《粤港澳大湾区发展规划纲要》提出，推进马匹运动及相关产业发展，加强香港与内地在马匹、饲草饲料、兽药、生物制品等进出境检验检疫和通关等方面的合作。自20世纪70年代起，香港马匹一直安置于沙田马场并于该处接受训练。近20年来，香港赛马会一直努力寻找额外土地，以增建设施辅助沙田马场的马匹训练运作。香港赛马会最终敲定在由其设计及兴建的广州 2010 年亚运会马术项目场地的基础上，建造新的马匹训练设施（即现在的从化马场）。2018 年 8 月，香港赛马会从化马场在中央和香港特区政府以及内地各级政府支持下开幕运营，成为内地首个达到世界级标准的马场和纯种马训练中心。2020 年 7 月，广州市发展改革委印发《广州市构建穗港赛马产业经济圈的指导意见》。2021 年 5 月，广州市政府与香港赛马会签署《关于共同促进穗港赛马产业发展的框架合作协议》。香港赛马会在香港和广州两地运营的模式受到国家和省市大力支持。

广州提出"一核二轴三区"的赛马产业发展总体空间格局，以及在从化马场引入国际赛马赛事，形成养马 + 驯马 + 赛马三轮驱动、互为支撑的发展模式，并推动与文旅、教育培育、会展产业等融合发展，打造穗港赛马全产业链。目标是到 2025 年，"马产业 + 文化 + 旅游 + 科教 + 康养 + 公益"产业融合格局初步形成，马产业发展的经济、社会、生态效应初步显现，建设国际马匹交易中心、马术运动公园等 8 个重点项目，推动马产业成为从化区经济发展新引擎，将从化建设成为粤港澳大湾区现代马产业融合发展示范区、全国现代马产业综合发展先行区和国际马产业创新引领发展区。

在广州建立一个商业上可行并可持续的国际级赛马体系，从而提升从化马场的地位，促使从化马场成为"穗港赛马产业经济圈"核心，并为国家国际级赛马提供策略平台。为达成这一目标，未来将构建穗港马产业全产业链，将国际马匹交易中心等项目纳入近期重点实施项目库，加快研究谋划马术和育马及马匹训练等涉马产业发展，探索赛马产业与旅游观光和大型赛事的融合，推动粤港两地联手打造"穗港赛马产业经济圈"。

作为广州马产业链的核心区，从化区全力打造直供港澳优质农产品"无疫区"。2022 年，从化区获认定粤港澳大湾区"菜篮子"生产基地 17 个。蔬菜生产基地以叶菜、瓜果蔬菜（豆角、冬瓜、茄瓜等）为主，种猪主要有杜洛克、大白、长白等，创建国家级生猪产能调控基地；保供稳供方面，禽蛋、粮食、猪肉等农产品产量分别占广州市生产总量的 84%、

48%、37%。全区注册登记并备案的农民专业合作社共 548 家，涉及水果、蔬菜、花卉、养蜂、经济作物、水产、加工流通、种业、农机等 9 大类产业。

珠江口东西两岸产业链融合

改革开放四十多年来，珠江两岸比翼齐飞，竞相发展。相比之下，东岸飞得更高、飞得更快，形成东西两岸发展不平衡的问题。从经济总量来看，珠江东岸三市（深圳、东莞和惠州）以及广佛肇三市（广州、佛山、肇庆）GDP 总量分别是珠江西岸三市（珠海、中山和江门）的 4.2 倍和 3.9 倍，而深圳和广州均占深莞惠和广佛肇的 66%。珠江东岸是依靠外部资源形成"嵌入型"产业集群最为典型的地区，珠江西岸则是在改革开放以来形成了"内源型"专业镇，东西两岸发展各有特点。

从价值链分布看，东岸相对高于西岸。从产业结构看，东岸经济更加发达，现代服务、高新技术、精密制造等类型的企业发展快速。珠西地区企业以制造加工产业为主，产业处在价值链的生产制造环节，附加值低、专业化程度不高，企业群体中中小型传统制造业企业占了很大比重，珠江口东西两岸主导产业之间还有一个较大的差异是东岸产业链相对比较完备。以汽车业为例，东岸在整个汽车产业中，产业链环节较为完备，珠西地区主要只是汽车零部件的制造环节。这样的情况同样也出现在其他产业，西岸大多处在制造业的零部件制造环节，东岸在产业链条上布局则较为完整。

随着粤港澳大湾区建设的不断深入，珠江口东西两岸的发展差距逐渐缩小。2016 年至 2019 年，东西两岸城市的 GDP 平均增速不相上下，2018 年西部地区 GDP 平均增速超过了东岸，说明大湾区内部城市经济发展的差距有不断缩小的趋势。近年来，珠江西岸走出了一条科技支撑、开放合作、结构新颖、绿色环保的发展之路，形成了以先进制造业和现代服务业为主导的现代产业体系，有力支撑了经济持续较快发展。2014 年，广东省委省政府提出打造珠江西岸先进装备制造产业带，明确提出力争将珠江西岸先进装备制造产业带建设成国内领先、具有国际竞争力的先进装备制造产业基地。经过努力,珠江西岸已发展成为我省重要的装备制造业生产基地,初步形成了产业特色鲜明、具有一定规模和技术水平的装备制造产业体系。

珠江东岸和西岸产业界限相对清晰。珠江西岸是装备制造、家电等为代表的专业镇,东岸则以电子信息产业、互联网、人工智能等领域为主导,东西两岸的产业合作具有融合发展的优势。随着大湾区基础设施互联互通加强,特别是深中通道2024年建成通车,为两岸的产业链延伸、创新链外溢创造了更好的条件。随着东岸产业进一步迈向高端价值链,受限于空间和成本要素,创新资源要素辐射外溢速度有望加快,珠江西岸制造业和现代服务业发展将迎来新契机,东西两岸在通信高端器件、工业互联网、集成电路、高端装备制造、新一代信息技术、健康医药等产业的产业链创新链形成融合互补的态势。

产业融合发展的模式

一般认为,珠西地区承接东岸产业转移主要是"被动承接"。实际上,东西两岸有双向融合互动发展的迹象,并非仅是东岸向西岸单向拓展转移,西岸也"反向"向东岸拓展。有一部分企业是从西岸"主动走出来"向东岸发展的。这类企业一般为在该行业发展基础较好、占据了一定份额的龙头企业,它们或是通过资本成立基金的方式,参股或控股东岸的相关企业,或是在东岸设立研发部门,进行产品的研究开发。政府支持企业以各种模式合作发展。

模式一:东岸研发 + 西岸制造

珠江口东西两岸逐渐形成了"东岸研发 + 西岸制造"的产业拓展转移模式,特别是制造实力较强的中山,与东岸的深圳产业互动紧密。如中山市小榄镇是全国重点镇、广东省首批专业镇,也是中山市工业和商业重镇。五金产业是小榄传统优势产业,锁具在全国市场占有率超过40%,是中国五金制品产业基地、中国锁具出口基地（广东小榄）、中国智能锁产业基地、全国制锁产业知名品牌创建示范区。中山市智能锁的产业链配套相对比较成熟，深圳制锁公司主要是做研发设计、品牌销售，并在小榄镇设立分支机构，达成战略合作协议，与小榄镇的智能锁制造、生产形成完整的产业链。如 2019 年，深圳浩鲸科技、云程科技、易迅物联等公司与中山小榄镇签订了智能锁产业战略合作协议，共建智能锁生态体系，联合上下游企业，一起解决小榄智能锁的核心部件问题，实现智能锁产业的强强联合。

模式二：东岸母工厂＋西岸分工厂

"东岸母工厂＋西岸分工厂"是东西两岸制造业融合发展至关重要的路径之一。"母工厂"一般是指制造企业建设在本土、具有最高技术和管理水平的工厂，为其他工厂提供技术、管理、人才等方面的支持，是整个企业的"大脑"。[①]"母工厂"实质上是"现代核心工厂"，其作用不局限于从事生产，更为重要的是，承担着技术支持、开发试制、先进制造技术应用和满足高端市场需求功能的战略功能。"母工厂"是强化本地制造业竞争优势的重要载体，也是规避制造业空心化的重要途径。

模式三：东岸总部＋西岸分部

这种模式，是指东岸企业选择在西岸抢滩开设分部或分支机构，而将总部或功能性事业群仍保留在东岸的两岸产业转移新模式。这种产业转移模式有利于企业发挥东岸产业集聚、资金力量雄厚、技术水平过硬的优势开展技术升级、产品研发等方面的工作。分支机构则利用西岸的空间优势、资源优势和澳珠合作新契机成立技术成果转化、生产、销售和服务于一体的创新产业基地。

近年来，越来越多在东岸的企业选择在西岸抢滩开设分部，东西两岸合作以澳珠合作项目为引擎，开展技术成果转化、生产、销售和服务于一

---

① 《日本"母工厂"建设实践对我国的启示》，《中国工业评论》，2017 年第 8 期。

体的创新产业基地。2019 年澳珠企业家峰会当场签约的 20 个项目包括横琴国际广告中心、大湾区跨境新零售、直湾岛 LNG（液化天然气）接收站项目等。其中以东岸企业代表的腾讯公司与珠海市深度融合，成立珠澳智慧产业战略部。深化澳珠在数字经济领域的合作，推进腾讯产业互联网能力落地，并通过与珠海市特色产业结合以建立全域科技创新产业集群。

以深圳为中心覆盖整个珠江东岸的区域是世界上最大、最重要的智能终端制造基地，上下游企业众多，是全国智能终端产业链最为完整的区域。拥有华为、中兴、OPPO、vivo、TCL 等一批国内领先甚至全球领先的智能终端企业，以及腾讯等全球互联网产业的领军企业。

模式四：东西两岸合资设立企业

具体是指一些东岸企业收购西岸企业的部分股权，或者是西岸公司购买东岸公司的部分股权，或是东西两地双方共建一个企业，共同经营、共享股权与管理权，共享资源，按比例分配利润并共同承担风险。

这种模式相对于独资进入或者设立全资子公司相比，有以下几个好处。首先，设立全资子公司可能需要消耗大量资金，只有资金实力非常雄厚的公司才有可能设立全资子公司，即使是大公司也会有资金紧缺的时候，因此合资模式更有利于资金的筹集与畅通。其次，独资或者建立全资子公司进入需要占用公司更多的资源，因此公司会面临更高的风险，例如面对目标市场的经济上或者社会上的不确定性，而合资模式可以双方共担风险，降低这种不确定性带来的隐患。最后，合资进入模式可以更加充分利用合作伙伴的专门技能和当地的分销网络等，有利于开拓更大市场。

珠江东西岸合资的方式主要有两种：第一种是东岸企业在西岸投资建立部分控股的子公司，与西岸企业共同管理，以深圳企业投资为主，主要集中在深圳具有优势的产业，包括金融业、电子信息产业等。第二种是西岸与东岸企业在西岸合资建立产业园区，为西岸产业集聚发展提供平台与载体，利用深圳的优势产业和创新发展的核心辐射带动作用，以及西岸可以连片开发的土地，共同负责合作园区的土地、规划、基础设施建设、招商、企业服务等工作。

企业拓展的规律是从产业级别更高、技术水平更加先进、资本实力更加雄厚的发达地区向相对欠发达的地区进行投资，在大湾区即表现为深圳的企业投资、参股珠海、中山与江门这些西岸城市的企业，或者在西岸直接投资建设全资子公司。但是近年来，在相对落后的地区拥有个别资金实力强劲、市场占有率很高的"隐形冠军"或者"独角兽"企业，这些企业希望可以利用发达地区先进的管理经验、更加丰富的人才以及精密的技术，也会通过资本运作、参股等方式投资发达地区的企业，以此来实现企业多元化发展的需求，巩固自身的市场地位，我们将这种现象称作"反向拓展"。

江门市科恒实业股份有限公司（以下简称科恒）主要生产锂电池正极材料产品，通过投资、并购珠江东岸企业的方式有效扩大经营版图。科恒2016年并购深圳浩能科技有限公司——国内领先的锂离子电池自动化生产解决方案的供应商，以此成为锂电池"材料＋设备"综合解决方案供应商。2019年，科恒以发行股份及支付现金的方式购买深圳市誉辰自动化设备有限公司100% 股权、深圳市诚捷智能装备股份有限公司100% 股权。科恒于2012年在深圳证券交易所挂牌上市。

第十二章
向规划要质量

城市的高质量发展需要高质量的城市空间规划。珠江口城市在过去四十年经历诸侯逐鹿式的发展，经过了园区、新城、专业型中心的转型，进入了当前区域协同建设跨界合作区的进程。城市规划既离不开顶层设计，更离不开有机生长。展望未来，粤港澳大湾区以"区""群""圈"为空间体系，进一步融合发展的趋势。

散装城市的聚合：东莞空间发展模式变迁

东莞早期的城市发展历程既是珠江三角洲城市模式中的一个代表，也是一个异类。后期以松山湖为代表的规划与发展，则让人耳目一新。

"东莞模式"：城市离心力

东莞的区位特殊，省城广州的控制力南下到这里已经式微，香港、深圳的辐射力北上到这里也成强弩之末，东莞是个尴尬的"边缘城市""中间城市"。幸运的是，1989 年开通的 107 国道、1994 年全面通车的广深高速公路缩短了东莞与深穗的时间距离，这两条交通动脉先后为东莞西部地区装上了发展的"时空隧道"。长安、虎门、厚街等街镇和道路沿线的村庄异军突起，成为承接"三来一补"制造业和外来移民的热土；临近深圳的樟木头、占据火车站便利的常平等各镇各村也不遑多让。全市其他镇村闻风而动，在产业转移与吸纳的一波波大潮中灵活主动地寻求着机会，形成了"社区股份合作制土地 + 外源性工业 + 外来人口"的"东莞模式"。客商以港台日韩企业主为多，一旦相中了某块风水宝地，镇政府立刻组织人马将荔枝树伐去、丘陵推平、河塘填埋，在一片黄土之上迅速建起包括厂房、农民工宿舍、食堂、篮球场等一揽子设施的镇办或村办工业园区。

到了 21 世纪初期，沿着广深高速公路一路行驶，目之所及是农民工宿舍密集晾晒的衣物，千篇一律的工厂、大型的商贸市集，其间点缀着格格不入的欧式别墅和装饰浮华的洗浴中心，在深莞之间连绵不绝，几乎没有留下任何田野的空隙。这些貌似丑陋而碎片化的空间实则功能强大，不仅吸附了国际范围的巨量的产业转移，而且形成了大规模的异地城镇化。这条道路的沿线可以说是珠江三角洲发展早期的典型空间景象。

相对于活跃的镇村，莞城中心则冷清许多：位于东莞北部，远离深港、远离交通干道，早期的莞城仍是惯性地向着广州发展，增长风头远不及广深高速沿线的镇区。从产业角度看，由镇村基层织成若干细密灵敏的网络，成功地捕获了每一个有价值的产业机会；从城市角度看，东莞城区的服务能力十分薄弱，对各镇发展的控制力也极为有限，可谓市弱镇强，权力分散、空间离心。

"一个酒店不能没有大堂"：在边缘聚合

曾经，由于来往客商络绎不绝，东莞各镇的酒店业极其发达。

据统计，仅在 1994 年到 1999 年间，东莞就新增 11 家豪华酒店，其中 5 家五星级酒店，6 家四星级酒店，大都分布在莞城之外的虎门、长安、黄江、凤岗等镇区。中国第一家开在乡镇的四星级酒店金凯悦大酒店出现在寮步镇，建成后金碧辉煌，令时人叹为观止。不过，来自港深的客人入住后发现，金凯悦只有客房，没有其他配套设施。原因很简单：酒店老板还不知道开一家酒店除了提供住宿，还需要有配套服务。

到 2000 年前后，东莞的城市长官面临巨大压力。第一，东莞已经开始被称为"世界工厂"，这个称号在当时有些毁誉参半的意思，因为东莞的制造业走的是"量大价低"的路子，如"虎门服装""厚街牛仔裤"等，产业没有含金量。第二，"村村点火"的产业发展方式使得东莞的开发用地在全域范围遍地开花，成为中国城市土地和空间利用"竭泽而渔"的头号反面案例。第三，受制造业吸引，外来人口巨量涌入，各镇各村仅仅提供最低限度的治安、生活服务（生产性服务更是闻所未闻），不时爆发社会问题。第四，各镇建设俨然"自成一国"，市属部门话事权微弱，甚至到了东莞市规划局牵头努力也无法拼合出一张像样的全市规划图的地步，莞城政令难以下达于各镇"诸侯"，可见一斑。

为了应对这些问题，从 2001 年起，东莞市委、市政府陆续推出了几个重要计划：

首先是重塑城市中心的"南城计划"。2001 年，位于莞城以南的篁村更名为南城街道，规划为城市行政、文化、金融、服务中心，意在提升城市生活性服务品质、补足急缺的生产性服务。

与此同时，筹建松山湖科技园和东部工业园。这两个园区有一个共同点：均选址于几镇交接的边缘地带。其中松山湖科技园位于大岭山、寮步、大朗三镇交会处的松木山，东部工业园则位于常平、企石、桥头、横沥四个镇区的交会处，用地均是远离各个镇区中心、交通不便、边缘参差的边角地。

在统筹这些园区的时候，虽然各镇在"工厂、道路、绿地、学校建在谁的土地上"存在大量细枝末节的分歧与掰扯，但是土地统筹的过程整体来说非常顺利。用一位镇长的话来概括当时的情景最贴切不过，他说："东莞的发展就像东莞市和各个镇合力盖一座酒店。各个镇建的是房间，东莞市建的是大堂。虽然房费是通过房间来收取的，但一个酒店确实不能没有大堂。"

就这样，东莞拾掇起城市空间的边边角角，苦心经营二十余年。今天，东莞南城、松山湖高新区分别成为东莞的城市服务中心与产业中心，成为东莞持续发展的战略引擎。在"一个酒店不能没有大堂"的共识下，一个"散装城市"被成功地凝聚起来。

东莞的完整经验：从镇区到"小都市区"

在发展转型期，东莞成功地克服了地方发展的各种危机而保持了自身的竞争力。2008 年金融危机打断了"世界工厂"的路径沿袭，形势迫使东莞经济社会发展迈向进一步转型升级。

2014 年前后，东莞开始酝酿出了新的空间发展战略——分区统筹发展，在不调整行政区划、仍然保持以镇为主体的发展格局的基础上，实现全市发展的统筹。分区统筹的第一个尝试是东北部水乡经济区。统筹十镇一港，按照统一的发展单位进行空间的统筹利用，在过程中推动了一系列政策的创新，效益显著。水乡发展的初步成功，也推动了在 2015 年明确制定"一中心、四组团"的分区统筹战略。在新的东莞空间格局下，东莞的市域被整合为五个小都市区的发展单位，参与整个珠江三角洲的竞合格局。

东莞最新的国土空间总体规划将城市进一步整合为六个片区，包括城区片区、松山湖功能区、滨海湾片区、水乡功能区、东部产业园片区和东南临深片区。其中滨海湾新区是从最初长安镇的"长安新区"拓展发展而来，结合在"黄金湾区"的区位与设施节点，整合了长安虎门滨海沿线的空间与产业，依托于粤港澳大湾区科技创新走廊，营造创新和先进制造共融的产业空间，意在建成全球先进制造中心、粤港澳大湾区科技产业创新之都。

今天的东莞，已经不复为"通道城市""散装城市"。东莞充分利用左右逢源的区位特色，既发挥基层对市场灵敏度高、船小好掉头的特点，又通过几次关键的空间统筹和长期经营，成功地克服发展中的多次挑战，将自己从珠江三角洲的"打工城市"提升为大湾区的创新枢纽、国家级科学中心先行启动区。正如中国城市规划设计研究院原院长李晓江所说："东莞一次又一次地自我超越，一方面保住了工业生产基地和庞大的、门类极其丰富的工业集群，同时不断地寻求机会提升自身能级，让自己摆脱了跟随式的发展道路——这才是东莞完整的经验。"

松山湖的"四个经营"：于洼地处筑凤巢

2001 年春末的一个晴朗的日子，一架直升机在东莞松木山水库的上空久久盘旋，机上乘坐的是当时东莞市的主政者们，他们正在为东莞的"大园区、大创新"转型选择合宜的实施空间。最终，他们在寮步、大朗、大岭山三镇接壤处圈定了 72 平方千米的空间范围，其中包含了 8 平方千米的水域，后来定名为"松山湖科技产业园"。

2000 年，东莞的城市领导曾公开在媒体上撰文判断：一个地区的产业发展大致经历要素群集、产业主导、创新突破、财富凝聚等四个阶段，而东莞当时已经逐步进入从第二到第三阶段的转型期。松山湖科技产业园在规划期间，进一步明确了松山湖发展的目标和定位：松山湖不仅仅是一个面积更大的产业园区，更是一座具有强大科技创新能力、以先进制造业和高科技产业为主体、以生态环境为核心的现代化新城。

科技产业园的选址在城市规划界引发了不小的争议。因为松山湖所处的不仅是六镇边缘，并且也并不临近 107 国道、广深高速等发展主动脉，没有交通区位优势，一些规划学者认为这个选址是个致命错误。但以朱荣远为代表的城市规划师认为，较为边缘的位置使松山湖科技园具有成本洼地效应，土地并不炙手可热正好有利于妥善利用松山湖的风景资源，潜心经营新型的城市产业空间，适应下一阶段发展转型的需要。此后，松山湖管委会提出并持续实施"经营城市、经营产业、经营智力、经营文化"的复合策略。

经营城市：核心资源公共化的策略

松山湖的规划不是按照功能思维，而是按照设计思维来筹划和建设一座生态新城。

用最好的资源，体现最大的公共性，形成最普遍而兼容的控制力，是松山湖新城设计的核心标准。

城市设计明确了以生态安全网络为基础的山水景观特征为实现城市主题的核心空间，是城市最基本的景观和空间结构。生态和景观安全格局在全园区表现为大公园式的城市特征系统，为城市的观景和景观创造了条件。其中，松山湖是新城最为核心的公共空间，城市规划关注滨湖地区开发"质"与"量"的控制，设计环湖休闲道，保证滨湖空间资源的公共开放性，同时划定不同的开发控制地区，严格保护生态城市的本源和城市特征的内涵。

新城的道路、景观、建筑都是按照一种为松山湖"定制"而非批量化设计建设的模式，摒弃了当时流行的国际招标，而是邀请国内著名的中青年规划师和建筑师齐聚松山湖，在深入理解本土社会文化的基础上开展集群设计。在总体的建筑环境控制基础上，城市设计组织方召集中国建筑设计师在松山湖集聚他们的智慧，提升新城城市场所和功能空间的文化附加值。共有 30 余位中国当代优秀中青年建筑师，为新城设计了近 80 万平方米的公共建筑空间。

松山湖新城的城市与建筑设计表现和支持了东莞社会发展需求和目标，并将一批代表中国当代中青年建筑设计水准和价值取向的建筑师组织起来进行建筑设计的实践，成就了一个表现 21 世纪中国当代建筑文化特征和内涵的物质空间群。

新城规划与集群设计达成了尊重自然、保护水系、依山就势的基本建设共识，由此，建成了松山湖大道、环湖景观道、松湖烟雨、松湖花海、湿地公园、管委会大楼、东莞理工大学、凯悦酒店等一系列新城名片，生动诠释了"科技共山水一色，产业与新城齐飞"的松山湖营城理念。

经营产业：从龙套走向龙头

松山湖最初的产业准入制度保持了较高的门槛，劳动密集型产业原则上不予选取，环境污染严重企业严格排除在外。招商引资中注重加强与国际大企业合作，积极引进内地优秀企业，重点发展产业支援服务业，做大做强 IT 产业，培育生物环境等新兴产业。

2006 年，深圳坂雪岗已经"装不下"华为的发展空间，最终落户生态环境优越的松山湖。华为的入驻直接带动了 30 多家企业在东莞投资以便于为其配套，另外有 100 多家东莞企业也陆续加入了华为的配套产业，带动了东莞电子信息技术产业的飞跃。

2010 年，松山湖科技产业园区升级为国家高新技术产业开发区，进一步向信息技术生物产业、高端智能装备、新材料以及生产性服务业等几个产业体系重点发力。

2014 年，松山湖高新区与东莞生态园合并，实现统筹发展；2015 年松山湖成功入围珠江三角洲国家自主创新示范区；2017 年，松山湖与石龙、寮步、大岭山、大朗、石排、茶山等周边六镇组成松山湖片区统筹组团发展；2020 年以中国散裂中子源等大科学装置为核心的松山湖科学城被国家发展改革委、科技部批复同意光明科学城—松山湖科学城片区为大湾区综合性国家科学中心先行启动区。

至此，东莞用 20 年时间，从一个低端产业的承接者，走进了大湾区科技创新者的前列。

经营智力：有风景的地方才有创新

松山湖建立之初就具有"经营智力"的意识，旨在为特定产业科研人群开辟一个理想生活环境。随着进驻企业和人才的不断提升，松山湖园区开启了人才积累的内生式自我演进。与此同时，松山湖通过打造高水平的研发和孵化平台、搭建优质的服务平台，设立人才发展专项资金等，吸引了许多海内外高素质产业科研人员。

在松山湖科学城的发展规划中，如何为科学家创造更好的环境，注入更多的尊重与关怀，是规划科学城首先想回答的问题。科学家的工作具有时间长、压力大的特点，实验也大多是枯燥且经常要面对失败。而融入自然环境、眼里能经常看见自然，有利于舒缓压力，并增加创意与灵感，山水生态、自由道路、服务体系、管理标准，是近几年松山湖科学城持续经营的关键词。松山湖科学城规划提出设想：松山湖科学城内已建的散裂中子源、松山湖材料实验室，规划的南方先进光源、香港城市大学等科研资源均分布在巍峨山以北山麓、莞佛高速以南，如果能对巍峨山的景观环境进行提升，该片区也有条件形成一片理想环境的科学功能片区，加以景观优化与整理，将形成一个可供休闲游览的生态公园，创新公园土地管理制度，在其中开辟幽静的"科学家小径"，分布便利的小型工作空间，以及餐饮、服务设施，专供科学城内的科研工作者使用，使得科学家们在枯燥和繁重的工作间隙，能在自然中得到放松与宽慰。这印证了那句广为流传的判断："有风景的地方才有创新。"

经营文化：生态—科学—创新

优美的自然生态不仅改变了松山湖人的生活方式，更沉淀出属于松山湖的特有城市精神。二十余年间，松山湖的管理者和规划者一直秉持最初的立意与方向：通过尊重并拉近人与自然的关系，通过建设人性化的城市空间，潜移默化地提升城市文明的内涵，并以此孕育松山湖的创新文化和科学文化。从2016年开始，松山湖首次举办国际马拉松赛，并将之固定为具有松山湖人文风情和运动特色的年度赛事。

据"南方＋"报道，2022年松山湖总就业人口约18万人，平均年龄26.8岁，本科以上学历人才占总就业人口的43.5%，城市人口朝着年轻化、高学历的方向演变。东莞按照二十年未变的四个经营理念，让松山湖成了一座品质上与大湾区创新源头、中国一流科学城相匹配的城市。

抓住内湾的机遇：从长安新区到东莞滨海湾新区

东莞虽一直被广东省城的"阳光"与深圳特区的"星光"所笼罩，却从未失去过自己的个性光辉。当传统"东莞模式"失效，向湾区聚合、向滨海发展已然成为大湾区珠江口城市的发展共识。从长安新区到滨海湾新区，东莞再次作出选择，其充分利用"黄金内湾"从世界工厂向创新高地转型的"空间经验"，为产业经济转型及城市社会发展提供了可能的新思路。

从长安新区到东莞滨海湾新区的谋划

改革开放成就了东莞外向型经济典范，但自 2008 年以来全球金融风暴与经济下滑使东莞外向型经济受到了严重影响。与此同时，经济全球化带来的经济生产要素的外溢与流动，为珠江三角洲城镇群网络发展带来了更多的发展机会。在区域重大交通设施互联互通的推动下，珠江三角洲城市群网络化与极核化特征显现，使得战略性节点地区的异军突起成为可能。与珠江西岸地区相比，东岸加快筹划滨海地区发展更显紧迫，深莞两地建设用地接近饱和，改变既有低水平蔓延式城市扩张模式需要选择新的节点空间，承接高端新兴城市功能。内生压力与外在机遇并存的局势下，2009年，东莞落子长安新区（原滨海新城计划），作为承载未来社会经济持续发展的空间载体。2017 年东莞市政府将"东莞市长安新区"更名为"东莞市滨海湾新区"，范围扩大为 84.1 平方公里，滨海湾战略构想由此展开。

从长安新区到滨海湾新区的谋划，体现了广东省"黄金内湾"未来发展关键性节点的战略价值。

对内结构调整促进全域发展

滨海湾新区将与松山湖、生态园"三园联动"，依托良好的创新优势和产业基础，构建东莞中部创新走廊，沟通内陆腹地与湾区要塞，统筹沿线十镇资源，完善公共服务体系，以三大战略支点建构东莞中部脊梁，改变既有扁平化的空间结构，并促进东莞全域发展。

对外区域协同实现合作共赢

东莞滨海湾新区是广深发展带上的黄金战略节点，同时也是珠江东岸最后连片开发的区域。西面广州南沙，南接深圳"大前海"——会展新城及海洋新城片区，由交椅湾、沙角半岛和威远岛三大板块组成，拥有良好的地缘优势，定位为东莞对接湾区的重要先导、大湾区创新客厅。作为一流湾区和世界级城市群的重要区域、湾区腰部的重要区位节点，滨海湾新区门户地位和纽带作用不容小觑。同时，随着前海扩区与全力推动双区建设等机遇叠加，滨海湾新区的区位优势与战略地位也在不断提高。

滨海湾新区不仅是承载东莞世界级先进制造业的重要平台，而且是广深科创走廊的重要组成部分，同时还是东莞"中心城区、松山湖科学城、滨海湾新区"三大发展核心区之一。滨海湾新区将建设成为海洋产业与先进制造业创新集聚区、广深科技创新走廊重要空间平台、粤港现代服务业融合发展试验区，重点发展现代服务业、海洋生物医药、智能装备、新一代信息技术产业。

依托周边成熟工业基础，构建现代产业体系

滨海湾新区及周边区域是东莞工业基础最发达的地区之一，周边有长安电子智能制造产业、厚街家具产业、虎门服装产业沙田临港工业等诸多产业集群。该新区以"集聚高端制造业总部、发展现代服务业、建设战略性新兴产业研发基地"为产业发展目标，大力构建高端电子信息产业、人工智能、生命健康、现代服务业"1+2+1"现代产业体系，未来将规划建设新一代信息通信、数字经济、生命健康、现代服务业、都市文旅产业、未来产业、总部经济等七大新兴产业基地，重点打造上市企业总部基地、湾区大学科技园、数字经济产业园、滨海湾青创城等平台。

四十余公里的滨海长廊生态与景观价值不可替代

滨海长廊为大湾区中心区域优质稀缺的南北向连续滨海岸线，串联起三大板块。目前已建成东宝公园、滨海驿站、滨海湾青创广场等公共节点，串联山海、农田、森林、河涌与红树林湿地等多样的景观生态资源，使自然与城市交织渗透，构筑世界一流的滨海岸线。

滨海湾新区作为东莞参与大湾区全球竞争的重要平台，将以粤港澳大湾区协同发展和引领东莞未来 30 年发展为导向，打造"未来城市"标杆，建设成为湾区国际门户、珠江滨海明珠。该新区未来将利用高铁、城际轨道及高速的复合交通网络，大力发展现代产业体系，着力促进区域产业结构向高附加值方向发展，吸纳高端人才集聚，推动东莞由"加工—制造"转向"创造—服务"。

前海的等待：二十年的区位跃迁

在 1986 年的《深圳经济特区总体规划（1986—2010）》的规划愿景里，未来的深圳经济特区将包含六个城市组团，从东到西分别是：东部组团、罗湖—上埗组团、福田组团、沙河组团、南头组团、妈湾组团。

当时，六个组团中四个的发展形势已经很明朗，比如：靠近罗湖口岸的罗湖—上埗组团，以及蛇口招商局所在的南头组团，这两个区域一东一西，建设早已如火如荼。东部组团则因为沙头角—中英街的特殊定位和盐田港的谋划而备受瞩目。沙河组团受益于 1985 年华侨城的成立，有了明确的工业、旅游等现代产业发展方向。

六个组团中剩下的两个是"预留"发展区。其中，福田组团是代表深圳城市形象的文化、行政、商业、金融、贸易中心，愿景明确，是深圳在 1990 年以后精心营造的城市核心区。而最西端的"妈湾—前海"组团，看上去就有那么一点"语焉不详"了：关于它的开发，规划中只是简要地写下寥寥数字："在 2000 年后开发。"

在其后 20 年的深圳空间发展过程中，前海一直"蛰伏"在城市的边缘地带。特区的迅猛发展在这里当然也留下了印记，但大多是基础性的设施、辅助性的功能，因为前海的区位在深圳内部来说实在偏远。它需要一次机会，实现"区位的跃迁"。

21 世纪，珠江三角洲改革发展中的前海计划

2000 年以后，随着城市发展重心的不断西移，深圳市政府围绕着前海

组团展开了一系列的讨论。在 2005 年的《深圳 2030 城市发展战略》中，明确提出将前海定位为深圳未来新的"城市中心"，不仅服务于西部的发展，而且加强深圳在珠江三角洲东岸区域发展中的凝聚力。

不过，理想丰满、现实骨感，当时的前海地区并不完全是一片理想空地，港口、高速公路、电厂、保税港各自独立发展，各有主管也各行其是。在这缺乏统筹协调的城市边缘，打造一个强有力的"城市中心"颇有点纸上谈兵的味道。

到 2008 年，前海等待了 20 年的机会来了。

2008 年正值国际金融危机，珠江三角洲遭遇大量制造企业倒闭的困难期和前景不明朗的困惑期。这一年，广东省编制《珠江三角洲地区改革发展规划纲要（2008—2020 年）》（以下简称《纲要》），旗帜鲜明地提出必须加快珠江三角洲地区的改革发展，推进珠江三角洲地区经济结构战略性调整，更好地参与国际经济合作与竞争；辐射和带动环珠江三角洲和泛珠江三角洲区域的经济发展，以及贯彻"一国两制"方针，保持港澳地区长期繁荣稳定。

从区域空间统筹上，《纲要》旨在改变珠江三角洲发展前 30 年各个城市"诸侯割据"、相互激烈竞争的关系，并将珠江三角洲城市整合为一个相互协调，从而更具核心竞争力的世界级城市群。

《纲要》优化珠江口东岸地区功能布局的重点："以深圳市为核心，以东莞、惠州市为节点的珠江口东岸地区，要优化人口结构，提高土地利用效率，提升城市综合服务水平，促进要素集聚和集约化发展，增强自主创新能力，面向世界大力推进国际化，面向全国以服务创造发展的新空间。"

省、市层面选取在前海落实《纲要》的要求。前海，一下子从城市的边缘，成为深圳布局在珠江东岸前沿的战略空间，并开展了一项特别研究《前海计划》，提出"深港特别合作""社会特区""湾区前海""深港之间的第三种制度""CEPA 再升级版""前海诚信""产业链""供应链""控制链""文化链""社会链""湾区创新链""自贸区""公共品""准公共品""制度和价值的转换插座""香港规制北上蛇口登陆"等各种假想。

经过一番实地调研、脑力激荡、唇枪舌剑，《前海计划》在九个月时间里完成了，成为后来《前海发展规划》的核心内容。2010 年是深圳经济特区成立三十周年，《前海深港现代服务业合作区总体发展规划（2010—2020 年）》获批，国家明确把前海建设成为粤港现代服务业创新合作示范区，这个定位如同是送给深圳特区三十周年的生日礼物。

21 世纪 20 年代，大湾区战略里的前海扩区

前海扩区前面积 14.92 平方公里，从成立之初就以"依托香港、服务内地、面向世界"为使命，既要通过制度创新引进香港高端服务业，促进珠江三角洲产业升级，也要建设新城市中心，提升深港都会区的竞争力。

前海合作区成立以后的发展不断面临新的内外部挑战，12 年建设中积累的问题逐步显现，如深港合作中香港信心始终不足、产业集聚滞后于城市建设、功能构成亟须调整优化、发展空间日益局促等等。2021 年 9 月，中共中央、国务院作出前海扩区重大战略部署，印发《全面深化前海深港现代服务业合作区改革开放方案》，将前海合作区范围扩展至约 120 平方公里。

前海扩区整合了深圳朝向大湾区核心的全部空间资源，是深圳顺应区域发展局势的重大战略选择。前海扩区之后，直接接触到深圳经济发展活力的核心。从南山半岛直接延伸至茅洲河口，接触到深莞之间、大湾区高新技术企业最为密集的先进制造业核心地带——这是前海第一次将空间地域扩大至实体制造业活跃地区。

扩区范围同时纳入海港、空港、会展中心、跨江通道等重要要素资源，使前海成为以珠江口东西两岸为腹地的核心区域和内外双循环的节点。如果说"小前海"是中国第一次改革开放的尝试，那么"前海扩区"就代表着改革终于走向"全面扩展和深度扩展"——这是前海第一次拥有了完成供应链整合的历史机遇。

展望未来若干年，前海对于深圳、深圳对于湾区的价值，都并非需要塑造一个地均产出多高的土地，而是需要塑造一个向香港、向世界、向未来对

话的窗口，在深港、区域、产业、人才四个领域展现出全新的想象空间。

重塑深港"新对流"关系

"三来一补"时期深港之间经济体量差距达到 700 倍，香港持续不断为深圳提供资金、技术，进而形成了"前店后厂"模式，大前海范围内大量村级工业厂房支撑了加工流水线的繁荣发展，少量的港台老板和大量的低廉劳动力构成了彼时城镇化的图景。

如今深港两地的经济社会发展已达到相对平衡的状态，前海扩区将在创新驱动时代重塑深港之间新的"科研服务 + 生产"对流模式。可以想象未来现代化工业厂房将支撑科研成果在前海的转化，并进一步支持大湾区的生产和创新，远在香港的大学教授和大湾区的技术工程师将塑造新的社会结构，并带动整个湾区的文明升级。

引领大湾区新一轮开放协同发展

扩区之后的前海将承担更大的区域责任和使命，进一步拓展高水平"开放"的方式，不但推动深港两个制度区的合作，更将推动大湾区各城市之间的"合作共赢"。前海的空间结构需要超越 120 平方公里谋划，作为珠江口东西两岸的核心引擎发挥带动效应，合理划定前海的辐射区（或称协作区），解决前海的产业和社会服务。

同时前海积极创新区域协同治理模式，重点在基础设施互联互通、生态环境共保联治、居住和民生服务等领域推动珠江口周边地区的城市之间开展跨区域合作，为企业要素遵循市场规律的选择奠定基础，使各城市共享发展红利。

产业的先行示范再出发

创新是深港之间互补性最强的区域，"小前海"的产业集聚力不足恰恰是因为未能在创新格局中找到清晰的角色定位。曾有港企提问，"小前海"集聚的现代服务业这么多，服务对象是谁？没有主导产业如何做好服务业？增加战略性新兴产业，塑造内地企业与香港金融的"接触界面"，是解决"小前海"发展困境的重要选择。

扩区之后的前海将主动聚焦科技和产业合作，使得服务业与科技制造业充分融合。一方面，整体协同大湾区产业资源，建立珠江口东西岸的产业梯度协作体系，集聚高端功能，疏解部分制造功能。另一方面，有序引导120平方公里范围内生产性服务业的空间布局，突破原"特区轴"的金融地产模式，通过提供多样、完整的生产链条环境，推动供给与需求的相互契合，给各式各样的人与企业生长的机会，进而推动大湾区保持持续的创新活力。

塑造以人为本的城市范例

深港之间人来货往，港人从来深办厂到来深消费，对工作、生活、消费环境始终保持着自己的选择习惯。扩区之后的前海不仅是经济功能区，更是本地人、港人、国际人士和所有大湾区青年人的共同家园。

未来的前海将从新人力资源角度出发，充分依托香港的世界级大学和原始创新，推动整个大湾区不断加大人力资本的培养投入。前海的城市建设将重点聚焦于实实在在地推动城市发展模式的转型，关注本地人生活水准的提升，在公共服务的配套、建设水平等方面对标香港乃至国际的先进标准，通过国际化逐步化解社会融通的话题，做出真正体现强国城市范例的城市建设示范。

跨境合作：大湾区中的深港双引擎

在国际分工与外循环格局下，深港双城形成了世界级的"科创中心"与"金融中心"，集聚了两类逻辑迥异的功能。在"两制"的独特背景下，两个城市形成了空间临近、功能差异、协同发展的格局。

香港作为国际金融中心，是深圳和内地企业获取国际资本的重要窗口

目前，深圳超过四分之一的上市企业选择了在香港上市，市值超过

50%，其中30%是信息技术行业公司。香港为深圳与内地企业提供了大规模的国际化资金支持。百年未有之大变局下，大量的中国企业从美国撤离，回归目的地也是香港市场，这给香港国际金融发展带来了新的优势与机会。

两地形成了高价值服务 + 科技创新的人才互补结构

人才结构上，香港金融、服务、教育人才优势突出，而深圳 IT 服务、软件、计算机网络硬件、制造等方面人才具有优势；人才流动方面，香港与珠江三角洲内地城市之间的交往中，深圳是规模最大、流动最频繁的地区，比例超过珠江三角洲的50%。而且相比于上海与北京，深圳对香港人才的吸引力提升空间仍然很大。

高密度和高质量发展的典型

基于大湾区整体人口分布和流动格局，深港组合形成了一个巨型规模、紧密联系的"区域型极点"，作为整体在联合发挥城市群的引领作用。香港空间战略的"北上"将大大提升香港与深圳的融通发展，有望形成一个全新的"深港都市圈"。

不过，在深港强能级、双引擎之下，两地的连接关系却并非想象中那么紧密。通勤规模和比例是都市圈视角下分析的核心指标，但因为制度边界和通关口岸的阻碍，深港跨境通勤规模非常有限，其中包括就业、就学的规律性频繁往来人口规模约7万，占两地人口比重不到0.3%。

尽管如此，基于市场选择对深港腹地范围进行研究的话（核心关注内容是人口、资本要素的流动，例如通勤的联系、休闲消费的往来、企业总部分支机构的联系），会发现深港共同的腹地较为宽广，双城的紧密联系地区主要集中在东莞、惠州等临深地带，同时与更广泛的珠海、中山、广州南沙等地区也有一定程度的联系与往来。同时，深港对外的联系存在"双向对流"的特征，外向性联系与内向性联系规模基本对等，是深港地区的一个重要特征。

产业链与创新链的长板协同

当前深港合作进入加速阶段，双城将充分发挥香港全球顶尖高校集聚优势，发挥深圳强大的孵化和先进制造优势，弥补香港制造业空心化、创新转化不足问题，推进科技创新开放合作与创新成果转化。香港继续保持专业服务优势，巩固金融中心地位，为深圳更多优质创新企业提供上市融资服务。深圳则加快补齐源头创新，协同大湾区其他城市，构建完整的创新产业体系，孵化创新企业，为香港资本市场提供更多的优质投资项目。以此形成深港之间科技＋服务的内循环，以内循环提升更高水平的对外开放。

深港边界地区建设"跨境都会区"，将成为深港跨境融合发展的先锋地带

深圳的城市发展紧贴深圳湾和深圳河北岸，现已形成一道充满活力的城市天际线。香港则基于历史原因，保留了大片未发展用地，以及丰富的生态资源，成为香港边境地区的独特景观。"两湾一河"南北之间强烈的景观差异，为完善两地的城市发展和生态保育提供了很多的可能性。在北部都会区愿景下，一衣带水的深港临界地区将不再是"都市"与"边缘"的对比，而将成为深港相向而行、融合发展的跨境都会区。近期将以口岸为锚点、深圳河为纽带，构建"口岸经济区—跨境联动组群—跨境合作平台"多尺度联动发展的深港口岸经济带；远期有望实现一河两岸深度融合发展。深港共建跨境都会区，将穿透"边界墙"的阻碍，促进人员、资金、技术、信息等要素的跨境自由流动，推动深港两地在产业、空间、设施、生态和民生等领域的相向而行。

深港西部形成"现代服务＋数码科技"双线共行的跨境合作

前海与洪水桥以现代服务为主题，强化在金融、专业服务、现代物流和科技服务等领域合作。深圳正着力将洪水桥建设成为内地企业走出去的"落脚点"，将前海打造成为香港进入内地的"桥头堡"。

深圳湾与流浮山以数码科技为主题，推进数码及软件研发等领域合作，配合商贸物流、金融服务、信息科技等现代服务业的技术需要。未来可以利用港深西部铁路便捷联系香港的交通条件，释放深圳湾口岸的部分货检场地作为深港共建的在岸的离岸创新创业平台，探索境内关外的创新创业管理模式。

深圳河套与香港新田以科技创新为合作主题

2023 年 8 月国务院正式印发《河套深港科技创新合作区深圳园区发展规划》。合作区地处香港特别行政区北部和深圳市中南部跨境接壤地带，深圳园区与香港园区一河之隔，拥有福田口岸和皇岗口岸两个连接深港两地的陆路口岸，是深港科技创新合作最直接的对接点。深圳园区可快速衔接香港国际机场、深圳宝安国际机场、广深港高铁福田站，与深圳光明科学城、香港科学园等创新节点形成"半小时科研圈"，与广州、东莞、惠州等城市形成"一小时产业圈"，具备集成粤港澳大湾区优势产业资源、汇聚全球科技创新要素、联动国际国内市场的特殊优势。

与之相应的则是在口岸及合作区为科创要素自由流动提供物理条件。畅通科创要素跨境自由流动的通道，共同探索设置面向特定科创人群的"绿色通道"，以及面向大宗物品、小宗科研快件和物品的"快捷通道"。创新科创合作政策机制，进一步降低港人港企在内地参与科创合作的门槛，为香港科创成果转化提供业务帮助，建立起"基础研究＋技术攻关＋成果产业化＋科技金融＋人才支撑"的全过程创新生态链。

深圳罗湖与香港文锦渡、"新界"北以社会融通为合作主题

通过打造深港两地居民生活化、日常化、通勤化的交融场景，实现"两制"下的社会生活交融和民心相通。依托罗湖口岸枢纽和小河套的过境土地合作共建"双城客厅""教育城""医疗城"等国际化的消费和生活服务平台，在《内地与香港关于建立更紧密经贸关系的安排》（CEPA）框架下创新国际消费、民生服务领域的合作机制。响应香港侧香园围科学园

建设，联动莲塘产业空间，谋划"境内关外"的跨境工业区，打造深港先进制造业合作平台，助力香港再工业化、改善就业结构。

东部地区聚焦海洋经济合作主题

依托大鹏湾海域和海岸空间推动深港高等院校和科研机构源头创新合作，打造海洋生物等海洋科创的深港合作新样本。创新深圳旅游船舶上岸停靠香港海岛的通关政策，推动区域内海域海岛的跨境海上旅游联动发展。构建区域海洋生态环境保护战略合作机构与机制，推进渔业资源和海洋生物多样性的调查研究与保护合作，共治共保海洋生态环境。

逐步深入探索口岸通关监管的新模式

四十多年来，深港口岸持续探索和创新通关模式，以莲塘口岸出入境车辆"一次停靠、一次查验、一次放行"为标志，实现了货运通关业务系统的整体优化，但人员通关监管仍局限于类似于国与国之间的传统模式，难以支撑大湾区巨量人员交流往来，制约了深港的进一步发展。目前，双方正探讨在珠澳青茂口岸模式基础上进一步创新，统筹深港两侧的口岸通关监管区，创新设置"联合查验区"，实施"联合查验，一检双放"的口岸通关监管模式，将两地查验流程整合为同步进行的一套环节，提升人员通关效率和体验，推动深港规则衔接机制对接。

深度融合：以"区—群—圈"空间，实现高质量发展

正如前述案例所描述的，珠江口城市经历了单打独斗和诸侯逐鹿式的发展，经过了园区、新城、中心的建设过程，进入了区域协同与竞合的阶段，积极开拓边界合作区是当前重要的空间发展趋势。回顾四十年的空间演变，珠江口区域从珠江三角洲城市走向城市群并逐步开始了大湾区的融合发展。以市场经济为主导的经济结构不仅促进了民营经济的蓬勃发展，在区位、资源尤其是"一国两制"、先行示范区、自贸区等政策的多重因

素的影响下也形成了多样化的城市功能与差异化的成本供给。中国城市规划设计研究院深圳分院院长方煜等人认为，大湾区在圈层化、网络化、专业化共同作用下，伴随着多维要素的高强度流动及不同类型功能节点和区域的涌现，在多元的制度差异下，各级行政边界被不断突破，以新的城市功能组团对区域空间进行多尺度重构，推动其向都市化、网络化迈进，原有"9+2"结构不断解体，从一群城市迈向"巨型都市网络"，成为巨型城市区域的一种独特类型。①

多元异构的巨型都市网络

大湾区在巨型都市网络所呈现的紧密表象之下，还存在着"多元异构"的特征，主要体现在自然地理格局和制度框架上，既对大湾区城市之间形成了分割效应，但也塑造了独特的多样性格局：自然格局上，大湾区包括湾区和三江，形成了基本地理生态格局；制度格局上，粤港澳三地形成"一国两制三个关税区"的特殊格局，是大湾区有别于全球其他城市群的独特制度框架，实现同一地区内的双重发展循环；广、深、港作为"三体"核心城市引领形成了三个主要的"都市圈"。40年来，大湾区的发展主要通过增量增长实现，依赖于要素投入实现GDP的增长。要素驱动和高度市场化下，多层级主体参与的发展模式既带来了充足的发展活力，也导致了诸多壁垒和城市群的碎片化，体现为：经济市场化下的管理各自为政、乡村城镇化下的空间破碎低效、产业外向型下的功能分工同构、"一国两制"下的要素流通高壁垒、"三体"结构下的区域强竞合关系。

深度融合将促成大湾区的"涌现式发展"

ChatGPT等大模型的"涌现"现象为城市群复杂系统的发展提供了启发：当系统规模达到一定程度时，系统会具备更有秩序的"自组织"的功

---

① 方煜、石爱华、孙文勇、赵迎雪：《粤港澳大湾区多维空间特征与融合发展策略》，《城市规划学刊》，2022年第4期。

能。大湾区正在实现简单系统走向复杂系统的自组织：从珠江三角洲阶段的多元竞争与三位一体，走向大湾区城市群的深度融合，需要挖掘空间发展的"慢变量"（战略空间），驱动大湾区高质量发展的"涌现"。

深度融合，是多样性前提下的要素充分流动，是大湾区实现"一体化"的过程。大湾区的目标是通过融合来实现系统结构的优化，维持中高速增长。这对大湾区来说是巨大的挑战，很多城市在停止大规模投入土地和劳动力的情况下，增量会迅速下降，因此大湾区面临着寻找二次红利的问题。深度融合不仅仅是国家政策的要求，也是实现第二次结构红利的必由之路。

以"区—群—圈"建设大湾区共同体

大湾区的发展动力来源于不同尺度"区、群、圈"下全球化、网络化、都市化的相互作用。为理解多层次多维度复杂动力的驱动方式，需要对大湾区的特征和问题进行测度，包括制度边界、自然边界和行政边界，不同边界的存在带来了多方面发展动力上的挑战。

区：即大湾区，强调全球化力量下的"空间 + 政策"，旨在跨越制度边界。群：即城市群，强调网络化力量下的"空间 + 系统"，旨在跨越自然边界。圈：即都市圈，强调都市化力量下的"空间 + 价值链"，旨在跨越成本边界。

区："一国两制"格局下，跨越制度边界

跨境"制度墙"依然高企，政府如何支持港澳繁荣，塑造多元包容共赢的全球"新规则"标杆，展现全球竞争力？

从人员要素互动角度下边界"墙"的度量来看，港澳与内地之间的"距离"超过了广深地区。如新冠肺炎疫情前深港之间的"距离"超过了500公里，新冠肺炎疫情期间更是进一步扩张了接近10倍。未来，需依托前海、南沙、横琴三大自贸区与多元化粤港澳合作示范地区，进一步探索跨境规则衔接与"一国两制"新实践，加强跨境政策资源和动力互补，实

现跨越制度边界的协同与合作。

基于中规院全球城市模型①，通过科学、技术和产业前沿领域的创新维度评估发现，在科学方面，香港拥有高校科研的优势，而广州和深圳则在这一领域有所不足；在技术前沿和产业前沿方面，深圳、广州在专利和独角兽企业方面具有一定的优势。大湾区初步形成"科学—技术—产业"全链条的跨制度多元互补城市群，未来将进一步加强跨制度的合作与协同，一体化参与全球竞争。

群：网络流动均衡弹性，跨越自然边界

通常而言，城市群的地理选择不会覆盖山丘密集和大量河口地区，但因大湾区的发展起源于港口城市，并基于各种山体和水域环境，形成了一种"组团形态"发展模式。即使深中通道建成后，将中山纳入深圳都市圈仍然面临很大的挑战。基于边界效应测度，即使在地理空间距离15公里的情况下，自然边界带来的阻碍仍然超过50公里，有限的通道容量和密度还无法达到消弭自然边界的水平。未来，需融合自然生态与创新动力，塑造凝聚创新的重要魅力廊道。自然边界既是分割，也是未来创新空间营造的重要资源。根据高质量指数分析，珠江前后航道、茅洲河、大沙河已经初步成为创新活力聚集地，以丰富生态资源和城市服务支撑知识创新活动，是未来走向高质量发展的重要潜力空间。

圈：尖端集聚、创新"穿透"，跨越成本边界

在都市圈区县层面，局部跨市边界具有"中介效应"，跨界联系相比城市内部联系更加频繁。例如，广佛、深惠、深莞之间存在一些行政边界带来的成本差异，引起了更密集的跨市人员交流。产业是否能够穿越这些边界，以提高整个都市圈产业分工的效率和质量，取决于如何构建新型的

---

① 《动荡与重构："一带一路"倡议下的全球城市2022报告》，城PLUS公众号，2023年2月2日。

产业体系。

如何促使产业从城镇发展到区域和都市圈，并使产业链的主要参与者和群体实现本地化，涉及解决供应链空间组织和空间支持的一系列关键问题。以深圳为例，从都市圈的层面来看，存在一系列不可持续发展的风险，包括过度密集、圈层塌陷、交通断层、边界洼地等问题，未来高质量发展和跨界供应链组织和融合仍然面临很大的阻力。未来，需要以都市圈为载体融合构建"科、产、城"一体的创新生态，聚焦"产业链、创新链、供应链"三链耦合发展及其空间特征，深化对大湾区内的都市圈发展认识，促进可持续的创新型都市圈建设。

后 记

2023 年 2 月，本书第一作者唐杰借来广州参加会议之机，应邀顺访广东省出版集团。讨论围绕着广东出版集团赵世平老师建议写一本新时期广东的发展的书展开。集团肖风华副总经理语言朴实，没有渲染地讲出自己的观点：广东的研究人员若能以调查研究为基础，植根于广东实践，讲好广东探索高质量发展和中国式现代化道路的故事，那将会是一部有意义的好书。这对于我们来说确实是一个挑战，也是一个不能推脱的责任。过去几十年，经济学研究逐渐呈现数字化的方法特征，有了与自然科学十分相似的外观，要真正有效地解释人类经济社会活动，还需要深入认知真实的世界，从错综复杂的实践中得到新的发展和验证。放弃纯经济学教科书的思维，放弃简单重复现有经济学的逻辑，以广东实践为基础，观察面对百年未有之大变局，深化对实现高质量发展的认识和实践自觉的理论价值是不需多言的。以广东实践为基础，讲出广东人、广东企业和广东城市的艰难探索，聚焦和总结火热的广东实践的意义还在于，广东的实践是中国的，中国的实践是世界的。这是本书的由来。

高质量发展的关键在于循序渐进、持续创新，广东如何从价值链的低端走向高端，唯有创新，这已经是人所共知，但人们不太了解的是，广东是如何从最简单、最辛苦、最枯燥的"三来一补"加工装配走向了创新导向的高质量增长。广东高质量发展与创新有着太多的故事和经验教训。

广东不怕起点低，乐于和善于从低向高爬梯子。从一开始小心翼翼慢慢爬，到快步拾级向上。20多年前深圳一位领导提出"深圳爬锅底"的口号，只靠便宜在国际市场竞争，如同蚂蚁蜗居在铁锅底找饭吃，没等吃饱就会死在烧热的铁锅里。只有奋力向上爬的蚂蚁，才有活下来的机会。自古华山一条路，坚持发展是硬道理，告别贫穷走向富裕，就是要用更高的生产效率战胜永远不会停止的劳动力成本上升。40多年前，广东人洗脚上田，搞工业化，在无产业、无技术和无人才的"三无"中崛起，靠的是短平快创新，往往源于普通员工的点子智慧，源于运用成熟技术创造出与众不同的新产品。一开始毫不起眼，坚持再坚持下去，一次两次就有了短平快的平方、平方的平方，假以时日，渐进地小步快跑就成为跨越，就告别了低端，走向了中高端，走向了创新前沿。

广东人崇尚竞争，乐于在竞争中求生存。广东市场竞争激烈，企业只有不断实践，在干中学、在试错中找出路，才能生存下来，才能发展壮大，广东企业有远大理想更脚踏实地。从世界范围比较，以一省之地在40年内崛起如此多的著名企业也是罕见的。大树下有绿草常青，广东大地是优秀企业呼之欲出、层出不穷的优质土壤。佛山北滘是一个经典的案例，五千亿级规模的美的，与百亿级、十亿级、一亿级和更小的创新企业合作，构成了顶天立地与漫山遍野的产业梯度和活跃的产业生态，创造了全国乃至全球规模最大、品类最齐全的家电产业集群。广东海量的创新企业，创造和积累了不断叠加的创新知识，既抬高了进入门槛，也创造了"前人栽树后人乘凉"的创业生态环境，新企业更容易模仿和赶超先行者。经济学最伟大的发现是分工，分工提高了生产效率，分工加剧了企业竞争，竞争中的企业相互依赖托起越滚越大的产业集群，这就是广东特色。

广东崇尚产业雨林无界生境的内生成长。回顾20世纪80年代初期"顺德一把扇（电风扇）""中山一部机（洗衣机）"，90年代中期顺德容桂的家电、中山古镇的灯饰、南海西樵的纺织等，广东企业家抓住国内外市场机遇，演绎了动人的产业成长的故事。经历了工业化原始积累的攀爬，广东企业挺直了腰杆向先进制造与数字化转型。广东企业精于短平快与爬梯子之间的平衡，重视产业技术风口的短期效益，也不低估科技创新的长期创新价值，专注于十年、二十年甚至是更长时间锲而不舍地、精雕细琢地培育自己专精特新的差异化能力。

北京大学国家发展研究院周其仁教授讲过 20 世纪 80 年代西部开发要逆转沙漠化，要种植绿色植物的事例。土壤里面涵养的水分太少时，要从种草开始，乡镇企业和农村企业很多都非常小，跟草类似，经过改革开放几十年的发展，水分涵养足了，就会从草中长出灌木、乔木。禅城区张槎街道占地 20 多平方公里，在市场机制作用下，从一两家针织企业开始，因缘际会集聚了 4000 家针织及相关企业。而今正形成与国际市场直接连通模式，蕴含了更多的知识创造，更多的产业技术创新，更少的中低端制造。过去 40 多年，广东形成世界最大的信息产业集群，如今又成为最大的新能源汽车产业基地。在产业雨林中长出了高密度的创新企业，每个企业专注于自身的创新优势，由一生二、二生三到三生万物，构造出极具广东特点的产业集群成长机制。产业集群能够像滚雪球一样越滚越大，来源于产业的向心力。没有向心力，雪球滚着滚着就散掉了。有了内在的向心力，只要产业发展上了轨道，有了速度，就会形成扩张力。产业集群的意义不在于生产规模，而在于更多的竞争、更多的创新，带来了更高质量的发展。

广东的空气中都飘着科学研究的味道。基础研究在于解释世界，无以估价。一旦用于改造世界，将产生难以估量的价值。东莞从"三来一补"走来，经历了严重且持续的经济疲软，为了不成为死在铁锅里的蚂蚁，下大力气建设松山湖散裂中子源和材料试验室，目标是在创新的死亡谷上架起一座通向成功的桥。东莞是广东的缩影，惠州同样从外延增长走来，努力打通全产业链，实现了从一滴油到一匹布的跨越，刀剪之都阳江为提升刀剪质量成为重要的合金产业基地。广东形象地提出让科学在产业化过程中沿途下蛋，贯穿创新链，成就了创新繁衍，构建起了发达的创新网络。大学体系、工程中心与企业合作，摘取着越摘越多的桃子。锅庄舞是一种激情飞扬的舞蹈艺术，无论你是否专业，只要心中有激情就可以尽情地融入其中。城市转向高质量发展快慢既取决于创造知识的速度，又取决于多元知识的扩散传递，碰撞出火花，方能不断产生出创新成果。

广东城市从"抢椅子"到"分椅子"。"抢椅子"是一种零和博弈，是强势城市对周边城市的虹吸和锁定。广东"一核、一带、一区"融合的发展战略聚焦于打破我输你赢的零和游戏，实现不同城市的各得其所。在现实中，东莞似乎从来没有被深圳锁定，时间空间的壁垒，在深圳和东莞最大限度地被浓缩。经济城市则被不断放大，行政界限变得模糊起来。深圳和东莞在演绎着构造一个超大经济城市的故事。东莞不断以新的姿态拥抱深圳、与深圳共生。城市间"分椅子"共同把蛋糕做大，更加经典的故事是人口超过三千万，经济总量超过四万亿的广佛两市同城化。城市间从"抢椅子"转变为"分椅子"正在成为广东高质量发展重要推动力，按照资源禀赋、发展条件，实现产业的合理配置，实现穿透城市行政边界的产业集群和创新网络，拆掉横亘在城市之间显性和隐性的"墙"，填平阻碍产业在城市之间无界生长"沟"。城市间均衡发展是高质量增长重要一环，广东"百千万工程"致力于将镇街打造成为生产生活生态融合的高质量发展有机结合体。"美丽圩镇"的绿色图景徐徐展开为一道靓丽风景线。

广东企业创新"爬梯子"，地方政府"搭梯子"。"走！智能汽车，到肇庆去！"何小鹏热情推介肇庆。肇庆市以新能源智能汽车产业城吸引小鹏汽车落地，项目初成后，宁德时代和小鹏智能汽车配套零部件配套产业纷至沓来。在细分工蔓延的产业链上，新能源汽车与智能网联、汽车零部件产业集群逐步形成。新能源汽车开启的智能化时代，分布式智能化电力体系打开了储能产业巨大空间。

政府要推开创新之窗。创新决定于人才，人才决定于教育，在落后地区大力发展教育，解决产业转型升级面临的人才缺乏问题，是政府推动创新的重要手段。政府可以是产业集群发展的引路者，产业集群是在市场形成的，政府引入专业化创新支持机构，工程试验室、训练中心、数据基础设施又是特别重要的。珠三角产业对外扩散渐次展开的时候，抢抓人才红利，完善配套设施，优化公共服务是清远最大的先手棋。在清远建设可容纳 24 所院校，常住人口将达 55 万至 60 万人（其中在校生 25 万至 26 万人的广东省职教城，打造一流的中国职业教育高地，使其成为全国现代职业技术教育改革创新的示范、全省高技能人才培养的摇篮和清远市新型城市化建设的样板，有益于提升职业教育办学水平和高等教育毛入学率，打造清远版"松山湖"。广东加快建设世界一流大学和一流学科，支持广州、深圳打造全国高等教育高地。香港中文大学（深圳）已深深地扎根于深圳这片热土，创校历程中有艰辛，有喜悦、有孤独、有憧憬。然而，就像这座城市中无数的创业者和奋斗者一样，勇于求索的创新精神和百折不挠的奋斗精神，都已汇入这座城市交响共鸣的篇章。

广东政府特别会"养蜜蜂"。创新蜂聚中，企业是创新的主体，市场机制是创新驱动力量。创新蜂聚不只是企业数量，更是发现新的投资机会。足够多的蜜蜂聚集创新会以新的生产方式和商业模式淘汰落后模式，造就颠覆性破坏。专业化分工的中小型创新企业蜂聚在一起，既强化了竞争力，也产生了广泛的创新激励与示范协同效应。企业创新活动内生于竞争生存的制度性，创新带动经济发展转型可以识别。分工的规模收益递增演化为更加细密的分工。支持创新不是挑选赢家。创新不唯大企业马首是瞻，中小企业也是重要的创新主体。最终形成众人拾柴火焰高式的"滚雪球"效应。广东坚持政府推动、企业主体、市场运作、合作共赢。政府行政干预多，管制多，市场合约体系就落后，分工就难以深化。合约体系健全，分工细化，产业链上的企业就越多，产业集群扩张也就越快。政府与市场手拉手，产业链在不断延长，项目得以落实，新的产业集群才可以快速形成并不断壮大。

新产业在城市聚集、成长为产业链，是天时、地利与人和的产物。过去40多年，广东企业从低水平起步，"爬梯子"的速度快得惊人。政府高位统筹、改革创新解决痛点，推动政策成体系的而不是"一对一"差别化地解决企业的问题是重要经验。政府的政策有效的核心，是要让企业的"感觉对了"，不能只是让企业听到雷声，关键是要见到雨点，要落地有声，让企业享受改革的红利，感受到政府对企业家的重视。规划与投资项目是"硬"的产业政策，通过改革使创新有广泛的应用场景是"软"的、可能更有效的产业政策。深圳科比特公司的大屏幕上，无人机群边飞边传回图像，一目了然，不兴师动众，也不留死角地完成了环境卫生大检查。穗深两市在无人机研发与应用体系方面开展合作，共建实验室，通过利用无人机、大数据、物联网、人工智能等技术，实现无人机在管道场景的全面深化应用，在飞行管理、数据管理、数据应用等方面上一个新台阶，为管道安全管理、预测预警等智慧化管理打下坚实的基础。

创新"朋友圈"中的竞合发展。无人机产业代表的新制造，是低空经济的主要技术载体，发展依赖技术，更依赖制度创新。第七届世界无人机大会暨第八届深圳国际无人机展会上，100 多个国家和地区的万名行业专家、学者、企业家参会参展，36 场专题论坛，3000 多架无人机系统装备新产品进场交流，极大地推动了无人机产业创新、生产与应用的竞合发展，几大平台公司将无人机广泛地应用在物流配送、城市空中交通领域，在不断地扩大着无人机产业的"朋友圈"。

回顾本书的写作，作者要感谢赵世平老师，是他提出了本书的设想；要感谢赵瑞艳老师及编辑部其他老师的真诚付出。作者与崔文岳、戴欣、张致鹏、李珏、袁帅及李厚侬经历了持续合作研究，本书中大量引用了他们攻读博士期间的研究成果，在此深表谢意。作者还要感谢哈尔滨工业大学（深圳）高质量发展与新结构研究院执行院长李昕博士，她与深圳高质量发展协会共同发起的高质量发展企业调查与评价项目，对我们了解深圳、广东乃至全国企业高质量发展有莫大的帮助。感谢中国（深圳）综合开发研究院港澳与区域发展研究所提供的调研案例，感谢中国城市规划设计研究院深圳分院提供的空间规划案例，感谢张玉阁、王薇、王嬿、许丽娜、张馨月对本书统稿提供的帮助，感谢郑宇劼、刘运翔、贾文凯、石爱华、周璇、张旭怡、何斌、刘菁、徐雨璇、陈少杰、张俊对本书初稿提出的意见。